饶宗颐传

陈韩曦 著

SPM 南方传媒 | 广东人民出版社

·广州·

图书在版编目（CIP）数据

饶宗颐传 / 陈韩曦著. —广州：广东人民出版社，2021.7
（2023.6修订）

ISBN 978-7-218-14800-7

Ⅰ.①饶…　Ⅱ.①陈…　Ⅲ.①饶宗颐（1917-2018）—传记
Ⅳ.①K825.4

中国版本图书馆CIP数据核字（2020）第255674号

封面题字：饶宗颐

RAO ZONGYI ZHUAN

饶宗颐传

陈韩曦　著

出　版　人：肖风华

出版统筹：卢雪华
责任编辑：伍茗欣
封面设计：书窗设计工作室
版式设计：友间文化
责任技编：吴彦斌　周星奎

出版发行：广东人民出版社
地　　址：广州市越秀区大沙头四马路10号（邮政编码：510199）
电　　话：（020）85716809（总编室）
传　　真：（020）83289585
网　　址：http://www.gdpph.com
印　　刷：广州市人杰彩印厂
开　　本：787mm×1092mm　1/16
印　　张：29　字　数：230千
版　　次：2021年7月第1版
印　　次：2023年6月第2次印刷
定　　价：150.00元

如发现印装质量问题，影响阅读，请与出版社（020-85716849）联系调换。
售书热线：020-85716833

饶宗颐像

2013年4月1日，作者陈韩曦在香港饶公家中

序一

◎ 李焯芬

记得多年前，有位学术界的朋友曾跟我说：为饶宗颐教授立传，将会是件十分困难的事，因为他学术领域辽阔，学术成就巨大，在古今中外都极为罕见，堪称前不见古人，后不见来者。坊间近年有人提到"南饶北钱"（"钱"指钱锺书）、"南饶北季"（"季"指季羡林）之类的赞词，但学术界中人都明白饶教授的学术领域其实远比其他学者都来得宽阔。也曾有人把饶教授比作苏东坡，苏东坡在文学与书法艺术上的成就当然毋容置疑，但苏东坡其实不是学者。朋友因此认为坊间流传的这些对比，其实都并不贴切。而近代科学又特别重视精专，如要把大科学家们和既博且专的饶教授做个对比，也不见得很贴切。朋友当然希望有心为饶教授立传的后辈学者们，能够点赞出饶教授独特的治学之道，他的品德情操和学养，以及他那旷古烁今的学术成就，以激励后来人，或为后辈借鉴。但那位朋友亦深知立传工作的难度极大，因此颇有疑虑。

陈韩曦先生的这册传记，大大消除了上述的疑虑。

1

陈先生是潮州人，与饶教授有着"胶己人"的渊源，共同的乡音，成就了他俩的忘年之交。工夫茶里天地阔，时常一泡潮州工夫茶下来，他俩在知识的海洋中已遨游得酣畅淋漓，穿越了时空隧道进入到古希腊时代。一老一小无拘无束的笑声，无人晓得的乡音，羡煞旁人。陈先生多年来跟随饶教授到世界各地，包括往返香港与内地之间。书中有不少第一手的资料，均是饶教授以其母语潮州话亲自口述让陈先生记录下来的。陈先生长期深入地钻研饶教授的学术及艺术成果，并编著《梨俱预流果——解读饶宗颐》《东洲鸿儒：饶宗颐九十寿庆集锦》《选堂清谈录》《饶宗颐集》《饶宗颐书画题跋集》《饶宗颐学艺记》《长洲集》《黑湖集》《佛国集》《西海集》《饶宗颐诗词用典》等专著，对饶教授有极为深刻的了解。由他来写饶教授的传记，实在是不二之选。尽管如此，陈先生仍是极为敬业地对待立传这项工作。他前后用了多年时间才写成这册传记，其间还不断收集各种资料，整理、完善，不断提高，费了极大的心力，才完成这部高水平的传记文学作品。本书忠实地介绍了饶教授的治学之道、高尚的品德情操和深湛的学养，以及他在学术及艺术领域中累累硕果。我们感恩陈先生的悲心愿力，期待传记面世之后，后辈学者们可以人手一册，了解这位"业精六学，才备九能"的文化巨匠，向"大师们的大师"认真学习，为中华文化的伟大复兴贡献自己的力量。

序二

◎ 饶清芬

　　陈韩曦先生深入钻研国学、潮学多年，成就斐然。自2003年起，他不辞辛劳，潜心编著饶宗颐教授人生旅途中不同阶段的著作。从实际出发、不偏不倚，深入浅出、弘扬饶学、传承德育、令人赞叹。其中包括：《梨俱预流果——解读饶宗颐》（2006年）、《东洲鸿儒：饶宗颐九十寿庆集锦》（2007年）、《选堂清谈录》（2009年）、《饶宗颐学艺记》（2011年）、《饶宗颐书画题跋集》（2014年）、《饶宗颐——东方文化坐标》（2015年）、《饶宗颐著述录：书中书》（2015年）、《选堂诗词评注系列》十二册（2014年至2017年）、《饶宗颐诗词用典》（2018年）等共20本，陈先生以上书籍的出版对学者研究饶教授的人生历程、学术艺术、养生领悟等起了极大作用。

　　今陈先生又重新整理、出版《饶宗颐传》，这是对饶教授超过一甲子的教学工作、学艺研究、游旅足迹、各地政府和专业学府对他学艺成果的嘉勉的一个整体总结，也是对饶教授永恒的怀念。

感恩陈先生对饶教授的尊敬爱护和坚定支持；更感谢他多年付出的宝贵光阴，不断勤奋地解读"饶宗颐的故事"的艰辛与努力付出。

前言

饶宗颐教授（1917年8月9日—2018年2月6日），字伯濂、伯子，又字选堂，号固庵，祖籍广东梅县，生于广东潮安（今潮州市湘桥区），1949年定居香港。供职于香港大学、香港中文大学，担任国内外二十多所高等院校名誉教授，长期从事教育及学术研究工作。曾任中国西泠印社第七任社长，是当代著名的历史学家、考古学家、文学家、经学家、教育家、翻译家、书画家和潮学家，是集学术、艺术于一身的大学者，其学问涵盖中华国学之文学、古文字学、敦煌学、甲骨学、简帛学、史学、考古学、宗教学、中外关系史和书画艺术等众多领域。他长期致力于中华传统文化的学术研究，中国文学之古体、律、绝，无一不精，尤擅填词，又骚、赋、骈、散，各体俱能，于中国文坛，别树一帜；他更是一位杰出的艺术家，在书法、山水、人物、荷花绘画的创作上自成一家，晚年开创了"西北宗"山水一派；于音乐、古琴亦造诣甚深。饶教授卓越的成就和突出的贡献，学界称其为"国际瞩目的汉学泰斗"，实是百年难遇的巨擘。饶公出身书香名门，自学而成一代宗师。钱锺书说他是"旷世奇才"，季羡林说"心目中的大师就是饶宗颐"，金庸说"有了饶宗颐，香港就不是文化沙漠"，国外把他誉为"东洲鸿儒""汉学泰斗""东方达·芬奇"……其茹古涵今之学，上及夏商，下至明清，经史子集，诗词歌赋，书画金石，无一不精；其贯通中西之学，甲骨敦煌，梵文巴利，希腊楔形，楚汉简帛无一不晓。然而，饶公面对所有一切成就及荣誉，常常淡然释道这是人生的际遇问题，认为与很多同辈学者相比，他自己的运气很好，是神力相助的结果。与饶公相处15年，我成为饶公的身边好友之一，亲眼见证饶公勤奋耕耘、不断创新而取得一系列学术、艺术的成就，因此，我想通过这本传记让大家走近大师、了解大师。翻开此书，一幅幅动人的篇章会给你力量与希望。从"绿水青山就是金山银山"的时代号角中回溯到"河水清且涟漪"的远古文化，探索甲骨文演化成现代汉字的神奇过程；我们聆听莫高窟里千年历史的回声；我们从《诗经》《楚辞》发掘到印度的《梨俱吠陀》。一道道历史印痕映现出人类社会发展的曲折历程。读完此书，若能让你感悟到生活在这个繁荣稳定的社会，必须心存感恩，我心足矣！"青灯黄卷伴更长"的时代已远离了我们，这亮丽的传记虽记录着先人的脚印，却也缀满了浓浓的现代气息，愿它挟一缕轻柔的炊烟，系一串嘹亮的鸡啼，映一湾清澈的小溪，牵一派稻秧的新绿，飞到每一位读者的身旁。

现在，就让我们从潮州古城跨进天啸楼，去寻觅饶公的人生足迹吧！

目录

目录

目录

CHAPTER 1

第一章

家学渊源　自修潜研

1926年，饶氏家族合影，第二排右起第三人为饶锷，第八人系饶宗颐

一 潮州首富

古城

1917年8月9日（农历丁巳年六月二十二日），饶宗颐出生于广东省潮安县城（今潮州市湘桥区）。这一年是中国新民主主义革命的前夜，以孙中山为首的资产阶级革命党人为反对北洋军阀独裁统治，发起护法战争，这是中国动荡不安的一年，而这一年的潮州，依然偏安一隅。

潮州位于广东省东北部，粤东地区韩江三角洲北部，东北与福建省诏安、平和县接壤，东面与台湾隔海相望。狭义上，潮州指今潮州市；广义上指整个粤东地区，即潮州市、汕头市和揭阳市。潮州是中国古代边陲之地，历史悠久。古代文化，特别是两宋以后的文化，内涵十分丰富。

潮州素有海滨邹鲁之称，人文荟萃。公元779年，唐朝宰相常衮莅潮，据明·郭春震《（嘉靖）潮州府志》所载：

常衮：京兆人，德宗初政，以宰相之职被贬河南少伊继贬为潮州刺史，常衮入潮注重教育，兴学教士，潮俗为之丕变。

上述说明常衮在韩愈之前已为潮州的教育文化打造了一个良好的基础。40年后的公元819年，"一代文宗"韩愈到任，积极推广中原文化，驱逐鳄害，兴办教育，在当地

清末民初潮州古城图

003

产生了深远的影响，乃至"一片山河尽姓韩"。此后潮州逐渐形成了崇文尚学的风气，成为文化昌盛之地。潮州自此以后，英才辈出，灿若星河。著名的历史人物有郑时昌、王大宝、赵德、卢侗、陈一松、王源等。潮汕商帮是中国最有实力的商帮之一，以其不断创新、善于开拓的精神著称于世。

潮州古城位于南海之滨，三山环抱，一江萦绕。东北群峰连绵，西南桑浦山石奇洞怪，东南平原沃野如黛，碧海无涯，韩江、黄冈河自北向南贯穿全境，三山翠色相映，风光旖旎，被称为钟灵毓秀之地。

饶氏家族

据饶宗颐十六世叔祖良滨公所作《昭穆奕世名次小序》中记载，饶氏家族祖辈是潮州的显赫大族，祖上原居浙江，后几经迁徙，由闽入粤。初居于大埔，后迁居嘉应州松口铜盘乡，至十二世祖始来潮州。世系八句如下：

仕昌协显　良兴见旭
冠精史纲　萝常雍述

2020年10月，广济桥全貌

泰龄魁世　分川泗语
宫襄骏思　强执社辅

饶宗颐祖父名兴桐，小名长爵，号子梧，生于咸丰丙辰（1856）六月初三，拥有潮安银行、荣成油行等产业。光绪三十二年（1906）八月，当选潮州府商会第三任总理，至光绪

位于潮州市太平路蔡厝巷"集安善堂"

三十四年（1908）七月卸任（《潮州市志》第1332页）。清光绪二十八年（1902）春，潮州城内发生瘟疫，尸体枕藉街路，饶兴桐遂集众资，创办潮州城最大慈善机构——集安善堂（原址潮州城太平路金聚巷，今迁址太平路蔡厝巷），施棺收殓，济药救治，广布德泽，享有众誉。

饶兴桐有四子三女。长子名瑀（1883—1927），原名宝琛，小名见钦，字禹初，号墨笠道人，娶蔡氏，继娶林氏，妾陈氏。擅画，有《墨笠道人山水花卉画册》。次子宝球（1887—1921），小名见标，次名孺雄，字次云，晚号二如居士。娶黄氏，继娶倪氏。曾至香港提苑书院习英文，著有《金刚经答问》。三子即饶宗颐父亲，名宝璇（1891—1932），小名见宣，字纯钩，号钝庵，又名锷。娶蔡氏，继娶王氏。著述甚丰。四子宝瑚（1891—1945），小名见周，号楚章。娶邱氏。长女（佚名）嫁城内甲第巷之蔡见六（1878—1936），掌蔡泰泉银庄，清末资政大夫。次女瑞云（1882—1942），嫁城内林笃夫子。林笃夫子（1871—1945），掌香港林万成纸行。季女嫁枫溪柯仲攀。饶宗颐祖母郑氏（1856—1941），继祖母吴氏。饶锷在《家严慈六旬双寿序略》文中这样记述祖母郑氏："郑太夫人，亦以克勤克俭，助家君于内所，饮食衣服不过藜羹布帛，虽隆冬，仅一袭敝裘而已。"（《潮安饶氏家谱》（卷八），《艺文》）

父亲饶锷

饶锷原名宝璇，初字纯钩。"纯钩"为古宝剑名，饶兴桐为他取此名，寓意激励。时有揭阳人周次瞻与其友善，认为既名锷，又字纯钩，"物莫两大，两大则伤"，"锷以义有利，而又以古宝剑名取字，锋芒太露"，故为他取号"钝庵"。饶锷是饶兴桐最赏识的儿子，是钱庄财主，又是大学者，还是进步团体"南社"成员。粤东著名学者、饶锷的老师温丹铭（1869—1954）曾言其"独学深造，不由师承"。饶锷则称颂温丹铭整理地方文献所取得的硕果累累，其一言一行成为晚辈后学的楷模。

作为潮学研究的开拓者和领路人，饶锷十分爱好诗词创作，曾成立诗社"瀛社"，年轻时担任过《粤南报》主笔。在上海法政大学毕业后，同窗好友极力挽留他于上海一同创业，作为一个孝子，其知道家里更需要他，便义无反顾地回到潮州。

饶锷在19岁时与府城清末户部主事蔡学渊的次女结婚，夫妻俩恩爱有加，彼此互敬。婚后第七年，饶夫人生下饶宗颐。出身名门的饶锷夫人，文静贤淑，知书达理，虽嫁入饶家，不愁吃穿，但每天坚持做着手工活。家婆郑氏十分疼爱这个媳妇，有什么心里话，也愿意告诉她，婆媳相相敬敬，亲如母女。

"宗颐"名说

饶锷为儿子取乳名"福森"，后正式定名为"宗颐"。饶锷之所以没有以饶氏十九世"旭"字辈来为儿子命名，是希望儿子将来能够成为像北宋理学派的开山鼻祖周敦颐那样的大学者，又因周敦颐号"濂溪"而命饶宗颐的字为"伯濂"。饶宗颐还有个少用的别号——伯子，"伯"在兄弟排行中是大的意思，饶宗颐是长子，故称"伯子"，早年作画就曾题"饶伯子"。饶宗颐二弟宗栻，也因宋朝有位理学家张栻，父亲希望次子能"师其识、践履实"。

随着时间推移和年龄增长，饶宗颐越来越觉得自己和"宗颐"这个名字很有因缘。也许是命中注定，也是因自小与佛结缘而出现众多不可思议的契合，所有这一切，他认定是佛缘所带来的神奇结果。饶宗颐在《宗颐名说》中提到：

自童稚之年攻治经史，独好释氏书，四十年来几无日不与三藏结缘，插架有日本《大正藏》《续藏》及泰京馈赠之《巴利文藏》，日译《南传大藏经》。

晚年专访中，他提到一段与自己名字有关的趣事：

1981年秋，我来到太原，夜有所梦，梦中有人与我说起《金光明经》写卷。次日，进入华严寺，恰逢寺院晒经，机缘巧合下我见到了龙藏本（刻于清雍正十一年）《金光明经》与皇兴写经相合的卷帙，更使我不敢置信的是那赫然入目的卷首序题：

"元丰四年三月十二日真定府十方洪济禅院住持传法慈觉大师宗颐述。"

这序题的宋代元丰年间僧人的法号宗颐正是自己用了60多年的名号（其年饶宗颐64岁）。略作翻检，便又在《百丈清规》卷八也同样看到这位大师的法名 "崇宁二年真定府宗颐序"。他又忆及元普度所编《庐山莲宗宝鉴》中有"慈觉禅师字作宗颐"，书中记载这位宗颐法师曾迎母于长芦寺，制《劝孝文》。检索《宋史·艺文志》，果然记载有宗颐著《劝孝文》，这才知道是同一位高僧。饶宗颐大为感叹，治印一方"十方真定是前身"以作纪念。后又赋诗一首：

> 同名失喜得名僧，代马秋风事远征。
>
> 托钵华严宝寺畔，何如安化说五生。

更为惊奇的是，1983年饶宗颐在法国国立图书馆为日本二玄社编著《敦煌书法丛刊》时，竟发现日本大德寺有位与一休和尚同出一门的住持叫养叟宗颐，与自己同名。他又不禁感叹道："前生有无因缘不易知，然名之偶合，亦非偶然。"

他晚年认为山西华严寺、日本大德寺两位"宗颐"住持也许正是他的前身。

"选堂"字说

名是每个人的代号，一个人的名字一般由父母代取，而号则不同，号初为自取，称自号，饶宗颐自号"选堂"，因他与"选"字特别有缘，故用"选堂"为号以表心志。他自幼喜欢文学，特别喜欢研读《昭明文选》，即《文选》。这是中国现存的最早一部诗文总集，由南朝梁武帝的长子萧统组织文人共同编选。"选学"即"文选学"，其名见于《旧唐书·曹宪传》和《新唐书·李邕传》，"选学"兴盛于隋唐，该年代的科举以《文选》出题目，是所有学子必读必背之书，陆游的《老学庵笔记》载有"文选烂，秀才半"的谚语。可惜，五四运动以后，因为大力提倡白话文，把《文选》丢弃，故今人对《文选》已十分生疏了。然而，在"选学"荒疏、文辞衰退的年代，饶宗颐却以一种独立不移的人文精神在香港、新加坡、法国、美国等国家和地区的大学讲授《文选》历30年之久。

中年以后，饶宗颐再度热心于绘画，又以元人为依归，特别欣赏宋元时期文人画家钱选（1239—1299）的作品。归隐山林的钱选性格比较冷僻，他最先将"诗、书、画"合为一体，以书入画，赋诗述画以达书画并茂，存古意、求逸气。黄公望（1269—1354）有个题跋，在题跋中，他就讲赵孟頫是学钱选的，不单学他的画，还学他的学问。

晚年退休后，饶宗颐旅法、美等西方国家讲授中国早期宗教，又发现敦煌本《老子化胡经》中第十一《变词》有"洪水滔天到月支，选擢种民留伏羲"之句。其中的"选擢种民"的说法，与希伯来Chosen people相似，可将它视为中国道教徒创世纪的初始理论。其中认为，洪水过后，人类种民只剩下人王伏羲，有如西方之挪亚，这种说法至今仍旧存在于苗瑶神话之中。敦煌博物馆中有伏羲女娲交尾之图画数十幅，图中所表达的意思，似乎也暗示着人类祖先有再生之义，亦为古代西域有伏羲种民的传说提供了有力的证据。从道教的创世纪遗说"选擢种民留伏羲"中发现"选民"一词，以"选堂"为号，也是他对这一发现作个纪念。

至于"选堂"的"堂"字，主要是饶宗颐早年有追慕王国维（晚年号观堂）之意，曾自引日本学界之语，谓"20世纪上半叶的人物是'观堂'，下半叶是我的'选堂'"。又将自己和王国维比较："为学贵精不贵多，观堂以精取胜，而选堂以多取胜，论学术境界，自有上下之别。"另外，饶宗颐对甲骨文的研究造诣很深，学者史树青将他与甲骨文研究方面最有成就的罗振玉（雪堂）、王国维（观堂）、董作宾（彦堂）、郭沫若（鼎堂）并称"五堂"。

饶宗颐出世时，潮州这座古老小镇，街道牌坊林立，充满崇文尚学的文化气息。饶家生意则蒸蒸日上，兴隆发达。祖父饶兴桐一辈积攒大量的钱财，四个儿子各自经营着钱庄生意，此时，饶氏家族为潮州首富。富甲一方的饶家，大宅里没有商贾家中的杂沓，却经常能听到文人墨客吟诗作赋之声。

1785年，为清朝进士、太子太保、直隶总督郑大进所建的"圣朝使相坊"

二 成长的岁月

耐孤独、爱清静

饶宗颐出生翌年，母亲蔡氏因病离世，父亲一直生活在沉闷之中。2岁时，饶宗颐就与祖母郑氏居住在一起，由其抚养成人，小时祖母会守在他身边，从来没有离开半步。在启蒙教育中，祖母教念《三字经》《弟子规》《千字文》，祖母认为学会做人最重要，故注重培养他的道德品质，其他则采取"任其发展"的教育方式，祖母的为教之道让饶宗颐从小无拘无束，正好培养了孩子的创造潜能。童年的饶宗颐家里可以玩的东西特别多，按理说，完全可以造就一个玩物丧志的公子哥儿出来，但是，他却成为一个大学者。其中更重要的一个原因，是受他父亲的影响。他从小十分喜爱清静，心无旁骛，不惊羡泰山之崩或麋鹿之兴，一心一意读自己的书、做自己的事情。天生与玩物无缘，也没有玩伴，整天坐拥书城，因承传了家族书香绵延的基因，他天资聪颖，有惊人的记忆力，读书过目不忘。然童稚之心使然，饶宗颐也像其他孩子一样十分喜欢串外祖父母家门，每当他的到来，蔡家老小欢天喜地，大家都十分疼爱这个聪明伶俐的孩子。饶宗颐的外祖父蔡学渊，字柴珊，清光绪十九年（1893）癸巳恩科举人，顺天中式。官承德郎、晋中宪大夫、户部贵州司主事。外祖母系柯氏。

没有母亲的陪伴，小时候的饶宗颐内心非常"孤独"，但恰恰是这种"孤独"促使他专心做学问，最后成为一代鸿儒。

家教家风

优越的家庭环境和浓厚的文化熏陶，对饶宗颐的成长影响颇深，这印证了家学传承对孩子成长的重要性。饶宗颐今天能成为汉学大师，除了少时就表现出了与众不同的耐得住孤独的特质外，也跟家教、家风息息相关。饶宗颐在许多场合提到："家学是学问的方便法门。要做学问，'开窍'十分重要，既要让小孩充满幻想，营造自己的世界，又要让长辈引导入门，可以少走弯路。"他觉得有家学基础的学生应该作为特殊人才来培养。

饶锷是一个称职的好父亲，在子女教育问题上眼光独到，这位"学一代"在读书治学上言传身教，对作为长子的饶宗颐影响极深。饶锷很欣赏读书人，器重做学问的学者，他当然也想培育自己的孩子成为有才学的人。他发现儿子有"爱读书"这种天性，便想尽办法对他进行系统性的培养。

饶宗颐三四岁时，父亲教他读杜甫的《春夜喜雨》、周敦颐的《爱莲说》，这是饶宗颐最早接触的诗文作品，在他的生命里埋下了文学的种子。6岁，他开始阅读古典小说，与众多对世界充满好奇心的孩童一样，他酷好武侠神怪等一类小说。最喜欢的书是《封神演义》，因为他既喜欢历史，又喜欢神话。历史真实而丰富，神话玄幻而新奇，在孩童时代能给人以莫大启发以及憧憬的这两样东西给予饶宗颐很大的精神享受。他模仿武侠小说的套路构想《封神演义》后续情节，写出了《后封神榜》，可惜稿已佚失。8岁，于潮州城南小学读书，在学校他认真听讲并完成老师布置的作业，回家读大量的课外书。节假日他从不到外面玩耍，喜欢独自读书冥想，可以一个人一整天不出门，躲进三进大宅的深处沉浸在自己的乐土之中。他曾

回忆说："那么多书，我整天看，就像孩子在玩。"10岁，
阅读了《通鉴纲目》《礼记·大学》《通鉴辑览》等古籍，并
能背诵《史记》多篇，经史、佛典、诗词、文赋均有涉猎，对
中国古代主要典籍已了然于胸。父亲的精心辅导，加上他全身
心投入学习天啸楼收藏的经、史、子、集之中，吸取中国传统
文化的精华。闲暇之余，他开始帮助父亲抄录著作，间接地训
练了逻辑思维和语言文字能力，为日后的文学、艺术道路打下
扎实的基础。11岁，接触医书，了解一些医理和医术；同时学
习道家、佛家之原典，使他冥冥中向往一个清静的世界。受蒋
维乔的《因是子静坐法》影响，他每天学习打坐，练习日本藤
田的腹式、冈田的胸式呼吸法。他偏爱藤田的路子，将之作为
养生方法，终身练习，体验到很多奇异的感觉，每天都感到精
力百倍，浑身是劲。在一段时间里，饶宗颐十分迷恋因是子静
坐法，每日起床静坐练功，过分投入，加上练习不着法，造成
面黄肌瘦，精神食欲不振。细心的杨栻老师看出了饶宗颐的身
体问题，很是担忧，给他诊断之后，开了个中药方，让其回家
服用，并停止做功安心静养。所幸五剂中药服下，病情明显好
转，很快又恢复健康。后来，回忆起当时的情景，饶宗颐还是
心有余悸，认为如果不是杨老师救治及时，也就没有后来的
自己，更谈不上在学术和艺术领域的建树了。这使他深深体
会到练功"得法"的重要性。由于少年时亲身践履打坐练功
的原因，撰写第一部敦煌学著作——《敦煌六朝写本张天师
道陵著老子想尔注校笺》著作时觉得非常亲切，易于领悟。
1956年该著作由东南书局初版，饶宗颐成为研究《老子想尔
注》之第一人。

"困而学舍"临池学书

饶宗颐的大伯父饶琜是画家，擅长绘大幅青绿山水画，二伯父饶宝球精通英文，收藏不少西洋画，两位伯父家中都收藏了不少书画精品，饶宗颐常常到两位伯父家中观看书画。小小年纪已对家藏的拓本、碑帖爱不释手，他尤喜欢清乾隆年间潮州书法家郑润（雨亭）的临古帖。在家里，当有空闲时间，他就临摹山水画和碑帖，每每乐在其中。童年的天性是通往成功的重要因素，习书作画的乐趣，激发他更深入地探究。

学写毛笔字是中国小孩早期教育的优秀传统，1922年，潮州著名华侨书画家蔡梦香（1889—1972）在自己家里开办了"困而学舍"，专门教人写字，学习书法，培养了不少优秀的人才。蔡梦香书法初学汉魏，后以魏碑笔法入行草，点画有神，不求形似，只求神似，意境高远。饶宗颐在《蔡梦香先生墓志铭》中有一段评价蔡先生书法的话语：

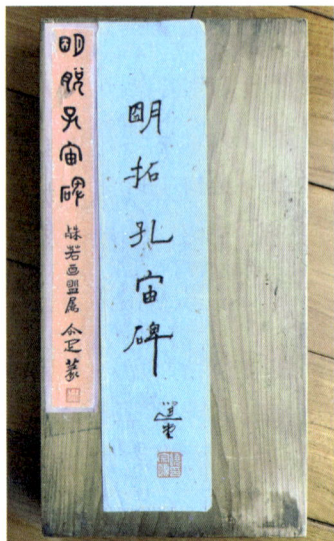

饶宗颐藏《明拓孔宙碑》

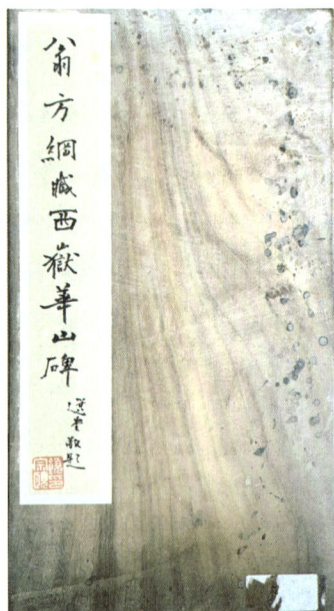

《翁方纲藏西岳华山碑》
选堂敬题

自擘窠小楷，波磔点画靡不殚究，若有神鬼役其指臂，而执笔之法屡易；老而日新，自出机杼，俯仰今古，无当意者。

饶父与蔡梦香同毕业于上海法政大学，为同窗好友，自然而然将儿子送到"困而学舍"学写毛笔字。此时的饶宗颐只有6岁，蔡梦香成为了他的启蒙书法老师。蔡老师先教习临摹颜真卿的《麻姑仙坛记》《裴将军诗》，柳公权的《玄秘塔碑》，后学魏碑，临摹《张猛龙碑》《爨龙颜碑》，逐步窥探魏碑的路径。饶锷喜欢欧体，在家中又教他临摹欧阳询的《九成宫醴泉铭》《化度寺碑》《虞恭公碑》等法帖。

"南华别墅"笔墨横姿

进"困而学舍"的隔年，饶锷又请庄淑舆（1882—1953）指导饶宗颐系统学画。庄淑舆在潮州大街（即今太平路）开画坊，30岁时曾任香港南洋兄弟烟草公司画师，之后回到潮州创办"南华别墅"画坊。庄淑舆是饶锷的老朋友，两人相差9岁，

杨栻山水小品四幅

常有往来。饶宗颐在庄老的画坊学习了工笔人物、佛像的基础画法。课余，他把正在阅读的《水浒传》《七侠五义》《封神演义》中的绣像人物插画，进行临摹，儒、释、道人物像有些临摹了数十遍。

1928年，饶宗颐12岁，几年的工夫已经为他打下了扎实的书画基础。但饶锷觉得这样还不够，认为要在书画上有所成就，必须增加练习难度，全方位地学习书画理论知识，并进行系统写生实践。这时，他为儿子另选了一位老师杨栻（1886—1966），杨栻字寿枏，又字寿扬，祖籍金陵，早年随父杨国崧落户潮州，带来了不少国画佳作，其中任伯年绘画盈箱。杨栻书画功底扎实，其书法作品大量运用篆隶笔法，挥洒自如，气势磅礴。杨栻的绘画风格，手法生动，雄健超迈，名声远扬。在拜师学画期间，饶宗颐坚持不懈，风雨无阻。由于天赋加上自己的努力，他很快就掌握了国画的用笔、用色技法。杨栻有着自己的一套独特的作画方式（即站立抵壁作画），很能锻炼人的意志和耐力。早年的这段习画经历，使饶宗颐在耄耋之

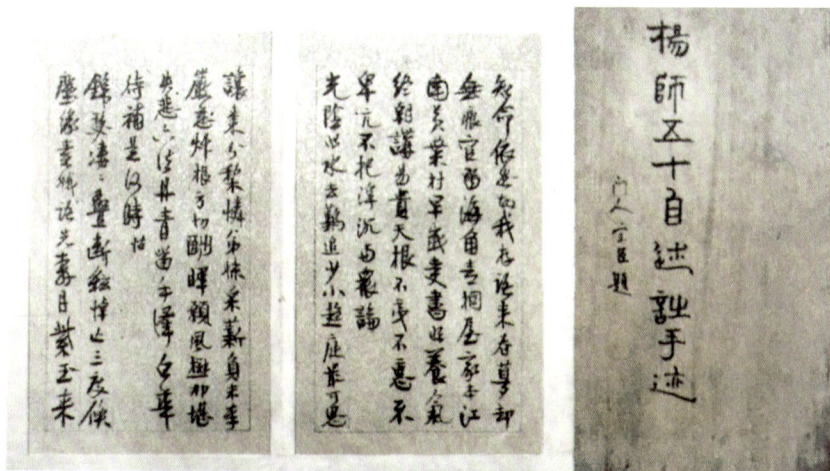

2005年5月，饶宗颐题杨师（杨栻）五十自述诗手迹

年，仍能站立纵笔作巨幅山水、荷花等国画。幽默风趣的杨老师对饶宗颐的进步感到很惊讶，对其更加尽心尽力地教导。

杨家曾用重金在南京购买了100多幅任伯年名作，在潮州本地很少人能有机会接触这些藏品。但饶宗颐是杨栻的得意弟子，杨栻希望饶宗颐扩大视野，能够在学画的路程中有更多的收获，便将所藏之精品拿给饶宗颐临摹。饶宗颐很珍惜这种机会，他认真观察、领悟每一幅作品内涵，有什么疑点，主动发问。杨栻也很耐心，他把饶宗颐当成自己孩子，细心指点。任伯年是中国近代杰出画家，是"海上画派"中的佼佼者。然而饶宗颐对任伯年的画作另有自己的艺术主见，认为任伯年画作中的人物寒酸、庸俗，不符合文人画的高古浑朴。他和当时书画界名流刘三（1878—1938）、蔡守（1879—1941）书信交流中道出自己的看法，这两位前辈不知道信笺里那位见地独特、书法老辣的人物，居然是个年龄不到20岁的少年，对此饶宗颐借用杜甫的诗句戏言自己："脱略小时辈，结交多老苍。"

家学渊源

饶宗颐生在潮州首富家庭，然而，家里的富裕好像天生与他无关，他爱的是书，专注的是学问。家学让他学到跟教科书不一样的东西，家学渊源奠定他的学术和艺术根基。

饶锷既是商人，又是学者，他勤于治学、长于考据，尤钟情于理学、佛学及乡邦

饶锷先生书法

文献。著有《〈佛国记〉疏证》《汉儒学案》《王右军年谱》诸稿及《慈禧宫词百首》多卷，其古文、辞赋、骈文都写得很好。他十分认可黄宗羲（1610—1695）提出"天下为主，君为客"的民主思想，其抱负是继承"梨洲先生"的事业，编著《清儒学案》。

温丹铭是饶锷最好的老师，也是最好的朋友。1924年中秋前夕，温丹铭应邀到饶家做客，并带来写好的《赠饶君纯钩并序》（载《三十须臾吟馆诗续集》），《序》中提到："钝钩，余分教同文学堂时学生也。近数年来，见其所作古文辞深合义法。今岁以创《国故》月刊，故来书通问。秋仲之潮，因造访焉，款留深谈，出所著《〈佛国记〉疏证》《王右军年谱》相质，详审精博，盖文人而兼学人矣。喜赠以诗。"全诗如下：

> 义安开郡后，千载得斯人。
>
> 积学金轮富，能文璧等珍。
>
> 山原无择壤，道岂限传薪。
>
> 老我伤迟暮，摩挲两眼新。

同年10月，饶锷编著的《潮州西湖山志》（十卷二册）由瀛社发刊，于右任为该书题名，温丹铭作《序》，其中曰："潮州西湖山始于唐，著于宋，盛于明，而芜于清。得今善后处长洪公起而修之，饶子纯钩从而为之志，是湖山之遭时也。饶子能文，家富藏书，而谙著述之体，观其凡例，吾知其必能详而核，简而明，质而雅。虽一隅之志，而能合史乘之体，吾知其传之必能广且久也。"温丹铭对饶锷勤力搜集整理资料成《潮州西湖山志》给予肯定，赞许其为弘扬乡邦文化所作出的贡献。

饶锷极爱藏书。他认为，做学问需要读书，也需要藏书，18岁前后便开始按清人张之洞编著的《书目答问》中的"书目"收集图书。他收藏书本有着严格的标准（或者说是癖好），常常为人乐道：第一不重宋元古本，搜求清初刊本大宗；第二嗜好地方史、地方志等；第三藏书讲究实用，尤其重视考据、目录。他30岁时收藏已琳琅满目，鼎盛时期，家藏图书典籍多达几万卷。1926年，饶锷建藏书楼并取名"天啸楼"，藏书量之大在全国私人书斋中屈指可数。大型书籍如《古今图书集成》《四部备要》《丛书集成》均齐备，收藏的拓本、古钱数量多达几千种。这样丰富的藏书，为饶宗颐创造了极好的读书环境。

饶锷也喜欢收集古董、瓷器，《天啸楼集·卷五》记载其居室布置：

素几无纤尘，壁挂耕烟画，床施紫茸茵；端岩子石润，灵璧小山皱；残砖出西晋，古镜置先秦；周鼎商瓺彝，浑浑错落陈。

以上可见饶锷收藏广博，古董不乏珍品和逸品。而潮州黄蜡石、历代书画，也成为收藏品。佃介眉对饶家收藏曾赋诗加以赞赏，《饶钝庵得米仲昭英石砚山为赋二十韵》首句曰：

有石状如屏，硲谺容何物。若为栖烟云，几案见苍郁。玲珑透月光，好似饥龙龁……

佃先生在诗中道出了亲眼所见，他认为饶府收藏世上稀有之物之多，纵然再富有的家族也难匹敌。饶宗颐在《家学师承与自修》一文中，曾提到家里的收藏：

我的伯父是一个画家，画山水，又是收藏家，收藏的拓本、古钱数量多达数千种。可以想见，我小时候成天就接触这些东西，条件是多么好！现在的大学生，毕业了，都未必有我六七岁时看到的东西多。而且，一般的士绅家庭，书香门第，还不能有这样的条件。

潮州早在北宋时期已是产瓷基地，瓷窑遍布东南西北四郊一带，其中笔架山窑址瓷窑最为密集，有"百窑村之称"，窑具和瓷片遍地皆是。1922年，潮州笔架山（韩山）出土了四尊释迦牟尼莲花佛像，佛像底座的四面都刻有铭文，分别为治平四年（1067）、熙宁元年（1068）五月、熙宁元年六月、熙宁二年（1069）制成。四件佛像都明显刻着"潮州水东中窑甲"等字，且有匠人"周明"的署名。周明，海阳羊鼻岗人，熙宁元年（1068）为潮州百窑打工匠。饶锷兄弟各买了两尊，后辗转藏于上海博物馆、广东省博物馆，四件佛像均为国家一级文物。小时候，祖母天天领着饶宗颐虔诚跪拜珍贵的释迦牟尼佛像，在对佛的敬仰中，他知道释迦牟尼是对宇宙人生真相彻底的了知、大彻大悟的人。因自小接触宋瓷佛像，促使他后来撰写一篇题为《潮瓷说略》的文章，该文1955年发表在日本陶瓷协会刊物《陶说》（第24期）。文章发表后获青瓷专家肯定，享誉日本学界，有学者认为文

1922年出土的潮州窑青白釉佛像

章系陶瓷史研究的杰构之一。

饶宗颐在紫禁城出版社出版的《选堂清谈录》（饶宗颐、陈韩曦著）中说：

> 有些人大半辈子的精力都花费在创造条件上，很可惜，很浪费光阴。我没有这一层曲折，似乎是生下来就机缘已熟，于是命定要做学问的。我的学问有五个基础来自家学：一是家里训练我写诗、填词，写骈文、散文；二是写字画画；三是目录学，即训练利用目录增进学识；四是儒、释、道；五是乾嘉学派的治学方法。

"儒、释、道"三教的精髓让少年饶宗颐确立了正确的人生观，并构建了"真、静、朴"的生命精神；作诗、填词让他十分擅长运用蕴藏于古代文体之中的中华传统文化；写字、画画培养了他的观察能力、想象能力、创造能力；目录学则确立了他做学问的基本途径，得门而入，事半功倍。"乾嘉学派"在治学上重考察、求实证，不以主观想象轻下判断，广泛收集资料，归纳研究，"朴学方法"培养了细致、专一、锲而不舍的治学精神。以上五个基础奠定了饶宗颐学问的坚实根基与广大格局。

师承自修

1930年秋季，13岁的饶宗颐以优异的成绩考入潮州金山中学学堂。金山中学有悠久的历史和传统校风，是岭东最高学府，其前身是创建于光绪三年（1877）的清代金山书院。当时在潮州能考上金山中学的，都相当于中"举人"，享受着举人的礼遇。入学之时，饶宗颐的继母王氏亲自缝制了一个装书布包，按照潮州习俗，当天起早准备了龙箭鱼（鲮鱼）炆葱头、炒猪肝、豆干（豆腐）两道潮州菜，这是寓意学习上进，考试成绩名列前茅。

饶宗颐的班主任为潮州清末秀才王慕韩（1876—1937），专职讲授古文。王慕韩为人古怪，教学方法也很特别。他善用通俗化语言讲古文，提倡宽松学习环境和有趣的学习方法，王慕韩写得一手好字，板书清秀醒目。课堂上，每个学生都充满求知的冲动和兴致。听他讲课，就如同品嚼青橄榄，余味甘甜。王慕韩原来是反对佛教，1924年，日本密宗大僧权田雷斧来潮州，开曼罗于开元寺，同时给他灌顶，自此他开始修炼佛法，改法名弘愿，并成为佛法大使，修佛有成，收了一些弟子。

对王慕韩弃儒从佛、接受佛教仪轨等行为，饶宗颐却有自己的主见，他自始至终只将佛学作为学术去探究，老师对他来说只是佛学研究的引路人。除王慕韩外，潮汕歌谣先驱丘玉麟是国文老师。丘玉麟（1900—1960），字拉因，潮州意溪镇人。著名俗文学家薛汕、《钢铁是怎样炼成的》翻译者梅益都是他的高足。丘玉麟从北平燕京大学毕业后，1927年被金山中学聘为教员，饶宗颐在校读书时，丘玉麟曾教过拉丁文，并明确要求他们一开始就得熟记相当数量的规则。丘玉麟不但辅导学生编辑《新金中》，自己还创作了大量诗歌，后编辑出版《回回纪事诗》时，请时任汕头华南学院文史系教授的饶宗颐作《序》，其中云：

丘拉因先生为诗自西洋人入，浸淫唐宋明清诸家，疏源凿流，语必己出。乱定以后，纪其向所涉历者为绝句，累数百首,神明变化,光怪莫测,新旧交响,酸咸从心,澄之不清,挹之无竭,定庵《己亥杂诗》而后,此最为震眩者矣。

老师请自己学生写《序》一事,成为金山中学校史上一桩美谈,可见曾为学生的饶宗颐在老师心目中的地位。《回回纪事诗》一书也记载一份十分难得的师生之情。

在金山中学读初中一年级时,虽遇到如王、丘两位好老师,但是学校课堂开讲的唐诗宋词、《古文观止》《四书五经》《史记》,饶宗颐已在自家的藏书楼读过,许多章节早已熟记于心。加上学校是模型教育,框框条条太多,不适合他自身的学习需求,认为在校上课等于浪费时间,学期结束时,他萌发退学的想法。就在初中二年级开学时,他决定干脆退学回家自修,饶父倒很开明,默认饶宗颐的做法。

从8岁在潮州城南小学学习,到读完初中一年级,自此之后,他就再也没有在学堂上过学了。后来的学术界有一种说法,即"饶宗颐没有上过初中,却能成为显赫的汉学家"。其实是一种误传,对此他回答说:"我上过一年初中,只是还没有毕业。"

受父亲的影响,他自幼爱读清儒的著作,他非常崇拜孙诒让(1848—1908)和顾炎武(1613—1682),深受两位清代大儒的影响。1904年,孙诒让作为系统研究甲骨文字的第一人,出版了《契文举例》这部考释甲骨文的开山著作,饶宗颐研治甲骨文的动机就是来自这部书。另外,他十分熟悉孙诒让的《周礼正义》《周礼政要》《札迻》《温州经籍志》等著作,孙诒让这位"朴学大师"成为他追求学问最早也是恒久的指路人,在孙氏甲骨文研究的基础上,饶宗颐更进一层,从世界各地翻阅甲骨契文四万多片，对贞卜人物进行通考，分出了一百三十个家族，还原殷代社会面貌，发现殷礼（商朝礼制）的典章制度与道德规范。"读万卷书，行万里路"，治学肯钻进去，肯走艰辛的荆棘之路，则源自顾炎武的影响。饶宗颐重视清代朴学"积微"的传统，他一直觉得清代朴学"证据周遍"的路数很有道理。这是铁杵磨针的功夫，这种在文献资料收集和证据罗列基础上得到的学问才是扎实可靠的。

除了受清儒治学之法的影响外，饶锷的《王右军年谱》也让饶宗颐跟着为潮州先贤撰谱，同时也使他喜欢上书法，而饶父的《〈佛国记〉疏证》一书让他与印度结下最早的因缘。

CHAPTER 2

第二章

承父修志　问鼎史地

1938年，饶宗颐（左一）在广州通志馆修志照

一 "莼园"诗赋

"天啸楼"

饶宗颐曾说过他一身的才艺,都始于自家的"天啸楼"。1929年11月"天啸楼"落成,饶锷居最顶层,其书屋名为"书巢"。为何将小洋楼命名为"天啸楼",饶锷在《天啸楼记》中作了回答:

> 夫风,天之声也……凡自然之声谓之声,不平之声谓之啸。余穷于世久矣,动与时乖迕,外动于物,内感诸心,情迫时辄为不平之鸣,而一于文辞诗歌焉发之,故吾之为文与诗纵怀直吐,不循阡陌,愁思之音多,盛世之辞寡,是虽生际乱世使然,夫宁非天之啸欤?此吾之所以名吾楼也。

"天啸楼"之名是饶锷践行"物不得其平则鸣"之举,其文词诗歌多为不平之鸣,而言语多愁伤感居多,几乎没有什么豪言壮语。作为当时粤东地区最负盛名的藏书楼,这里汇集了几万卷书籍,是饶家历经十几年遍寻四方、不惜重金求购逐渐积累得来的。该幢二层小洋楼,前后设有宽敞走廊,在南面两边有通廊与前面宅第围成另一大井。"天啸楼"楼下大厅有八扇格扇门(潮州称闪门),每块裙板上面用篆体书法镌刻八句话,从东到西分别为:闽赣开基、平阳源系、迁自松口、于今七世、入此吉宅、子孙绳继、富贵寿考、万代昌炽。三十二个字道出饶氏家族背景及宏愿,目的是营造精神家园,使子孙的思想、心灵有所牵索。

诗赋唱和

1930年初，饶锷亲自设计中西合璧的府第 "莼园"，于 "天啸楼" 楼下隙地辟建，楼、园连在一起，建造一座园林式的三进大宅。"莼园" 面积虽不及亩，但构思巧妙，既融合了西洋建筑形式，又吸收苏州园林的一些特点。整座花园由若干景点组成：

园内南向是雅洁的 "饮光阁"，西南是 "浮筠坞"，榭之上为 "四望台"，台下有荷池，池上筑有 "碧虹" 一桥，桥北有亭名 "湛然"，阁的东面是 "盟鸥榭"；从桥转东北向可登小山，山侧有亭曰 "引翠"，由亭下山，折而南入山洞曰 "双簃"；洞前有一平坦地带名为 "拙窝"，由 "拙窝" 经 "画中游" 即达 "绿茵深处"。

"莼园" 建成后，为防止子孙后辈沉溺于优越的物质生活中，饶锷特作《莼园记》曰：

天啸楼

莼园走廊

曾读曾子固（1019—1083）《宜黄县学记》云：

"凡人起居，饮食动作，至于修身为天下国家，皆自学出。"由子固之言观之，则人之于学也，其可少乎哉？然非造之深、味之久，终莫能至于道致其用也。夫余曩者亦曾从事于此矣，为之勤而未始有得也，今幸获有斯园以居，优游偃息，俯仰从容，无所系于其中，而浩然有以自足。其于为天下国家，固非吾今者之事也，而修身养气，强勉问学，则敢不惟日孜孜？盖余自是将屏人事绝嗜欲，发楼上藏书而耽玩之，以蕲由学进而知道之味，如《诗》"采茆"之譬。

他坦言自己对未来的期望，要求子孙后辈应"立身处世，一胥以学为本。舍此而求树立，固末由也"。目的是警醒后代别优游园中，应用心于修身与学业。为强化家族记忆，他特命饶宗颐将全文抄写，又让工匠镌刻于园内，以便子孙铭记于心。

莼园书斋一角

1930年，饶宗颐为莼园景点"画中游"撰写对联："山不在高，洞宜深，石宜怪；园须脱俗，树欲古，竹欲疏。"

"莼园"内的"画中游"是小伙伴玩耍的集结地，此处留下少年饶宗颐用楷书题写的一副对联：

山不在高，洞宜深，石宜怪；

园须脱俗，树欲古，竹欲疏。

该联语刻在"画中游"门廊的两边，至今仍清晰可见，并成为饶宗颐最早期的书法作品的见证。13岁的饶宗颐书此联句，升华"画中游"的意境，在整座花园中起着点睛的作用。2009年春天，饶宗颐重书了该联语，赠予潮州饶宗颐学术馆。新书对联大小为原作的三倍，当年届92岁的饶宗颐用隶篆笔意书写完这副对联时，他风趣地说："腕力尚能胜任也。"

有了"莼园"这座典雅、精致的园林，饶锷经常携友聚会于此，墨客骚人作诗吟对，谈古论今，不亦乐乎。1932年（壬申）元旦，饶锷与诗友石铭吾（1878—1961）、辜师陶、杨光祖等觞集唱酬于园内"盟鸥榭"，大家决定成立自己的诗社，定名为"壬社"，一致推举饶锷为创社社长。"壬社"成立之时，常参加觞集的十六人成为创始会员，饶锷作《壬社序》。潮州诗坛同人一听成立"胶己人"的诗社，大家怀揣着对文学的热爱和作诗的兴趣踊跃报名参加，"壬社"的社员一下子扩大到潮、梅属下15个县，成为粤东最大诗社。"莼园"成为群贤毕至的地方，经常出入其间的有青年文俊冯印月、冯瘦菊，诗人石维岩、杨光祖、柯季鹗、戴贞素、郭餐雪、游惜馀，画家王显诏、佃介眉、杨栻，还有被誉为"岭南词宗"的詹安泰。

饶宗颐不像同龄的孩子一样耽于玩耍，他更像父亲那般喜欢诗文，经常参加父亲组织的诗会，大家一起吟诗唱赋焚香习字。"壬社"诗文活跃氛围是其他地方少有的，社里的诗赋唱和给饶宗颐增添了无限乐趣，在诗社潜移默化的熏陶下，诗赋神童初成，当神童成为诗词学家时，已创作了近1415首诗词。

二 承父修志

饶锷仙逝

饶宗颐作为家中的长子，父亲无疑给予极大的期许。家教中，饶锷无疑是起着最关键、最重要的作用。饶宗颐的诗词文学、书法字画、治学方法、修地方志等都受父亲的直接影响。饶锷以"振故学为职志，于乡邦文献尤为眷注"，"致力于考据之学"。他对饶宗颐说："学问之道，考据义理为先，文章其余事耳。"（饶宗颐《天啸楼集·跋》）他有感"乡邦文献之凋残，又以郡县旧志，于先贤简籍，虽有载述，然多疏漏踳驳，不足以殚考证而资表彰。于是大索遗书，钩稽排纂，初拟补辑《海阳县志艺文略》，嗣以采集益伙，更广及他邑"（饶宗颐《潮州艺文志序》）。后来又读到孙诒让的《温州经籍志》，爱其体例详审，遂有作《潮州艺文志》之愿。饶锷在给友人的信中也谈到："居今之世而言，整理国故途径虽不一端，而一邑当务之急，则莫先于征文考献……前年购得孙诒让《温州经籍志》，爱其详博，于是复有编辑九邑《艺文志》

饶锷在书房撰写著作

之愿。"可见，《潮州艺文志》一书，是他心目中最重要的一部著作。从1928年起，他依靠自家藏书专注于乡帮文献收集，着手编纂一部表彰乡贤事迹的著作。这部在他心目中十分重要的著述，饶锷做得十分勤勉、认真、精细。

然而，由于长期的超负荷工作，饶锷的身体日渐虚弱，竟因劳致疫。1932年中，沉疴不起，溘然与世长辞，终年41岁。在人生治学有所成就的时期，不幸早逝，无论是对家人，还是学术界，都带来无比痛苦和惋惜。"壬社"全体诗友送了挽联：

一代文章托吾子，九重泉路尽交期。

普宁籍拔贡郑国藩也撰写了《饶纯钧先生墓志铭》：

君著作等身，方以立言垂不朽，子贤又克负荷，宜庆君，何以悲君，盖非为君悲，为吾潮学界悲也！

饶锷平生致力于考据之学，且擅长诗文辞章，谙熟佛典。其传世著作有《潮州艺文志》（与饶宗颐合著）、《潮州西湖

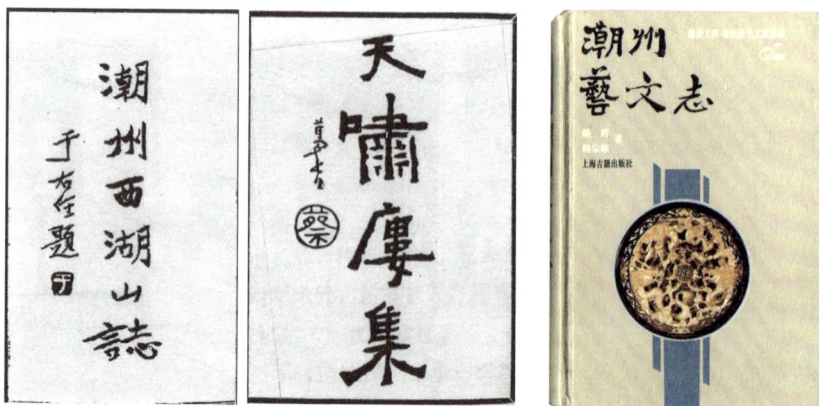

于右任为《潮州西湖山志》题签、蔡梦香为《天啸楼集》题签

《潮州艺文志》

山志》（十卷）、《天啸楼集》（五卷）、《慈禧宫词》（一卷）、《饶氏家谱》（八卷）；另有未付梓的《〈佛国记〉疏证》（十卷）、《王右军年谱》；未完篇有《潮雅》《亲属记补注》《汉儒学案》《淮南子斠证》《清儒学案》等。

《优昙花诗》

饶锷离世后，饶家"莼园"庭院原栽有两棵经久不绽的优昙花，此时却突然开花，但花开转瞬即逝，睹物思人，饶宗颐直接感受到花之枯荣无定，感慨世事无常，他悟到不必因其荣而喜，亦不必因其凋而伤，15岁的他思想显得比同龄人更成熟，为悼念父亲，他创作了生平第一首诗《优昙花诗》：

序曰：优昙花，锡兰产，余家植两株，月夜花放，及晨而萎，家人伤之。因取荣悴无定之理，为诗以释其意焉。

异域有奇卉，托兹园池旁。

夜来孤月明，吐蕊白如霜。

香气生寒水，素影含虚光。

如何一夕凋，殂谢滋可伤。

岂伊冰玉质，无意狎群芳。

遂尔离尘垢，冥然返太苍。

太苍安可穷，天道渺无极。

衰荣理则常，幻化终难测。

千载未足修，转瞬讵为逼。

达人解其会，葆此恒安息。

浊醪且自陶，聊以永今夕。

优昙花，俗称昙花，又被称作优昙钵花、乌昙跋罗花、

"月下待友"、"月下美人"。花白色，达20多瓣，极富香气。在梵语中为祥瑞花的意思。《南史》曰："优昙花乃佛瑞应，三千年一现，现则金轮王出。"昙花深夜开放、翌晨凋萎，观赏时间仅几个小时，人们只有牺牲睡眠，才能欣赏到它那动人艳丽姿态，故有"昙花一现"的典故。饶家莼园荷花池旁种植的两株昙花，每当夏末秋初月夜时分，昙花吐蕊，皎洁如霜，芳香袭人，恍若白衣仙女下凡。令人惋惜的是，这样美的花，却只开一个夜晚，次日凌晨就凋谢了。以昙花的形神姿态追忆慈父，同时借以赞美父亲的道德情操。昙花不与群芳争妍的冰肌玉质，悄然离开污浊尘世，返回太苍的洁身自好不正是慈父的品质吗？历代咏昙花的诗作不多，饶宗颐为何赋予昙花这么高的评价？这是因为他自小谙熟佛典，《法华经》上说："佛告舍利弗，如是妙法，诸佛如来，时乃说之，如优昙钵花，时一现耳。"优昙花是佛家圣洁之花，很早就与佛结缘的饶宗颐对它有特别的感情，高调赞美昙花，正是其中的原因。

饶宗颐书《优昙花诗》

《优昙花诗》五古先咏物，后述怀。提出"人世衰荣，变幻难测"之理。即使"千载"也不足以言修身，转瞬就在眼前，且借一壶浊酒自乐，聊以将今夜拉长。

1934年，父亲的同窗好友古直（1885—1959）到饶家探访，此时的古直已是中山大学中文系主任，当读完《优昙花诗》后，古直几乎不敢相信眼前这位17岁的小青年能创作出如此诗作，他随手在诗作边款题下："陆机二十作文赋，更兄弟闭门读书十年，遂名满中朝，君其勉之矣。"激赏作此诗的饶宗颐日后将如陆机一样文章冠世，名扬四海。随后，《优昙花诗》被古直带到广州，于中山大学中文系《文学杂志》（第十一期）上发表。诗人温廷敬（丹铭）同期发表了《广优昙花诗》：

　　饶子宗颐，作优昙花诗，佳则佳矣，虽然，何所托之悲也。虽悟修短之无恒，藉浊醪以自遣，其果能尽释于中否耶。饶子年方少，前途远大，吾愿其有以进之也。作广优昙花诗。

　　　　皎皎优昙花，托兹园沼旁。
　　　　夕开晨已萎，月白空无霜。
　　　　诗人感至理，名什抒炎光。
　　　　彼花何足道，此诗亦已伤。
　　　　大化听人择，岂复恋微芳。
　　　　高山有松柏，屹然凌彼苍。

　　　　彼苍夫如何，浩气弥四极。
　　　　托命于其中，生物理可测。
　　　　栽培意非厚，倾覆情岂逼。
　　　　蒙庄虽达人，大道亦几息。
　　　　君子蹈其常，愿言矢朝夕。

饶宗颐在20岁前后创作了不少以爱情为主题的诗作，但多已散佚。从自述知其诗歌分为两类：

一类是学杜甫长诗《北征》、"三吏"（《新安吏》《石壕吏》《潼关吏》）、"三别"（《新婚别》《无家别》《垂老别》），对当时国难当头，有感而发；另一类是抒发爱情的诗歌。

续成《潮州艺文志》

《潮州艺文志》倾注了饶锷的大量心血，他日夜搜集、整理潮州历代学者的学术著作、地方历史文献，著写的目的是为表彰乡贤事迹，这是潮州方志史上前所未有的大事。饶锷在弥留之际，对这部著述念念不忘，深以书稿未完成为憾，希望儿子继承其遗志完成这部著作。父亲逝世时，饶宗颐只有15岁，在家庭突遭变故的情况下，懂得"生、老、病、死、苦"是人生五态的他没有气馁，决心完成父亲未竟之业。他一面着手旁搜博采，集佚钩沉，续编《潮州艺文志》；一面邀请父亲好友郑晓屏、石维岩、杨光祖、蔡兰生等人，协助整理父亲的诗文遗稿，编辑《天啸楼集》，经过一年半的努力，《天啸楼集》刊行于世。《潮州艺文志》经他三年时间的奋心寻检，终于全稿修订完成。饶锷旧稿23卷，已编定16卷；饶宗颐续编第17卷，又加了《外编》《订伪》《存疑》各1卷，共20卷。饶宗颐对全书20余卷进行了补订，订正了其中的错讹，补充了部分遗漏的史籍，《潮州艺文志·序例》首刊于《岭南学报》（1935年第4卷第4期），其中1至13卷刊于1935年、1936年《岭南学报》上，其余各卷因兵燹遗失。全书65万字，收集唐代赵德编的《昌黎文录》至20世纪40年代中期可考之潮籍名家著述，按经、史、子、集四部分类，书目达千余种。《潮州艺文志》是潮州有史以来在艺文方面最为系统的志书，它见证饶氏父子为地方文化史发展作出的重要贡献。

《潮州志汇编》

《潮州艺文志》记一方艺文不可不备，因其对潮州艺文进行系统收集而成为探索潮州历史的重要文献，填补了潮史学研究的不少空白，已故的潮州学者蔡起贤称之为"一部潮学开创性巨著"。此书连同20世纪40年代末由饶宗颐担任总纂重修的《潮州志》，因同是采用新材料、新体例和新方法编撰，精研创新，被誉为"方志史的里程碑"，为中国地方志的一个开创性典范，是研究潮学的必读书籍，为修地方志者所遵从。

续成《潮州艺文志》，显示了饶宗颐具有深厚的学术造诣和修史功底，此书的出版让他在岭南仕林中一鸣惊人，并广受关注。学界的好评和赞许接连不断，他从此与潮学研究结下不解之缘。随着《潮州志》《潮州丛著初编》《潮州志汇编》陆续出版，起步于编著乡邦文献的他逐渐成为潮学研究的先驱。在拓展地方历史地理学研究中，他着手为家乡的韩山与广济桥编辑志书，到粤东许多地方访问当地耆老、征集遗文，依据考证史料，撰成《韩山志》《广济桥志》。

《潮州艺文志》是饶宗颐目录学的代表作之一，书中统一分类，编制主题目录，为使志书易学易做，仅"宗颐按"就有245条，这是他对艺文志中有关文章、词句所做的说明、提示和考证，因他的目录学实践多，加之善于在实践中找规律，《潮州艺文志》的出版标志着他对目录学发展作出新贡献。中国目录学正式建立是在西汉汉成帝刘骜时期，其任务是研究典籍分类的学问，从历史典籍类别中看出某一种学问演进的过程。清人王鸣盛说："目录之学，学中第一要紧事，必从此问途，方能得其门而入。"目录学是饶宗颐做学问的第一把钥匙，他利用目录学视野广阔和语言学这个交际工具，把两者有机地结合起来，并用中国训诂学的方法去溯本追源，把语言文字运用到文化史研究中去。通过目录学得到纵观全局的视野，从上到下，或从下到上进行贯通，旁搜远绍、左右逢源，从而开辟广阔的治学领域，其好处是使学问做得缜密、扎实。《选堂清谈录》中提及《潮州艺文志》的续写是他在目录学运用上的最好体现：

> 近代有个陈寅老（陈寅恪，1890—1969）的基础语言学，陈援庵（陈垣，1880—1971）的基础目录学，我把"二陈"的长处结合起来圆满了我的学问。

《潮州艺文志》构建饶宗颐"潮学"研究的基础，有了这个关键的基础，他将能走出"天啸楼"，步入外面更广阔的世界。

撰先贤年谱

1934年，饶宗颐17岁，为撰写《广东潮州旧志考》，饶宗颐到潮州庵埠明朝进士林熙春旧居收集资料，在城南书庄，也无意间发现明版本《图书质疑》书末附有《廷鞫实录》一书内文，遂重点加勘，撰《廷鞫实录·序》等，后收录到《固庵文录》。两年后的1936年10月，将《廷鞫实录》一书出版，可惜此书佚失。其在《序》中曰：

揭阳薛侃先生，诞禀中虚之质，体受怀刚之性；有陈宓信道之笃，兼屠嘉守节之贞；立脚圣门，敛手权路，信目思谦，披心尚隐。大明际逆瑾怀异之日，城王出封；先生当储事讳言之秋，独议复典。一疏悫愊，早具折槛之忱；九天蔽矇，终却犯颜之谏。乃由大奸在位，虞并肩之夺庞；爰构机罟，兴锦衣之大狱。先生七次被鞫，一词弗易，屹若泰山，硬如锻铁，幽有鬼神，明有君父，玄首可断，赤志无欺，浩然之气，亦云伟矣！……

《廷鞫实录》系明代惠州府归善县人叶萼（1486—1545）记录明代岭南大儒薛侃（1486—1546）在朝廷上犯颜直谏而招致刑讯的经过。1531年（嘉靖十年），薛侃上奏建皇储以安国事，触怒嘉靖皇帝而招致入狱，在狱中前后被严刑拷打七次之多，薛侃始终坚持自己受罪，绝不连累别人，最后被削职贬为庶民。隐居后，于潮州"中离溪"一带讲学。同薛侃一样忠肝义胆的郭之奇（1607—1662）系明末抗清官员，他舍生取义，以身报国。薛、郭两位先贤的事迹让饶宗颐深受感动，他立志要为薛侃、郭之奇撰写年谱。他认为："先生之学，有入门，有归宿；一生气魄，百折不回。"薛侃、郭之奇的人格、气魄是他所佩服推崇的，这也寄托了他胸中磊落之气。1948年，他用十五天时间完成了《薛中离先生年谱（附跋）》，隔年发表于广东文献馆主编的《广东文物特辑》；20岁时，撰写《郭之奇年谱》，因当时社会动荡，搁置至1991年发表于香港《新亚学报》（第十六卷）。饶宗颐至今只为郭之奇、薛侃两位先贤撰写过年谱。

三　广东通志馆纂修

学问之道

开钱庄是饶家的主业，生意伙伴遍及粤东、香港，但饶宗颐没有如同别的富家子弟般承袭家业。父亲去世当年，他与陈若侬女士（1916—2013）成婚，随后

2011年7月，与夫人陈若侬女士在一起

着手编著父亲遗留下来的诗集文稿。由于无暇兼顾家族生意，家财便在他手中慢慢散了。在人生道路的分处，在金钱与学问之间，他听从内心的抉择弃商从学，决意走上学问的道路。他说："我选择了学问之道是正确的。千金易散尽，但学问是不会背叛自己的，而是与时并进的。"探求学问的兴趣就好像一张保鲜膜包裹着他的人生，直到现在，他仍然保持着十几岁时的心态，做着十几岁时的兴趣事，追寻着"莫名其妙"的那些问题，并把兴趣一点点磨成学问。

恩师温廷敬

温廷敬，字丹铭，广东大埔县人。温廷敬一向重视乡邦文献的搜集保存整理。1928年曾撰文倡修其家乡的大埔县新志，大埔旅汕同乡会在汕头筹设大埔修志局，推荐温廷敬为总纂主持修志。1930年，广东省民政厅厅长许崇清十分重视地方志的整理

工作，当他读了温氏所撰写的大埔县志序列后，发现其词犀利、学惯古今，便决定聘请其担任中山大学广东通志馆（简称"广东通志馆"）总纂。从大埔修志局到广东通志馆任职后，温廷敬发现该馆负责人官僚习气浓厚，又不谙修志事宜，自己很难开展工作，只好辞职回家。此时广东通志馆的修志人员缺乏，修志工作不得不停顿下来。中山大学校长邹鲁闻悉此事，立即向省政府上书，并亲自登门拜访温廷敬，敦请他出任广东通志馆主任兼总纂和任教事宜。温廷敬深感中山大学校长言辞真挚，又是同乡，不好推却，便答应到广东通志馆工作而婉拒了教职。不过单凭他一个人的力量是不足以支撑整个广东通志馆的正常运行的，他需要一个助手，此刻他心中已初步有了人选，即是潮州学者饶锷的长子饶宗颐，他年纪轻轻就续成《潮州艺文志》，其目录学功底较深，随着《优昙花诗》《潮州艺文志》的发表，饶宗颐已经从莼园里的学子变成受人瞩目的学林新秀，因熟悉志书体例，是不可多得的修志人才，在主任纂修温廷敬推荐下，足以胜任广东通志馆这项工作。

但是，作为只具备小学毕业学历的饶宗颐要进入有门槛的中山大学，可以说是十分艰难的，好在温廷敬独具慧眼，在他大力推荐下，1935年，中山大学校长邹鲁聘请饶宗颐到广东通志馆任艺文纂修，这是其人生最重要的学术机缘之一。

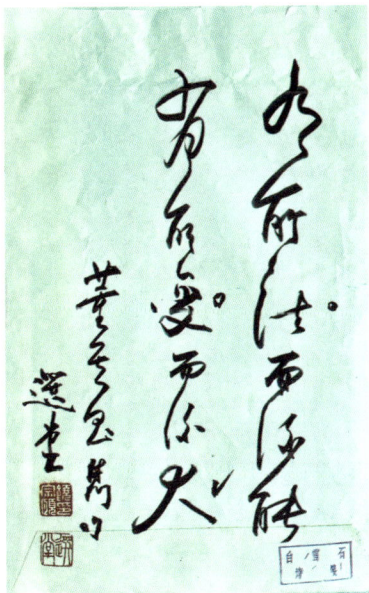

饶宗颐题"有所法而后能，有所变而后大"

广东通志馆

广东通志馆的前身是民国初年设立的广东通志馆，该馆于1928年在广州重开，广东省民政厅兼中山大学校长朱家骅（1893—1963）向国民政府广州会议提出纂修《广东通志》议案。次年，经省府讨论决定，修志事务交予中山大学办理，故将广东修志馆更名为中山大学广东通志馆，由时任中山大学校长许崇清任馆长。至1935年，由新任中山大学校长邹鲁接手，并汇集了一批岭南学术界的泰斗精英，在广州开展编纂工作，这是自明代嘉靖以来广东省第九次大型修志活动。广东通志馆由温廷敬全权负责，馆内的财务、人事，温廷敬有绝对的决定权，温廷敬对广东通志馆进行大力改革，使修志事务取得明显效果。

1937年的广东通志馆人员名册，显示饶宗颐为广东通志馆艺文纂修

馆内同事

饶宗颐受聘于广东通志馆时只有18岁，是纂修队伍中年纪最轻的一员。同时受聘的纂修大多是鼎鼎大名的岭南才俊，如陈梅湖、冒鹤亭、冼玉清等。其中温廷敬与饶家颇有渊源，饶宗颐与父亲饶锷均曾受教于温廷敬，饶锷修地方志也颇受温廷敬的影响。饶宗颐对温廷敬非常敬重，一向以"太夫子"称之，而陈梅湖与饶宗颐则以伯侄相称。温廷敬和陈梅湖两位前辈对饶宗颐的成长十分重视，他俩曾有过这样一段对话，温廷敬道："宗颐年少笃学，颖悟绝伦，日进高明，将来决为瀛洲冠冕。所虑者，家世业商致富，倘染上阛阓习气，遏其德业，殊为可惜。"陈梅湖安慰曰："丹翁毋虑，吾辈同属父执，鼓舞而拂拭之，俾此一颗出水南珠，无着些尘埃，定能与火齐鲸目，争光耀。"由此可见其二人对饶宗颐的期许与关爱。前辈的同人中有文史学家冒鹤亭，他修纂外交志，是个风流人物，只是饶宗颐与他的交往并不多。饶宗颐修纂艺文志，其前任是很有名气的"岭南才女"文献学家冼玉清（1895—1965）。冼玉清是岭南大学的教员，饶宗颐到来之前，她主要做一些调查的工作，饶宗颐接手她的工作后，冼、饶两人保持着长久而深厚的友谊，两人既有学术上的合作与交流，也有诗词唱酬与书信来往，这种亦师亦友的关系一直延续了三十多年。赏识饶宗颐的还有广州市立中山图书馆馆长罗香林（1906—1978），他比饶宗颐大11岁，是客家学大师。饶宗颐经常出入广州市立中山图书馆，罗香林得以认识这位勤奋好学的年轻人。在其推介下，饶宗颐所著《潮州丛著初编》列为"广州市立中山图书馆丛书"之三，1938年由广州市立中山图书馆印行。此丛书收入《广济桥志》（附《韩湘子异闻录》《韩湘子辨》）、

《韩文公祠沿革考》（附《韩祠著述考》《韩亭考》《韩木考》《张琏考》《古海阳考》《海阳山辨》）、《恶溪考》（附《韩江得名考》《化象潭考》《安济王考》）、《固庵序跋》（包括《廷鞫实录序》）、《林东莆先生全集·跋》、《瞻六堂集·跋》、《金山志序》、《龟峰词跋》、《顾影集残本跋》《薛中离先生全书跋》、《半憨集跋》、《郭循夫集

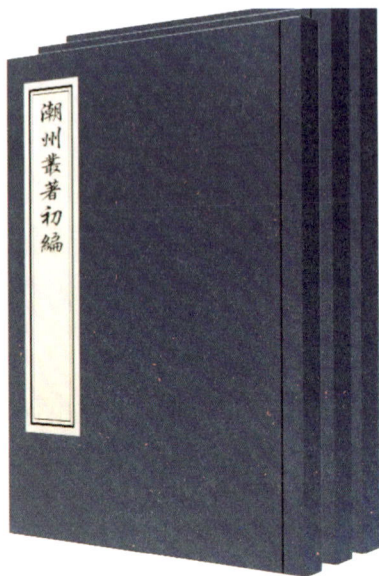

《潮州丛著初编》

跋》、《玉简山堂集跋》、《宾印诗稿跋》、《方刻醉经楼集跋》、《明农山堂汇草跋》、《世馨堂诗集残本跋》、《朱刻霜山草堂诗集跋》、《蜀弦集跋》、《回风草堂诗集跋》、《桐阴诗集跋》。书前有饶宗颐作的《自序》。

广东通志馆位于广州市内，那时中山大学在石牌，广东通志馆在文德路。该馆有一个最好的条件，就是将地方志集为一目，便于查阅。饶宗颐编写的《广东易学考》（三卷），主要是利用馆内的资料，加上各方志里的著录写成的。1941年于香港完成，时年24岁。由于战乱，香港商务印书馆被炸毁，此书也随之被烧掉了。

四 从艺文志转入古地理学研究

古地理学

在广东通志馆三年工作中，饶宗颐主要负责编撰艺文志。在续成《潮州艺文志》的过程中已积累了目录学实践经验，他从书目索引链接大量的文献、志书，为撰写有关艺文志方面的论著，积累了许多相关资料。除南京大学图书馆藏有四千余种志处于领先地位外，广东通志馆收藏的志书位居全国第二，有一千多种。该馆编纂的《广东通志》涵盖广泛、卷帙浩繁，是研究广东历史最权威的典籍。在这里，饶宗颐纵览了不计其数的地理史料，大量接触志书材料，为他日后从事历史地理学研究奠定了基础。此时，他看到了古代地理学研究可在文志中找到突破口，因为文志对行政区域的划分、区域下的沿革、古迹均有较详的叙述，这些均为以前"地理书"所忽略，一方全史的志书给他研究历史地理带来生机。于是，他便开始从艺文志转到古地理学的研究中去，这一转变，是他的学术研究能力养成的体现。

在古地理学的研究中，饶宗颐遍览《水经注》《元和郡县图志》《太平寰宇记》《舆地广记》《读史方典纪要》和"前四史"（《史记》《汉书》《后汉书》《三国志》等，收集古书的所有地名，并开始进行考证。他原打算为《史记》补写《舆地书》，后因有其他任务，仅撰成《史记地名释例》一稿。

最早知己顾颉刚

引起饶宗颐对古地理学研究兴趣的，不仅是广东通志馆的这些重要的志书材料，还有顾颉刚的直接影响。顾颉刚

（1893—1980），原名诵坤，字铭坚，是现代古史辩学派的创始人，也是中国历史地理和民俗学的开创人。1934年初，顾颉刚组织谭其骧等人成立"禹贡学会"，开展历史地理研究，带动新学术风气，创办了《禹贡》半月刊。面对"九一八"事变后的民族危机，制定"禹贡学会研究边疆计划书"，致力于边疆和民族历

顾颉刚先生

史与现状研究，旨在挽救民族危亡。《禹贡》半月刊成为历史地理学的学术刊物。饶宗颐于1936年至1938年在《禹贡》半月刊上发表了许多文章。最早发表的论文题目为《广东潮州旧志考》，刊于《禹贡》半月刊（第2卷第5号）；接着发表《恶溪考》《海阳山辨》《潮州韩文公祠沿革考》《韩山名称辨异》《魏策吴起论三苗之居辨误》《古海阳考》《〈海录〉笔受者之考证》。1935年，饶宗颐因为发表的文章得到顾颉刚的赏识，从此与顾颉刚结缘，后加入顾颉刚的"禹贡学会"。顾颉刚请他负责编辑《古史辨》之中的第八册。《古史辨》是考辨中国古代史的论文集，为中国史学界崛起的"古史辨派"的重要著作。该书体现了"古史辨派"疑古辨伪的学术精神，展示了"古史辨派"用中西结合的"历史演进方法"，在古史研究中的独特见解，论文集从1926年至1941年间编辑出版。饶宗颐为编辑《古史辨》做了许多准备工作，并将第八册目录发表在《责善》半月刊。后来，随着学术研究的深化，他逐渐地意识到《古史辨》有些地方疑古过分，特别是辨伪的方法不成熟，假定太多，结论有问题。新的考古发现往往为古时记载的可靠

提供证据，而某些辨伪反而显示出不对，因此，他果断放弃了该书的编辑。有人因该书没编下去而认为饶宗颐与顾颉刚意见分歧，其实没这回事。这倒是饶宗颐勇于不断修正、不断改进自己学术观点的一个事例。他后来提起顾颉刚，深情地说：

> 我的学问是中山大学濡染出来的，我十分感谢中山大学。我还要感谢我最早的知己——顾颉刚先生，他非常了不起，不拘一格，任人唯才。我是他第一个提拔的人，他在《禹贡》看到我发表的文章，不知道我多大，其时我18岁，《广东潮州旧志考》是我最早发表的论文，此前我同顾先生都还没见过面。

纠正钱穆错误

严谨的治学态度使饶宗颐在学界时尚风气中保持清醒的头脑，当 "疑古"遭激烈批评时，他客观地讲明了对"古史辨派"的看法：

> 因为怀疑精神基本上是做学问的一个条件，学术上没有什么事情是不能怀疑的。我最欣赏季羡林（1911—2009）讲我的学问时，有一句话："他（饶宗颐）最能发现问题，最能提出问题。"我觉得他这句话最中我的心意。"走出疑古时代？""疑古"是没有时代的，疑古可以延长到很久，因为古代很多东西我们弄不清楚，人家讲得不对，我们就要怀疑，文献记载不清楚，矛盾太多了。我个人认为，我今天还在疑古，因为很多古代的问题不是一下可以解决的，今天出了很多新东西，但也出了很多新问题，有些问题远远没有解决。现在到处都是这样，不是中国才这样。当然没有旧材料就没有办法解释

新材料，可是旧材料有太多矛盾，如何把它理清楚？永远也理不清楚。我的立场就是这样子。

饶宗颐针对地方志中出现的虚伪、造假现象，不遗余力地进行纠正，最突出的一件事是与钱穆商讨有关《楚辞》水名、地名的问题。钱穆（1895—1990），中国现代历史学家，国学大师。江苏无锡人，字宾四，历任燕京大学、北京大学、清华大学等大学教授，也曾任无锡江南大学文学院院长。1946年，饶宗颐发表《楚辞地理考》，其中就有针对钱穆曾有"湘域在两汉时，尚为蛮陬荒区，岂得先秦之世，已有如此美妙典则之民歌"之论而提出的异议，钱穆认为汉代贾谊贬谪到长沙时，长沙仍很落后，没有文化，不可能产生《楚辞》这样的伟大诗歌。而饶宗颐翻阅了广东通志馆千多种志书后，查明长沙早已发现一些古物，可运用古地理考证《楚辞》中在湖南的一些地名和水域。后来，马王堆出土的很多东西都证明了楚文化的丰富多彩，同时，也证明了饶宗颐的论断。早在1937年，不畏权威的饶宗颐曾以自己的学术观点向史学大家提出异议。他在《禹贡》古代地理专号上发表了《三苗考》，同钱穆进行商榷，不认同钱穆关于三苗是在江北的主张。钱穆认为洞庭和彭蠡这两个地方都在江北。《三苗考》主要讲述了三苗往西北地区的迁徙，以及它同西羌的关系，运用考古学来证明三苗部落的迁徙痕迹，指出三苗就在江南，从南方到甘肃，后来又到西北。由于前辈学人相信权威，没有人敢质疑这个问题，更没有人去查证研究。饶宗颐经查证发现钱穆一些观点出错随之加以纠正，这是饶宗颐不为贤者讳的范例。

1938年日本侵略岭南，中山大学被迫搬到云南澄江，饶宗颐在广东通志馆的工作也宣告结束，尽管如此，此段经历，饶宗颐借助通志馆这个平台，充分利用馆藏典籍中的古文字材料，对上古时代的历史地理深入研究并取得丰硕的成果。

饶宗颐不盲目信从个别文学名家。他除了对传统学术的借鉴之外，他对五四时期的文学，如胡适、鲁迅、周作人等人之作以及许多西洋诗歌都有涉猎。他的学术思想较为独立，他认为，王国维（观堂）先生的学问境界还只是比量，而没有现量。现量是很高级的境界，是有识再加上有亲证的悟。他推崇有现量境界的马一浮（1883—1967）。马一浮是引进马克思《资本论》的中华第一人，他认为心、思想是一切文化学术之根本，"不知反求自心之义理，终无入头处"。反复强调中国文化的根本精神即在于"发明自心之义理"。饶宗颐十分钦佩一代儒宗的一生始终只是默默地潜心体究宋明理学，躬自践行中国传统文化的为人精神。他对于章太炎（1869—1936）在《自述学术次第》中自诩其《齐物论释》为"一字千金"的论述，认为其不仅不得正解，而且连比量都不够，是比附。当然，饶宗颐非常佩服章太炎的学问和文章，他觉得其《重建大禹陵庙碑》掷地作金石声。风云际会之中，各路文化精英各显神通，他们之间难分伯仲，饶宗颐因其具备独立的人格精神和丰富的学识，故能有自己的独立见解，并且往往语出惊人。

青年时期的饶宗颐读完商务印书馆所办的英文函授学习课程，掌握了英语的阅读与写作。这一时期他广泛阅读了香港新垦书局所出外国名著，包括费尔巴哈的《上帝、自由和不朽》《神统》，黑格尔的《精神现象学》《逻辑学》《哲学全书》《法哲学原理》，马克思的《资本论》《关于费尔巴哈的提纲》，列宁的《国家与革命》《帝国主义是资本主义的最高阶段》等大量资本主义、社会主义的相关论著。

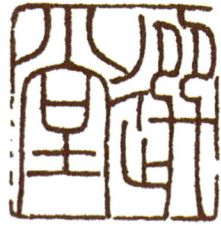

CHAPTER 3

第三章

动荡年代　耕耘不止

全體教員攝影

1944年，与无锡国专全体教职工合影，二排右五为饶宗颐

一　抗战岁月

韩师代课

广东省立韩山师范学校（简称韩师，今韩山师范学院）的前身，是创办于清光绪二十九年（1903年）的"惠潮嘉师范学堂"，是中国第一批、广东省第一所现代师范学校，是一所百年名校。韩师的渊源，可上溯宋元祐五年（1090年）建立的"韩山书院"。

詹安泰（1902—1967）是饶平新丰镇客家人，毕业于广东大学中国文学系。詹安泰在韩师任教已有10年，他精于诗词的创作和研究。1938年春天，詹老师因生病而无法到校授课，急需找一位替课老师。按韩师规定："教员告假，照章每月不得超过所任功课八分之一，如有不得已事故，须告假八分之一以上者，应请人代课，薪水由代课代支，惟代课人须先得校长或教务主任同意。"因饶宗颐已有广东通志馆专任纂修资格，故詹安泰向校长李育藩举荐他代课，讲授训诂学、诸子百家。1938年3月11日，经校长李育藩批准，韩师发函聘请饶宗颐到校代詹安泰上课，讲授中国文化课。

不过，事情也并非一开始就径情直遂。二十出头的饶宗颐，年纪与韩师的学生相仿，个子又瘦小，大家感到无法接受，他们集体找李校长要求换人。李校长碍于新老师系"岭南词宗"詹安泰推荐，婉转作了一个决定，大家都来试听讲，最后由学生定夺新老师的去留。试讲课程内容为诸子百家方面的知识。饶宗颐秉承家学渊源，早年续成《潮州艺文志》，在广东通志馆对先秦文学有过研究，对先秦时期诸子百家各学术派别的代表人物及思想体系十分清楚。据《汉书·艺文志》的记载,数得上名字的一共有189家,4324篇著作。其后的《隋书·经籍志》《四库全书总目》等书则记载"诸子百家"实有上千家。但流传较广、影响较大、最为著名的不过几十家而已。归纳而言只有12家被发展成学派。诸子百家之流传中最为广泛的是法家、道家、墨家、儒家、阴阳家、名家、杂家、农家、小说家、纵横家、兵家、医家。中国在古代创造了灿烂的文化艺术,具有鲜明的特色。中国有五千多年有文字可考的历史,文化典籍极其丰富。对要讲课程,他早已成竹在胸,只要授课时发挥好,一定会得到学生的认可。讲台上,他声音洪亮、充满激情,授课内容由浅入深、重点突出,又常与学生互动,渊博的知识将学生的心给拴住了。第一堂课试讲完,大家赶紧围着李校长要求留下饶老师,再也没有人提出换人。饶宗颐在韩师代课前后仅三个月时间。在韩师的课堂上,他开始着手教导学生读书要破万卷,启发他们研究中国古代文学词义,首先要阅读古代史上的原始资料,要加以分析,另外搜求扎实的证据,养成寻根究底的习惯,才能真正获得自己所需要的知识。这是饶宗颐第一次走上大学讲台,从此开始了他长达40年的教学生涯。2004年,87岁的饶宗颐重返韩师时,回忆当年代课经历,深情地说,我也是韩师校友。随后,他创作了一幅《韩山图》,并题跋:"韩山苍苍,韩水泱泱。"该作品成为他与韩师因缘的见证。

名篇《马矢赋》

1939年6月21日,正值中国传统节日端午节。凌晨时分,侵穗日军二十一军团一〇四师团一三二旅团和第五舰队海军陆战队共1万多人，分三路扑向潮汕，日军飞机对潮州城以及潮汕铁路狂轰滥炸，潮州沦陷。

目睹日军犯下的滔天罪行，饶宗颐愤然挥笔写下《马矢赋》，赋中曰："潮州沦陷之一年，大饥，民至拾马粪，沧其中脱粟而食者，予闻而悲之，为是赋云。"

赋曰："岂大道之在粪兮，或齐观夫穈粮……可以人而不如马兮，鼓枵腹而神伤。将攫夺而无力兮，妄意夫皂枥之秕糠。意秕糠兮不得，嗟裁属兮弱息。惟饥炎之方盛兮，苟垂涎兮马矢之余皂。拾白粲于污肠兮，延残喘于今夕……""感盐尸之载车兮，闵滔天之奇瘝。瞻沟壑之悠悠兮，蔽白骨以蓬蒿，苟饿夫而可敦以义兮，吾将讯诸黔敖。"饶宗颐笔下的道路上马粪齐观等量于粮食，人已不如牛马，难民饥不择食而令人黯然神伤。他们与马争吃秕糠，挑拾马粪中的谷粒作饭充饥；车载盐尸的历史在潮州城重现，城内外到处可见野草掩盖白骨。《马矢赋》为潮州城记下这段悲惨的历史，而赋中亦开创了以"粪"为题目入赋的先例。著名赋学家陶秋英誉之为"抗战文学之奇构"。

梅县调查畲民

潮州沦陷后，中山大学中文系教授詹安泰来信建议饶宗颐到中山大学任教。1939年8月，中山大学聘他为研究员。为了继续学术研究，饶宗颐决定前往已搬迁到云南澄江的中山大学。此时的铁路已经被日军牢牢控制，要赶往云南，唯有选择公路，即从鲨鱼涌先到香港，然后再从香港转赴云南。恰好商务印书馆也有人要去云南，他们便结伴同行。数日的奔波，沿着崎岖的道路，他们来到了梅县。此时，詹安泰多次发来电报催

055

促行程，而饶宗颐和妻子都十分疲惫，夫妻俩决定在梅县休整几天。安顿下来之后，饶宗颐又有打算，梅县位于潮州北部，有一些畲族居民，难得有机会来到此地。他干脆就赶到畲民的居住地，了解、调查畲民情况，考证那里的地理环境。梅县到香港需一礼拜时间，调查的劳累加上睡眠不足让饶宗颐染上疟疾；刚从梅县一出发疟疾就发作了，一路上寒寒热热，病患一直困扰着他。虽有妻子的搀扶照顾，但一路走走停停，整整花了一个星期才到达香港。

幸遇伯乐

帮王云五编纂《中山大辞典》

前往香港的路途艰难，一路上吃得又差，到香港时，饶宗颐已经不像一个人样了。幸好在香港堂叔父家中得以安置。养了两个月身体的饶宗颐一心还想着要赶去云南，然堂叔父极力反对，加上妻子劝说，他只好暂时打消了这个念头，留在香港。这一场病，饶宗颐怎么也不会想到，犹如塞翁失马，自己命运迎来了一个人生转折点。他曾说：

我在香港养了两个月的病，病好了还是想去云南，可是亲戚们阻拦我，我内人也反对，云南之行只好作罢。这是一个关键，决定了我的一辈子。要不然

王云五先生

我就在中山大学，就没有现在这个样子了。

饶宗颐赴滇滞港，在阴差阳错中，他与香港结下学术最早的因缘，他被王云五、叶恭绰两位伯乐发现，在他们的指导下，真正得窥国学研究之堂奥。

王云五（1888—1979）是民国时代著名的出版家和杂家，长期担任商务印书馆的总经理，积极推行科学管理法，开创商务印书馆日出新书一本的新局面，出版许多有学术价值的书籍。王云五早年自学成才，在中国公学曾担任胡适的老师，而到商务印书馆任职倒是胡适推荐的。他组织出版过《大学丛书》300多种，出版《万有文库》，主编《中山大辞典》，影印《丛书集成》，还发明了四角号码检字法，是民国时代出版界的重要人物，有"博士之父"的美誉。饶宗颐是通过一个朋友认识王云五的，一见面王云五就说："你不要去云南，你帮我做两件事。第一件事是做《中山大辞典》的书名词条，第二件事是帮我编八角号码。"

《中山大辞典》的编纂计划十分庞大，全书5000万字，排成16开本40大册，另加索引4册，包括单字（即字头）约6万个，词语约60万至70万条，分量相当于《辞源》的20倍。该辞典集中国单字、词语之大成，无论古典与通俗，辞藻与故实，新知与旧学，固有与外来，无不尽收于其中。该书先从一个"一"字开篇，"一"字项下收词5474条成书，就是一本16开本498页的词典，其规模十分浩大。王云五要饶宗颐帮他做书名提要，饶宗颐即提议在做书名提要之外，逐篇撰写提要，使每本书编写更加详细。书中有很多重要的篇名，如《墨子》的《兼爱》《非攻》，每一篇做几十、一百、几百字的提要，一下子要念很多书，这又给饶宗颐打下了扎实的经史、诸子百家的基础。另外，王云五作为甲骨文四角号码检字法发明人，在创新"八角号码"检字法时饶宗颐给予了全力协助。王云五发明的"八角号码"检字法是用来查找甲骨文、金文。有了这段经历，饶宗颐开始关注甲骨文，于王云五处获得了大量接触古文字材料的机缘。饶宗颐人生第一次接触甲骨文，就十分幸运地得到王云五的指导，用研究古文字学角度，从形、音、义三个方面研究甲骨文。《说文》所载小篆是辨识甲骨字形的钥匙和桥梁，王云五认为必须借助《说文》这部宝典。至于字音，甲骨文是一种意音文字，既表意也表音。其中象形字在甲骨文里占了相当的比例，但越到后期会意字、形声字越多。虽然甲骨文的通假字没有战国文字那么多，但是发音实际上很难复原，只能利用上古音韵知识做一些较合理的推测。字义的方面，最常见的办法是利用辞例，熟悉了一个字经常出现的场合，就大致可以推断其意思，再结合先秦古书和字典，就可以较准确弄明白其字义考释了大量的甲骨文。后来这些古文字成为他学问的一大支柱。

助叶恭绰编撰《全清词钞》

饶宗颐来港期间，叶恭绰正忙于收集资料编写《全清词钞》。此时，他已搜集3.5万种清词集，需一一进行选辑。

饶宗颐在因缘巧合下认识了叶恭绰（1881—1968）。他是中国现代书画大师、收藏家和政治活动家，早年以交通事业为己任，中年以后投入到诗文、考古、书画、鉴赏的事业中。上海沦陷后，他寓居香港，发起组织"中国文化协进会"，主办"广东文物展览会"，编印《广东文献丛刊》，出版《广东丛书》，在香港文化界的影响甚大。1929年，叶恭绰与朱祖谋等共同发起，叶恭绰任主编《全清词钞》总责。1937年日寇攻陷上海，叶恭绰乃携已蒐集到之五千余种清词集，避居香港。至1939年，陈佐编《全清词钞》者——"岭南词人"杨铁夫（1869—1943）外，其他人都是兼职的。已届70多岁的杨铁夫年纪较大，对清词资料一一甄选已花了他不少心血，对此叶恭绰感到很过意不去，而整个编写进程的缓慢，

叶恭绰先生

使叶恭绰心情十分焦急。饶宗颐的到来，终于让叶恭绰松了一口气。叶恭绰力邀饶宗颐参与编撰《全清词钞》，这使饶宗颐成为继杨铁夫之后，辅助叶恭绰考证清代词人仕履其事者之一。

清代出现的词人很多，许多词人同时拥有几本词集，整理工作十分浩繁。先前的工作队伍做了一大堆长编，收集了几千人的作品，从清词集转录的抄本有104册。这些版本大多是无名之辈草草抄就的，要将这104册抄本汇编为一部书，必然要对各版诸词有所筛选。叶恭绰曾对这些版本做过部分筛选，抄本中盖有印章者表示是他要选的。看完抄本后，饶宗颐认为编辑《全清词钞》应以文献价值作为筛选标准，对词人作品须全面提炼，获取要点。后来，叶恭绰将搜集的104册资料精简存30本，共选录3196人，词8260多首。《全清词钞》终于编集成功。从词钞中可以看到许多女性，这标志着清代诗词文学开启了传统女性文学创作由个体走向群体的新纪元，也揭示中国妇女从"无才是德"向"知识女性"的转变历程。叶恭绰在书跋中提到饶宗颐，感谢他的帮助，认为没有他的鼎助，这部词钞

很难完成。

《全清词钞》远超丁绍仪《清词综补》等清书所录的各种珍本。饶宗颐在编选该书过程中有幸接触叶恭绰的一流藏书——善本，借此校勘严密、刻印精美的古籍，他逐步迈入主流学术，并进入了词学研究的最前沿。这一段宝贵经历，

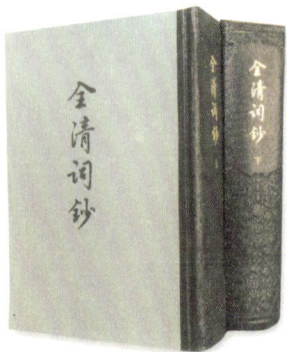

《全清词钞》

为他后来从事词籍、词目、词乐、词律以及中国音乐史、中国音乐与宗教关系的研究奠定了重要的基础。

1963年，饶宗颐在香港大学出版社出版的《词籍考》资料很多来自叶恭绰的藏书，如外面难以见到的路厚宣的《词林要韵》等元刻本；还有编词钞时，把特别的章节摘录下来集成一本词的目录。他认为能写出《词籍考》的主要原因是得到叶恭绰等名师的指点，使他能依据词集脉络，精细考证。编《全清词钞》时，饶宗颐亲眼见到叶老家里藏有不少敦煌文物，受到叶恭绰的影响，他开始研读敦煌文献。在向叶恭绰请教的过程中，他了解到还有相当数量的敦煌文献藏在世界各地的博物馆及私人藏家手中。这些流散在欧洲、美国、日本及中国台湾、香港的敦煌文献十分珍贵，其丰富多彩的历史内容是补充中古史的重要资料。叶恭绰很有眼光，他提出敦煌学应作为一门学科加以研究，但当时没有得到学界的重视。处在军阀混战年代的叶恭绰曾遭

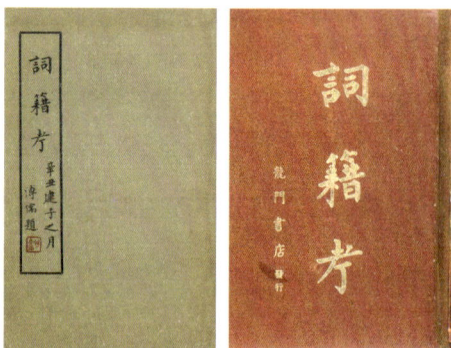

《词籍考》

人误解，背负骂名，但他仍无怨无悔，坦荡提倡学术研究。饶宗颐评价叶恭绰的学术精神，有过这样的叙述：

> 他很喜欢在书上批很多字，每一本看过、翻过的书，都留下字迹。在北京、上海，他的地位高得很，很多人都是他的晚辈，如陈援庵、张大千。他是那个时期中很重要的一个人物。我是在一个关键时刻，也是老天有眼，生了这场病，得到了这个机会。这说明学问之事，也是有机缘的。

饶宗颐的学术素养是建立在早期的乡邦文献整理基础上，其所见史料之广博可以说罕有人能比肩，也成就了饶宗颐学术视野的宽广。其治学方法深受孙诒让、顾炎武两位清代大儒的影响。由于饶宗颐的治学历程恰逢民国时期的学术转型之际，这又促成了他在这一转型时期的学术超越。王云五、叶恭绰是两位伯乐，饶宗颐感言："假如没有到香港遇到王云五和叶恭绰，或许自己至今仍是一名专家，或者普通的大学教授。"

三　在动荡年代中耕耘

初版《楚辞地理考》

1940年，饶宗颐完成《楚辞地理考》的编撰工作。此书分上、中、下三卷，共20篇。以楚国历史地理探索为起点，开辟了楚文化研究的新领域，从此国史研究出现新气象。史学家童书业（1908—

《楚辞地理考》

1968）为新书作《序》：

考据之学，愈近愈精，读宗颐饶君之书，而益信也。君治古史地学，深入堂奥，精思所及，往往能发前人所未发，近著《楚辞地理考》，凡三卷二十篇，钩沉索隐，多所自得，乍闻其说，似讶其创，详考之，则皆信而有征；并治世治古地理者，未能或之先也。钱君宾四，为学深博，与君持论异，而途辙实同。往尝读钱君之书云：“屈原放居，地在汉北，《楚辞》所歌，洞庭、沅、澧诸水，本在江北。”余于《楚辞》地理，未曾深究，虽有所疑，未能明辨也。及观君是书，举凡洞庭、沅、湘诸名，靡不博征详考，确定其地，叹观止矣！余于二君之说，固未足以平其得失，然窃有所见焉。屈子早居，旧说在汉北，实无明证，饶君辨之已详。至《楚辞》所陈洞庭、沅、湘诸地，疑在江南。《九歌·湘君》：“令沅湘兮无波，使江水兮安流，驾飞龙兮北征，遭吾道兮洞庭，望涔阳兮极浦，横大江兮扬灵。”此明谓由沅、湘北征，徂江，遭道于洞庭，上两言指出发与所往之地，中两言指所出之方向与途径，故其下曰望涔阳而横大江，似毋庸

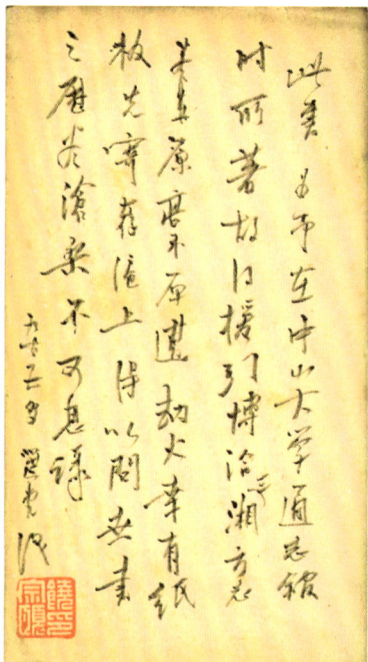

2010年8月，饶宗颐为作者收藏的《楚辞地理考》题签：“此书为予在中山大学通志馆时所著，故得援引博洽三湘方志，原稿原遭劫火，幸有纸版先寄存沪上得以问世，书之历尽沧桑，不可忽录。九十五岁，选堂识。”

改旧说以从新也。尤有进者，《九歌》多汉世之文，太一、东君、云中、司命，汉氏之命祀也；未央、椒堂、寿宫、紫坛，汉皇燕居与礼神之所也："《九歌》毕奏"，又汉代郊祀歌之词也。钱君之言曰："湘域在两汉时，尚为蛮陬荒区，岂得先秦之世，已有此美妙典则之民歌"，则《九歌》者，果为湘域之作，不得出于先秦之世矣，岂汉贤善拟古者若贾子、相如者之所为乎？不敢臆断，姑陈其疑，以质二君。

1946年，《楚辞地理考》在上海出版，才30岁出头的饶宗颐备受学术界关注。饶宗颐学术发展的关键在于一开始就抓住国史研究的重点，便以此专攻文史，一发不可收拾，由一个有志于乡邦文献发掘整理的后学成长为研究国学的青年才俊。

违背正统的《新莽史》

饶宗颐还有另一个学术课题，那便是开始研究并撰写《新莽史》。

《新莽史》即《新书》，是王莽"新朝"的历史。王莽篡权，灭了西汉王朝，建立了一个短命的所谓"新朝"。在传统的历史观念里，王莽是一个乱臣贼子，"新朝"是得不到正统历史的承认的。饶宗颐对这一时期的古史研究中，两汉史是他着力的一个方面，他打算用《汉书》的体裁来撰写这本书，让此书给二十四史再补一史，成二十五史，他认为在学术上也很有创新价值。在纪传体体裁中，王莽入本纪，此外还有志、表、传等部分，全书目录刊载于《责善》半月刊，各部分内容也大体完成。但饶宗颐一直没有将此书出版，仅发表了其中的《新莽艺文志》《西汉节义传》《新莽职官志》等部分。其原因：一是由于战乱，二是因为后来他的历史观念发生了转变，重新修正自己的观点。他读《资治通鉴》后受司马光的影响，更加注重以道德来审视中国历史，应做一位坚定的"国史正统论者"。对王莽"新朝"的研究，他终于回归到正统的历史观，决定放弃了原来为新莽朝立史的计划。饶宗颐回忆说：

> 这一阶段的治学经历，如今回想起来，真为当时的"傻劲"捏一把汗，但也庆幸有股勇气停下笔来，并为自己有一份担当的责任感而自豪。我觉得不应该做连自己都觉得不对的著述，绝不能勉强为功名去做学问。否则在违背正统的史学观下所完成的《新莽史》，极可能成为个人学术生命中的污点。

对此，《饶宗颐学述》的整理者胡晓明说：

> 饶公绝非危侧趣诡之流，绝非炜烨枝派之辈。他骨子里是能通大义、识大体、立根本的学人。可以说是"酌奇而不失其真"，可以说是"执正以驭奇"。

撰《潮州先贤像传》

1941年12月26日，香港沦陷。日军入城后到处烧杀抢夺，商店工厂关门，学校停课，人们纷纷向外逃命。此时，饶宗颐尚处潮汕地区，潮州城北被日军占领，他只能进入国统区揭阳县，其后西奔桂林，再退入大瑶山，并写下《马矢赋》《囚城赋》《烛赋》《傜山诗草》等抗战文学作品。在揭阳，饶宗颐依旧没有放下学术研究，在揭阳一带收集地方文献资料时，偶获"潮州先贤遗像" 20多帧。他依年代先后为次序编排，自唐大颠禅师至清曾右丞刚甫，为跨越五个朝代的先贤撰传，并配上先贤遗像。撰写的《潮州先贤像传》于1947年在汕头民教馆印行。该书的刊行，为饶宗颐日后编纂《潮州志》中的《官职志》梳理出一条人物主线。编著《潮州先贤像传》过程中，他发现郭之奇的事迹已近湮晦，便决定为这位明末抗清官员、潮州七贤之一的人物写年谱，弘扬民族精神，借此鼓动民众增强抗日信心。在榕城东门访问郭之奇故居金马玉

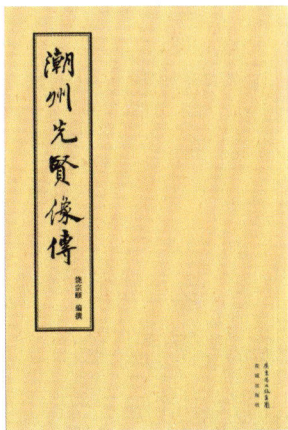

《潮州先贤像传》

堂，亲自查阅郭氏族谱，对郭氏家世有了进一步了解，增加郭家世系资料。在揭阳时期，他查阅到与郭子奇有关联的人物年谱，间接寻找到郭之奇的文章和事迹，为撰写郭之奇年谱收集到更详细的材料。饶家在揭阳有旧交姚梓芳（1871—1951），姚先生是一位潮汕地区著名大儒。姚秋园1925年归休榕城后，1929年用榕城史巷旧废地块建成的学苑，授徒讲学，园内有"秋园藏书楼"，藏有历代珍籍累万册，多为文字学著作。其著述有《秋园文钞》《觉庵丛稿》《广西办学文稿》《古文辞阶》《过庭杂录》《困学庐笔记》等。国学名书《新古文辞类纂》收有其四篇文章，可谓是潮汕地区有代表性的一代学人，而且是民国时期全国性的知名文士。姚梓芳40岁方到北京大学读书，此事给饶宗颐留下深刻印象。饶宗颐到了揭阳，自然要拜访世交前辈姚梓芳，故人之子来访，姚梓芳格外高兴，一番言谈之后他认定饶宗颐日后前途无量。饶、姚虽相差40岁却没有代沟，他俩后来成为文化、学术上的忘年之友。得到姚梓芳提供大量乡邦文献资料后，饶宗颐倡议成立"揭阳县文献委员会"，自己担任委员会主任，聘请蔡起贤等为委员，于1943年8月1日出版《文献》创刊号。

四 执教无锡国专、黄花书院

金山中学国文教员

1943年，饶宗颐回到潮州的凤凰山。这里四面环山，交通不便，环境沉寂，但日军还没有打进来，那时是自由区。饶宗颐寄居在朋友家中，为了解决家庭经济来源问题，他重新做回他的老本行——在迁校于凤凰山的金山中学任国文教员。凤凰山诗情画意的景色，浓郁的山野气息，朴素的人文风情，让饶宗颐感触很深。他逐日赋诗，竟成一集，取名《千仞集》，后改名《凤顶集》。可惜战乱时期，诗稿尽失，他心中的那份情感也就只能在记忆中随风消逝。

在金山中学任教不久，好友郑师许（1897—1952）向无锡国学专科学校（简称无锡国专）在广西时期的校长冯振（1897—1983）推荐饶宗颐到无锡国专任教。

无锡国专、黄花书院

无锡国专以教学严谨著称，培养了大批国学专门人才，如王蘧常、唐兰、钱仲联、马茂元、蒋天枢等。在桂林无锡国专，饶宗颐执教古文字学和诗词。

在这里，饶宗颐认识了梁漱溟，当时梁漱溟住在无锡国专校内，主要讲乡村建设和政治思想等问题，偶尔还讲些东西文化和佛学。饶宗颐空闲时，也到礼堂听他讲课，他课堂上曾有一句话让饶宗颐印象深刻："我根本没有学问，我会抓问题，我就是从问题中读书，论学。"

梁漱溟（1893—1988），曾主编《光明报》，对社会一些现象进行评议。他是扬名世界的新儒家的第一个先驱人物，一生坚持讲真话、做实事，是同时代许多知名文人学士所不能企及的。著有《东西文化及其哲学》《中国民族自救运动之最后觉悟》《乡村建设理论》《中国文化要义》等。

来桂林第二年，日军直逼桂林，饶宗颐只好随着无锡国专的近百名师生及家属由桂林南迁，避难于蒙山。蒙山为山城，古称永安洲，是当年太平天国于金田村起义后攻下的第一个县城。武侠小说家梁羽生曾称此为"太平天国开国封王地"。也就是在这里，饶宗颐和太平天国研究专家简又文、武侠小说家梁羽生结识。他们一起在蒙山西乡屯治村开设"黄花书院"，借用一个"李家祠堂"，给学生上课，学生一边听课一边准备逃难。

1945年1月，蒙山沦陷。日军紧接着大举向饶宗颐所住的文墟龙头村"扫荡"。那时候有学生跟饶宗颐学"易"，有人向他提出占卜以推断眼下的吉凶，饶宗颐以易经卜卦，占得"离卦"的第四爻辞："突如其来如、焚如、死如、弃如"，是四重极凶之象。饶宗颐从未占卜过四重凶之卦象，那天他刚好有课需往另一村庄，他建议大家与他一起避开。果不出所料，该村真的发生惨剧，没走开的男人全数被日军杀害，而女人则被带走奸淫。卦虽先知，但无法救人，自此之后，饶宗颐再也不起卦。日军在蒙山一带，修筑炮楼进行封锁，无锡国专师生为安全计，决定再迁往大瑶山。于是，大家又踏上逃难的路。在逃难的人群中，有官员、议员，也有老师、学生，山西监察使赵文炳就在其中。一路上，学生对饶宗颐非常好，用车推着他走。沿途的村民自发地拿出自家粮食，招待大家。要知道这时候整个中国的老百姓日子都不好过，他们拿出自己的粮食，就意味着自己要少吃几顿饭。大家都十分感恩，因为没有他们的救济，根本没办法活下去。

无锡国专有一个学生叫欧阳革新，家住在瑶山里，家族在当地极有权势，他建议无锡国专就迁到他家乡。虽然瑶山在蒙山的里面，是一个更为偏僻的地方，然而，在瑶山待了一个月之后，日军又步步逼近，饶宗颐与同人只好再一次迁往龙头村。他有一诗写道：

> 余生悬虎口，
> 尽室寄龙头。
> 万户多荆杞，
> 孤村有戍楼。

当时的处境，如同诗述，惨然一片。在龙头村，饶宗颐吃住在一户姓李的人家，《愁山赋》等"出自肺腑，沁人心脾"的诗篇出于此时。无锡国专后来由冯振牵头，在其家乡北流县恢复上课，饶宗颐再次执教于此。在校里，能诗会赋的饶宗颐很快结识不少人。他经常与巨赞法师（1908—1984）交流问题，从佛陀到佛经，从密宗到禅宗。用佛教哲学思想分析当前形势，以开阔心境，谈古论今，无所不至。巨赞法师后来成为中国佛教学会副会长。还有一个叫阎宗临（1904—1978）的老师，系瑞士国家文学博士，从法国勤工俭学回来。学习过英文、拉丁文、法文等多种语言，对西洋史也很有见解，后来成为著名历史学家。对他，饶宗颐也有一些印象。最为难忘的是一位总是拿着一支文明棍的湖南人，名叫向培良（1905—1959），他教《楚辞》课程，又擅长写小说，笔下人物活灵活现，情节也动人。这一时期，学界对胡适很崇拜，但向培良却不以为然，自有其独到的思考和见地。写得一手好字的是蒋石渠（1898—1979），校内要出什么墙报，宣传标语，他都要露一手。蒋石渠潜心钻研沈曾植的书法，经常拿着笔和一桶水，在地上随便临写，几乎可以达到乱真的程度。然蒋石渠有很重的地方口音，饶宗颐很难与其交流。校长冯振素有"广西才子"之称，他深得中庸之道，用"合理、合情、和谐"之旨管理学校。他讲先秦诸子、文字学、《说文（解字）》，饶宗颐日常与冯振有学术交流。冯振在无锡国专任职时间很长，他后来成为学术卓著的教育家、古典文学家、诗人。

1946年6月，无锡国专搬回江南去了。饶宗颐本应跟随师生去江南，此时，他接到广东省立文理学院院长罗香林邀请任职的电报。于是，他乘船直下广州，到文理学院任教一个学期。现存于广东省档案馆的"广东省立文理学院教职员名册"中可以查到其名字。任教期间，他撰写的第一篇研究甲骨文的文章于《文理学报》上发表。文章考证《山海经·大荒东经》中记载的"困民国"，对罗振玉、王国维等甲骨学名家的研究成果提出不同观点，是运用考据学研究甲骨文的典范之作。当时，因文中甲骨文无法排印，只能改用石印，由他亲自誊写以手写体发表。随后，他再转至潮州，回乡主持修志工作。

抗战诗篇《瑶山集》

战火纷飞、满目疮痍的情景，以及在大瑶山历尽艰辛的经历，使饶宗颐的心灵受到强烈的震撼，涌动的诗情喷薄而出，在很短时间里，创作了充满生命热力的数十首诗。与经历唐代天宝之乱的诗人杜甫一样感同身受，叙写了抗战的"诗史"——《瑶山集》。

1945年10月14日，重阳，饶宗颐在瑶山北流山围整理所写诗稿合为《瑶山诗草》，共得64首诗。这是他现存最早的诗集，陈颙、詹安泰、刘寅庵分别为该集题词，该集后以《瑶山集》收录入《选堂诗词集》《清晖集》。他为诗集撰写《自序》，内容如下：

《僬山诗草》

　　去夏桂林告警，予西奔蒙山，其冬敌复陷蒙，遂乃窜迹荒村。托微命于芦中，类寄食于漂渚。曾两度入大瑶山，攀十丈之天藤，观百围之柚木，霏霏承宇之云，凄凄慕类之麕，正则小山所嗟叹憭栗者，时或遘之。以东西南北之人，践块轧罔沕之境。干戈未息，忧患方滋。其殆天意，遣我奔逃，俾雕镂以宣其所不得已。烈烈秋日，发发飘风，卑枝野宿，即同彭衙，裹饭趁墟，时杂峒獠。逢野父之泥饮，值朋旧而倾心。区脱暮警，寒柝宵鸣，感序抚时，辄成短咏。录而存之，都为一卷。今者重光河狱，一洗兵尘，此戋戋者，皆危苦之词，宜捐弃而勿道；然而他乡行役，诚不可忘，烧烛竹窗，如温旧梦，敝帚自珍，亦何妨焉。

　　如果说，少年时作的《优昙花诗》是天才初现，那么《瑶山集》是青年饶宗颐登上诗坛的第一声"狮子吼"，它初步展现了饶宗颐深厚的学养和在诗歌创作上的不凡功力。《瑶山集》是他世界观的自然反映，表现出热爱祖国的情怀，痛斥日寇罪行的义愤，抒写抗战必胜的坚毅信念。饶宗颐用独立自主的写作姿态，以史识、典事、考据与诗情兼融的艺术创造，充分地体现了现代学人诗词创作的基本特征。而其后诗歌创作中的人格情操、艺术风貌、表现手法、语言运用等方面，则大都与瑶山之作有着血脉相通的关系，足见《瑶山集》在他一生诗词创作中所占据的重要地位。

抗战时期，饶宗颐与广大老百姓一样流离失所，是一辈子吃苦最多的时候，但他觉得，这是一段值得纪念的生活。2012年11月5日，饶宗颐出任西泠印社社长时，在杭州孤山对着大家说："我的一生好像是漫漫路上求索的苦行僧，一辈子经历许多像当年在大瑶山的苦旅，没有人知道我的大部分时间是在寂寞中度过，我把研究学问当成生活的一部分，才能臻于庖丁解牛、目无全牛的化境。"

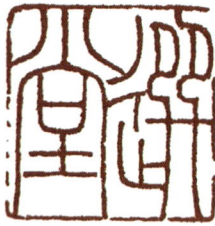

CHAPTER 4

第四章

重返故里　总纂志书

1946年，《潮州志》编辑人员合影（左六为饶宗颐、右二为二弟饶宗栻）

一　总纂《潮州志》

潮州修志馆

　　1946年4月29日，广东省第五区年度行政会议决定："鉴于修志之不容缓，爰提议编纂潮州新志一案，经会议一致通过，并定于7月1日成立潮州修志委员会，推郑绍玄为主任委员，负责修志事宜。"广东省政府第五区行政督察专员公署管辖区域为现在的潮州、汕头、揭阳三市及梅州市丰顺县。修志范围，除现在的潮汕地区外，还包括梅州市丰顺县及大埔县。成立的潮州修志委员会决定聘请两广监察使刘侯武之秘书、华南学院教授饶宗颐为副主任委员兼总纂。邹鲁（海滨）、刘侯武、罗卓英、萧吉珊、陈绍贤、温丹铭等为顾问。委员会由县、市政要及文化名流共100多人组成。11月5日，在汕头召开第一次修志委员会会议，决定潮州修志馆设在汕头民生路7号，所修志书正式定名为《潮州志》。

题签《潮州志》（1949年线装本）

专家任纂修

由专家学者组成的编纂委员会成员30多人，饶宗颐为总纂，分纂为温丹铭、蔡起贤、翁子光、林超、王荣等，专家们对应自己熟悉的项目进行修志。其中温丹铭提供了中山大学广东通志馆收集的有关潮州修志上的文献资料及相关文章，为修志工作能得以迅速开展起了关键的作用。潮州修志馆有特约编纂和秘书、绘图员、书记、义工等人员，同时招聘征访员，协助调查、搜集资料。饶宗颐负责拟定述例，编写沿革志、大事记、民族志、艺文志、叙录，审订其他分纂各志。潮州风俗、饮食、戏剧、音乐皆别具特征，而侨民海外拓殖业绩辉煌，故在地方性的志书中是比较特殊的。《潮州志》（增加新志目、新条目和新内容）列30门，拟分订50分册，400多万字。其篇目内容、卷帙规模，大大超越清代四部《潮州府志》之总和，可以说填补了自清乾隆周硕勋《潮州府志》后这一区域约150年无府志的空白。同一时期，国民政府曾通令全国各地方纂修志书，由于时代动荡，全国修志的只有三地，其他两地在规模、内容、体例、门类上都无法与《潮州志》相比，可见纂修工作有许多开创性和领先性的，在广东省内以至全国都是十分罕见的。

提纲挈领

饶宗颐撰写的述例颇具创新，他在编纂宗旨、篇目设置、体裁选择、资料征集、编写分工等方面，都做出了合理安排。整部志书由"卷首""本志""志末"三部分组成。其中"本志"由大事记、沿革、山川、疆域、气候、物产、古迹、兵防、水文、财赋、宦绩、民族、地质土壤、戏剧音乐、户口、方言、政治、交通、艺文、实业、教育、建置、社会、侨况、风俗、宗教、金石、人物、丛谈、叙录，共30篇组成。《潮州志》纂修十分之四沿袭旧志，另十分之六与传统的志书不同，确定因发展需要，新立开拓性、补充性的体例。新设志目中有民族、地质土壤、水文、政治、交通、社会、实业、侨况、宗教、方言、戏剧音乐等志。历代潮州志不仅没有这些门类的篇目，而且极少涉及上述门类的具体内容。饶宗颐亲订新志体例，使志书具有 "存史、资治、教化"的功能，为经济社会发展方面充实了大量史料。特别是对史料的取舍，各专志之编排次序，均极具匠心。方法上敢于创新，地质土壤、气候、地理、水文各篇，均聘请自然科学专家写稿。对于《大事志》，采用提纲加旁注；对于《户口志》《交通志》，均列成图表，突破传统规矩。修志处在社会局势危机四伏的时期，在修志队伍中，饶宗颐年纪最轻，却肩负重任。他身体力行，克服许多困难，终于取得修志的成功。1982年，香港大学授予饶宗颐荣誉文学博士学位，主要是表彰饶宗颐纂修《潮州志》，为地方文献呈奉一部珍贵的志书。

考古实证

饶宗颐纂修《潮州志》，除了博辑历代史志资料，特别注重考证调查。《潮州志》承袭历代潮州旧志的很多记载，故存在记述有误或记述差异。对此，饶宗颐查阅了大量史料，一一予以考证、辨正或说明。如潮州海阳县的沿革，自明人郭子章以后的各部潮州府志和海阳县志，都误从《周书·王会》篇讲起，认为周成王时潮地已有古海阳。饶宗颐根据自己考证研究之《古海阳考》，指明《周书》记述的古海阳系古楚东之海阳，实处今江苏省常熟县，即南朝萧齐所设立的南徐州海阳县，而非潮地之海阳县，更正了旧府县志之误。饶宗颐撰编的新设立的《民族志》，主要是对潮州民族、民系的研究。他根据历代史志记载，结合考古实物和访问调查材料，对潮州先民的民族构成、人口源流、迁入移出的发展情况，各立条目，编纂成书。其内容之丰富，论述之翔确，令人赞叹。为掌握第一手材料，饶宗颐亲力到田野调查，通过"一对一"的访谈方式搜集数据，为《民族志》研究提供素材。另外，他博采大量史志典籍资料，引证属于二十五史和全国性的史书30多部，引自旧志20多部，引自族谱10多部，还参阅一些专论、考述等文章。

饶宗颐认为，治史、考古乃第一要务。地下的文物是最有力的证据。在编纂《潮州志》之初，他非常注重考古工作，与地质学家林焘六考察潮州各地史前遗址，在黄岐山进行田野考古时，于山坳距地表土二公尺处，发现石镞，又于战壕附近采集不少石斧、石嘴及陶片。这些地下文物成为潮州重要历史发现的证据，此外，他和大家一起研究国内外有关人士已获取到手的文物资料，饶宗颐把收集到的文物资料摹绘、摄影，编成《潮州史前遗物之发现》一书，这一成果使他和修志同仁成为潮汕文物考古工作的先行者和潮汕史前地下文物的发见者，使潮汕一带的史前文化重现于世。

二 完成《潮州志》总纂

经费告罄

修纂《潮州志》是由广东省第五区行政督察专员公署决定

启动，经费由潮属各市县分担。但因时艰加剧，物价飞涨，半年后各属负担经费就得增加两倍，故至1947年7月，原由潮属各市县分担的经费均无法拨付，修志经费无着，修志人员生活费用拮据。此时，督察专员全不管修志之事，原两广监察使刘侯武毅然顶任潮州修志委员会主任委员之职，潮州修志委员会和潮州修志馆已成为民间机构。刘侯武亲自寻找经费。1947年9月起，幸得很多热心人士的帮助与支持，筹得资金法币5000万元悉数充作费用。由于物价不断飞涨，法币已失作用，潮州修志委员会于1948年3月、7月先后两次呈文报专署批转潮安、揭阳、潮阳三县政府各向富户劝捐稻谷各20石，共60石，以此维持修志人员的实物津贴。

面对经费紧缺，饶宗颐带头开源节流。他主动将从华南学院领到的薪金部分用于补贴修志，并少领修志馆的薪水。如1947年8月，他只领40万元，而书记员则领75万元，使大家都可勉强糊口。修志人员吃稀饭，嚼杂菜，大家饿着肚子，一心为公。就在这艰难时刻，海外乡亲纷纷伸出援助之手，香港创兴商行廖宝珊、泰国余子亮、香港方继仁各自捐款以维持修志馆的日常

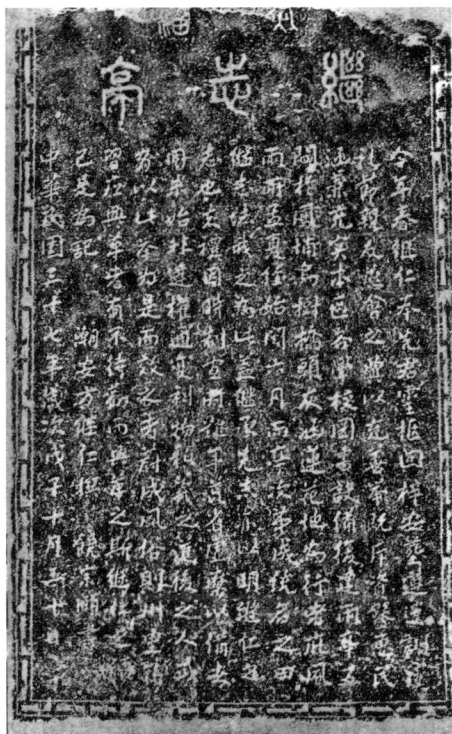

1948年10月，方继仁撰、饶宗颐书"继志亭"碑刻

费用，修志人员到各县实地调查的经费问题终于得到解决。

为筹措《潮州志》印刷经费，1949年5月，刘侯武、饶宗颐寄信给新加坡等海外侨领，宣传乡邦修志盛事，敦请"各同乡多方认购，惠借款项，以应急需，共襄盛举"。新加坡侨领黄芹生、杨缵文等发动海外侨胞踊跃订购70部，并即先付款5000港元。在开明官员扶持下，修志人员专心敬业，海内外潮人潮商鼎力资助，《潮州志》才能基本修成并刊行。

叶恭绰作《序》

1949年夏，时任广东省文献委员会主任的叶恭绰因昔年饶宗颐帮其编辑《全清词钞》之缘故，当他得知《潮州志》编辑告竣，即将出版，欣然应邀为《潮州志》作《序》，叶氏肯定《潮州志》之善有二大端：

> 融通新旧，义取因时，纂组裁量，各依条贯，不取矜奇立异，亦非袭故安常。分类三十，统称为志，仍附各表，以省篇幅而醒眉目。殿以《丛谈》《叙录》，若网在纲，别为卷首、志末，以存全貌，可谓斟酌至当，兼备众长。此体例之惬当，为全书之特色者一也。……义取求真，事皆征实，如山川、气候、物产、交通之类，皆务根测验，一以科学为归。更重调查，期与实情相符，迥殊扪籥，可作明灯。此纪载之翔确，为全书之特色者二也。

叶恭绰对《潮州志》给予高度评价，认为："盖民国建立后，吾粤以旧府属为范围新编之方志，此尚为第一次也。"饶宗颐在《潮州志述例》提及：

兹编分三十门，沿旧志者十之四，自立义例者十之六。沿革、疆域、气候、山川、物产、古迹、兵防、水利、财赋、宦绩、人物，皆旧志所有。民族、地质、土壤、地形、水文、政治、交通、实业、侨况、社会、宗教、方言、戏剧音乐、金石，则向之所无。户口于旧志为附庸，今蔚为大观。乾隆时修府志为目凡三十六，兹多所删并，删形势入于地形，并飓风于气候，分灾祥中之地震以入地质，合署廨坊表寺观茔墓于古迹，合城池津梁墟市于建置，并堤防于水利，合赋役经费盐法于财赋，合屯田关隘于兵防，附驿传于交通，易征抚之篇，以年系联为大事志，艺文专列书目。其各体诗文则仿阮通志、海阳志例择要分系各门。

经三年努力，饶宗颐总纂的《潮州志》基本完成。限于历史条件，《潮州志》在1949年仅刊行15门类共20册，无卷首、目录，连叶恭绰的《序》都没有随书付印，首末无法整体出版。历经半个多世纪之后，未刊志稿多已散佚，已刊部分志书流传有限，成为一大憾事。此后有几种不同版本的重刊和补编，是对当年出版的《潮州志》的完善和整理。

1956年，饶宗颐做了进一步的编辑工作，出版了《潮州志汇编》。此书是他利用日本东京内阁文库明嘉靖郭震春《志》《永乐大典》所收《三阳志》和清代民国诸志汇成。纂修《潮州志》拟定志目为30门类。《沿革志》《疆域志》（合1册），《大事记》（2册），《地质志》《气候志》《水文志》（合1册），《物产志三·药用植物》（1册），《物产志四·矿物》（1册），《交通志》（1册），《实业志》一至四及六、七，即农业、林业、渔业、矿业、商业、金融等专志，《兵防志》（1册），《户口志》（1册），《教育志》（2册），《职官志》（3册），《艺文志》（2册），《丛谈志》（1册）。2005年新补五个志稿，分别为《卷首》《志末》各1册；志文补编《民族志》《山川志》《实业志五·工业》《风俗志》《戏剧音乐志》。在《重刊〈潮州志〉序》中他指出："其弥足可贵者，执事诸君经反复查访搜寻，重获民族、山川、工业、风俗及戏剧音乐五部未刊志稿，复依据当年修志馆文书案卷资料，补编全书卷首、志末部分，是则该志之再版，其规模格局已接近当年原拟之体制。""窃以为重刊之事，迹近奢望，不意望九之年，竟能获见是书之补编锓梓，岂非人生之赏心乐事耶？"新刊行的《潮州志》为潮州历史文献库增添宝贵典籍，系饶宗颐继续成《潮州艺文志》后，为潮州文化事业发展作出新贡献。

第五章

港大任教　初展锋芒

1960年，饶宗颐在香港大屿山，45年后，他所站之处成为"心经简林"所在地

一 心目中的"荆州"

新的饶宗颐

因时局动荡，编修《潮州志》计划中间生变，修志工作由政府行为变为私人行为，饶宗颐只好独立担当起潮州修志馆日常管理工作。为筹措修志经费，他曾几次赴香港筹措经费。经亲戚介绍认识方继仁（1904—1976）。方继仁是潮籍商人，好善乐施，在家乡兴办学校，广置图书室，修雨亭，通水渠，辟晒谷场等，同时也热心弘扬乡邦文化。饶宗颐向他讲述民国政府退出后修志馆面临的窘境，修纂现已进入最后的关键阶段，在经费没有来源的情况下，饶宗颐自己带头不领工资，克服种种艰难困苦，带领大家锲而不舍，终将《潮州志》勒成规模。静静地听完讲述之后，方继仁对眼前的这位青年才俊产生了特别的好感。这主要不仅仅是体现一个人的事业心，更重要的是体现饶宗颐的人格和胸怀，此次见面，饶宗颐给他留下了深刻的印象。方继仁答应继续为修志馆出资，另外再资助韩江流域史前遗址的调研经费。

1949年初，修志馆经费告罄，饶宗颐又匆匆赶到香港向方继仁寻求帮助。鉴于局势尚不明朗，方继仁劝其留港以观其变，因香港相对平静，又适合做学问，饶宗颐决定暂时不返潮州了。就这样，修志馆由方继仁继续襄助维持正常运作，饶宗颐则在香港居住下来。香港的房租生活费用较高，初来乍到的饶宗颐常常出现捉襟见肘的窘境，幸亏有方继仁不断帮助方解倒悬之急。树高千丈不忘根，直到百岁，饶宗颐仍感念方继仁的恩德，他在紫禁城出版社出版的《选堂清谈录》中说：

留在香港，这是我生命中的幸运，佛教叫缘分，印度人说结缘。在我的整个生命中，他是关键的一个人，他人真好，我一直感念他。到港后，我整个人改变了，一切重新开始，所有的转折，连我个人也想象不到，我变成一个新的饶宗颐。

家财散尽

饶宗颐选择留在香港，幸运地避开了内地各种运动，免受"文化大革命"之苦。不过，也因为离开潮州，家中"天啸楼"的藏书全部散失，钱庄倒闭，"莼园"内许多财物荡然无存。但他认为凡事都有两面性，有失也有得，留在香港，他的事业才有新的发展，日后才能为中国文化发展作出贡献。香港是他心目中的"荆州"，对他有着非常重要的意义。在胡晓明整理的《饶宗颐学述》中他提到：

三四十年代我的国学研究，大部分时间处于抵抗日本人侵略的战乱时期。抗战结束了，中国仍处于水深火热之中。我相信这一阶段有点类似（东汉）建安的晚期。我个人想，在这种年代本来应该在文学上有很多好的作品，世积乱离，风衰俗怨，但是却没有什么成就。至于说到学术上的发展，起码应有十年八年安定的条件，才能做出点事情来。比如说建安那个时代，在荆州后来形成一个学派，产生刘表、宋忠，后来有王弼等人的成就。但我们那个时代没有什么。从整个国家的情况来讲，有一点可以看出的，中国大陆以外的地区却处于重要地位。比方说香港，香港是个很重要的地方，我认为香港就等于建安时代的荆州。三四十年代的前期，一些共产党人避国民党，来香港；后来避共产党的人，也留在香港做他们的事情。这里是个避风港。香港有这么几年的安定，离开政治和时代的风暴，很重要。所以我认为香港是历史上的荆州。对照历史看，荆州不是太重要。但在一个过渡的时期中就不是这样了。香港也是这样，因为香港是一个可以同国际上来往的自由港。王粲写《登楼赋》时，是向往中原的，很苦闷。但是，总是起初有一些文人，这些人再带起一代人。比如说王粲，他的后代就有王弼嘛。我曾经有一篇演讲谈及这个问题。那时香港还没有中文大学，我在港大教书。那时大家想倡办第二个大学，有人不同意，说香港是个殖民地，没有必要。我当时的地位不能左右，可是我在这一个讲话中，就把香港比作建安时代的荆州。当时便有一些内地的学校搬来，成为一些二等的大专。我之所以把香港比作荆州，是从一个大的角度来看问题，来看学风与历史与地域的诸多关系的。

20世纪60年代初，饶宗颐（右二）在香港大丫湾考古现场

从地图上看，香港是个不起眼的小点儿，但拥有全球排名靠前的大学，这种学术优势是大陆没有的，它是一个既传统又开放的城市，自由、通达的学术环境让饶宗颐远离政治和时代纷争的影响，可以专心做学问。香港又是一个破了"模型"的社会，饶宗颐深知自己是不能进入"模型"的人，要懂得制作自己的"模型"，他不会沿着别人走过的路走下去，知道要让自己的天性自由发挥，只有香港的"地貌"环境才能实现。香港的学术环境好像为饶宗颐量身定做，它重新打造了一个新的饶宗颐。香港这块学术文化活动的一方净土，成就了学艺兼修的饶宗颐。

首部专著出版

香港显然是饶宗颐的风水宝地，于这里植根，他的学术研究立即迸发出新活力。1950年，饶宗颐在香港出版第一部专著《韩江流域史前遗址及其文化》，叶恭绰题写书名，华西大学郑德坤校阅，该书根据潮汕地区新石器考古记录撰写而成。

1948年，因编纂《潮州志》，他先后到潮汕地区勘查出土的新石器时代遗物，又比勘自1941年以来韩江流域各地新石器时代遗存。撰成初稿后，曾专程赴台湾与东友台湾大学人类学系的金关丈夫（1897—1983）、国分直一（1908—2005）两位教授切磋，补充、完善相关资料。该书内容有：发见史略、遗址、石器、陶器及陶片、后记五部分，

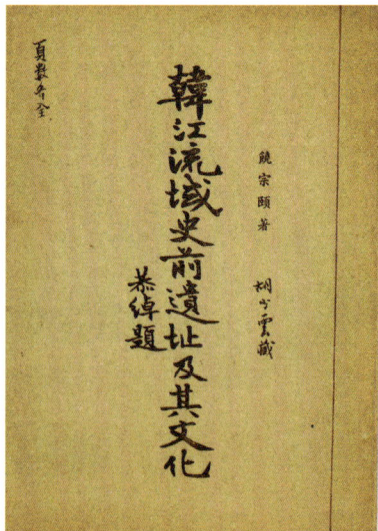

《韩江流域史前遗址及其文化》

有附表及《韩江流域史前遗址分布图》。作为首部潮汕地区新石器考古著作，书中倡导以人类学方法进行考古调查，坚持实事求是且以实物作为第一要务，在考古调查中大胆创新，对不同学科如地质学、地貌学等进行交叉协作，为广东考古工作积累了宝贵的经验。

1951年1月，考古爱好者韩槐准在海南岛文昌县凤鸣村采集到石器60余件，有打磨件，经过鉴定均为新石器时代遗物，饶宗颐将上述石器标本资料整理为《海南岛之石器》一书，由香港国泰印刷所出版。上述两书的刊行，让饶宗颐在香港名声大振。

二　域外甲骨、敦煌经卷研究

首拥敦煌经卷微缩胶卷

居港后，饶宗颐在原来古代历史、古代地理学研究基础上，转入研究词学（清诗）、文选学、甲骨与古文字学、楚辞学、上古史地、目录学及版本学、艺术史学等，1952年到香港大学（简称"港大"）后，对道教、佛教、敦煌学、简帛学、中外文化交流史及中国艺术史等学术领域渐次掌握，成为这些领域中很多研究课题的先行者，为后来的成就奠下坚实的基础。借助港大平台更把视野扩大到域外，一方面搜寻中国流散到域外的甲骨、敦煌经卷；另一方面以异域文献材料作为研究例证，利用异域观念和方法开辟研究新途径。

为了解他国异域的各种文化，饶宗颐在语言上猛下功夫，除了英语外，开始学习法文、日文、德文，后来还学了梵文和西亚的楔形文。掌握多国的语言、文字，让他能够阅读各国报刊、书籍，掌握世界各地前沿学术研究成果，并为他走向国际学术舞台铺平道路。

饶宗颐一个人居留香港，没有家人的陪伴，到处都冷冷清清十分寂寞。好在方继仁对他特别照顾，经常给予帮助。方继仁是一个儒商，为让饶宗颐全心投入学术研究，除学术以外之事，如印书、购置资料等都由方继仁一手包揽。有一次，饶宗颐看到香港报纸刊登日本人将英国探险家斯坦因从敦煌窃取的经卷文物拍成微缩胶卷的消息，认为如能找到这套微缩胶卷，等于有了一座敦煌藏经宝库，无疑拥有敦煌经卷的第一手资料，研究敦煌学将所向披靡。听了饶宗颐的讲述，方继仁十分认可，他立马出资港币4000元托人在英国找到一套，按饶宗颐说，"至宝的材料终于到手了"。当时，除日本外，远东所有学者仅他拥有这套胶片。微缩胶卷中，拍摄的是大英博物馆收藏敦煌文献中最清晰、最完整的图像版本。后来台湾"中央研究院"买了一套胶卷冲洗出来的相片，而饶宗颐拥有的是珍贵的原件胶卷，可供放大缩小，洗出的相片几乎没有什么瑕疵。饶宗颐从事敦煌学研究，如《老子想尔注》等都是借助查阅这套资料完成的。

敦煌学研究

受叶恭绰影响，饶宗颐早就对敦煌学充满兴趣。担任叶恭绰的助手时，曾见其家中不少敦煌藏品，如敦煌经卷、敦煌壁画等学术、艺术瑰宝，这些藏品让饶宗颐爱不释手。

自20世纪30年代敦煌学成为国际显学以来，国际上对敦煌的研究明显早于中国。特别是日本对敦煌早已关注。1925年8月，日本学者石滨纯太郎在大阪怀德堂讲演时，率先使用"敦煌学"一词。日本的《西域文化研究》（6卷7册）《讲座敦煌》（9卷）显示了日本敦煌学术研究的全貌和最高水平，奠定了日本敦煌学在国际上的霸主地位。饶宗颐定期订阅东京发行的《敦煌学报》，专题刊载有关敦煌研究的最新动态，每期都有日本敦煌学家发表的论文，他每次都认真研读这些专刊文章，一路下来，他发现日本敦煌学研究确实做得扎实有效。于是萌发了向日本敦煌学家学习，寻找敦煌学研究的经验和方法。国外学术交流最重要是掌握语言工具，懂日语是最有效的途径，他下定决心学习日文，每天晚上坚持到日文补习班接受强化培训。饶宗颐天生记忆力超强，日语单词记忆准确无误，运用起来很快就得心应手。掌握日文的听、说、读、写能力之后，饶宗颐随时随地能同日本学者交流，知道他们做学问的思路与方法，他开始着手研究敦煌写本（6000多件）微缩胶卷。这些敦煌文献，绝大部分埋没在大英博物馆中，没有被很好地利用，饶宗颐从中梳理出许多珍贵秘籍。

凭《通考》获儒莲奖

甲骨文和敦煌文献的相继发现，使中国古史研究从思想观念到研究方法都发生了重大的变化。在世界范围内，甲骨学和敦煌学成为文化史上的伟大工程，饶宗颐开始着手研究甲骨文。因为殷代的许多东西都十分重要，不懂甲骨文，便无法迈进。由于对"最早的汉字"兴趣浓厚，涉及殷代的

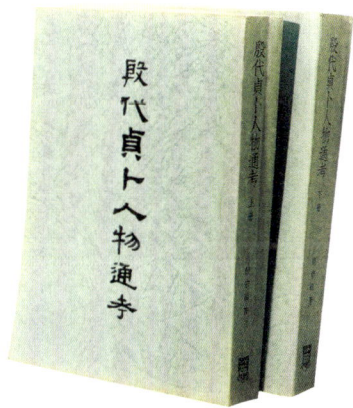

《殷代贞卜人物通考》（上、下册）

实物以及相关的甲骨文书籍，他都想方设法买下来，其中包括台湾"中央研究院"历史语言研究所印出的殷墟小屯甲骨文一编和二编。查阅大量甲骨文书籍后，接着，他在世界各地先后研读考释近十万片甲骨、拓片后，开始撰写《殷代贞卜人物通考》。

1959年11月，《殷代贞卜人物通考》（上、下册）于香港大学出版社出版，香港求精印务公司印制。全书共80余万字。该书出版后引起国际学术界的轰动，发表的书评就有13国文字。此书确立饶宗颐在甲骨学研究领域的国际地位，1962年，45岁的饶宗颐获得素有"西方汉学之诺贝尔奖"之称的"儒莲奖"。

港大中文系主任林仰山在《序》中曰：

从六十年前开始发掘出来地下藏甲骨以来，有关甲骨文研究的书籍陆续出版。当中有些研究小块碎片上的一个字或文字架构里的小部分，也有一些研究刻在整块龟护胸甲骨或牛肩胛骨共超过两百五十三字的甲骨文。经过细心保修、解读、拍照留存、重塑碎片、整理和研究后，具体形成了共十万块碎片的已知藏储，分布在世界各地，其中共四万块具保存收藏与研究价值的有系统性编码和记录，供全世界学者参考与展开有关研究工作。即便有罗振玉、王国维等学者早于1914年开始研究甲骨文，没有任何一位学者像饶宗颐这样有系统地分析所有碎片，继而得出殷代当时社会面貌，分出了共一百三十个部族，也从甲骨文中相互称谓理出了部族内的长幼顺序，明确时间流动方向得出断代结论。

林仰山表扬饶宗颐的工作态度与严谨治学的方法。这部利用出土甲骨资料全面研究殷商时代贞卜人物的专著，是一部贞卜人物通考断代史研究，亦是商代社会原始资料最基本的综合研究，此书以贞人为经、卜事为纬，突出殷史的全貌，"于甲骨研究专辟新境，书中蕴涵的种种理念，至今尚对学人广有启迪"（李学勤先生语）。

复旦大学刘钊教授发表在《中国图书评论》（2010年第3期）的文章《谈饶宗颐教授在甲骨学研究上的贡献》中指出，《殷代贞卜人物通考》在甲骨学上的贡献为：

（1）开创以"贞人研究法"为纲，全面整理甲骨卜辞的新体例。即提出卜辞的"分名研究法"，使有卜人记名之刻辞，得以被综合地整理。自从董作宾（1895—1963）提出"贞人"说以后，一直无人对"贞人"资料进行全面的整理，而《殷代贞卜人物通考》是这方面的第一部著作。《殷代贞卜人物通考》征引甲骨著录书凡58种，囊括了当时所能见到的全部素材，还引用了7种未曾刊布的甲骨材料，对全部甲骨刻辞重新校勘，为学术界提供更为科学准确的资料。

（2）面对纷繁的甲骨材料，《殷代贞卜人物通考》进行了详尽的校勘（包括原物对勘和同辞互勘）。通过目验海外所藏部分甲骨实物，借用英国人金璋的方法收集各种摹本，对摹本存在问题，加以辨正。将大英博物馆、剑桥大学图书馆、瑞士巴塞尔人种学博物馆收藏之物，加以覆勘审核，互相参照对比。在甲骨材料中，饶宗颐发现摹本不如拓本，拓本不如影印版本。甲骨著录中同辞互见现象极为严重，杂乱不清，纷纭难究，《殷代贞卜人物通考》详细比勘了所有甲骨著录书，对于重片不惮繁琐，详加注明，为学者利用这些材料提供了极大的方便。

（3）抉发殷周礼制，复原殷商社会真貌。殷代祭祀之制，如七甲连续之祭，岁事之祭，名目十分繁多。饶宗颐一贯强调"礼"和"礼制"在古史研究中的重要性，这一点在《殷代贞

卜人物通考》一书中亦贯彻始终。例如《殷代贞卜人物通考》
对卜辞中所记"天象"格外注意，不光揭示"天象"在天文学
上的意义，同时还结合典籍，寻绎这些记载在殷商"礼制"上
的反映，以及与后世术数的联系。

（4）精于文字训释，善于通读卜辞，所注皆能与典籍密切
结合。在《饶宗颐学述》中，饶宗颐讲到《殷代贞卜人物通考》
有两个重点没有发挥，只在书中提出。一是卜同筮并存，古人正
是一面卜一面筮。一般人都说筮很晚，说成是周代的，其实殷代
的数字卦很早就存在。二是 "贞"不完全是"问"义，应更有
"正"义。郑玄《周礼》注："问事之正曰贞。"所以其意不只
是"问"。饶宗颐纠正了罗振玉、董作宾的"贞"则为"问"的
片面说法。海外汉学家就采用他的观点，比如美国人基里、列文
森等。后来内地有学者用基里、列文森的说法来发挥以上两个观
点，主要原因是他们没有看到《殷代贞卜人物通考》这部书。

三 港大教研十六年

上帝给他的机会

1952—1968年，饶宗颐在香港大学任教，用16年时间从讲
师做到高级讲师、教授，通过教学、研究及与世界各地学术机
构进行学、艺交流合作，成为一位蜚声国际的学者。

港大能请到饶宗颐是港大的福气，这是悉知港大聘任饶宗
颐原委的同事所讲，门槛高耸的港大一向讲究学历学位、论资排
辈，至于为何聘任饶宗颐，开明的校方主要看其获得的业绩：

（1）曾任中山大学研究员、广东省立文理学院、新亚书院教授；

（2）总纂的《潮州志》20本线装书出版；

（3）协助王云五编《中山大辞典》及撰写古籍逐篇提要。

饶宗颐自学出身的学术背景，没有文史哲分家的现、当代学术的隔阂，他认为文史哲分家之弊造成了文无史实、史无文采、哲无至理，深具传统治学的素养的饶宗颐，又喜欢陈寅恪所谓"冢中枯骨"的学人风格，自由、通达、保守又开放的港大学术环境，最能让他尽显才智，充分发挥学术优势与潜能，对此待遇，饶宗颐归结为"上帝给他的机会"。

饶宗颐题写"香港大学"门匾

洋伯乐

港大中文系主任是由英国人担任，他的中义名叫林仰山，是饶宗颐的洋伯乐，他大胆放权，甚至把中文系老师的聘任权全交给饶宗颐负责，使饶宗颐在港大的教研工作开展得如鱼得水，接连取得学术佳绩。

林仰山（Professor S. Drake），英国人，传教士家庭出身，曾在齐鲁大学任职。因住山东，靠着泰山，故叫"仰山"。他研究出土文物，主讲考古艺术，与饶宗颐意气相投，略懂古文字的他十分支持饶宗颐从事甲骨文研究。当时港大由英国人掌权，华人并没有什么地位，发表文章出版著述非常困难。但林仰山却对饶宗颐所撰写的《殷代贞卜人物通考》《巴黎所见甲骨录》等著作情有独钟，他给予饶宗颐方方面面的支持，在他亲自安排下，饶宗颐许多文章、著作很快就出版面世，从这一点可见这位洋伯乐对饶宗颐的关怀备至。

在《饶宗颐学述》中，有一段评价林仰山的话：

林（教授）还弄了一个研究院，出了一个刊物，还有博物馆，林是真有魄力，加上中文系，一个人管四个方面，博物馆就是现在的冯平山博物馆。他每天都搞到（深夜）两三点钟。在港大生活里，最有意思的是办《东方文化》这个刊物。这是我们首创的，可以说是从林仰山开始把香港搞得有学术气氛的。我们有一年多，每月轮流请客，讲不同的题目，钱宾四先生也参加的。每个人研究兴趣是什么，可以随便讲，这种风气是林仰山开创的，他带得起头，后来他又做文学院院长，权更大了。他连任了三任，这三任就把港大中文系带了起来。我觉得这个人对香港的贡献很大，有很大的推动。

林仰山是香港现代学术之风的引领人物，他将港大的学风搞起来。办博物馆、办研究院、办刊物，让大学老师们放开言路，这种民主作风有效地活跃了学术气氛。在这种环境中，饶宗颐研究学问的优势得到充分发挥。在林仰山连任三届文学院院长期间，可以说，饶宗颐为知己者林仰山助了好大的一臂之力。

感恩港大

从35岁受聘加入香港大学至51岁离开，饶宗颐一直十分感恩香港大学对他的信任，港大是一所教授治校、学术为重、民主自由的研究型大学，正因这种优良的制度，使他于港大任教的16年间方有精力专注于学术、艺术不同领域的钻研，并取得惊人的成果。

作为一所国际性大学，港大提供了优越的文化交流的平台，使饶宗颐在港能与日本、韩国及东南亚国家的众多学术机构交流外，并顺利地走向西方汉学界，与一些享誉世界的汉学大家如戴密微教授（Paul Demieville）、霍克思教授（David Hawkes）、李约瑟教授（Joseph Needham）等建立友谊，交流学术。他在印度、法国和美国等地从事教研工作，逐步奠定其日后成为国际汉字大师的地位。

港大与他人生中的许多重要事件都有关，如1982年获颁人生第一个名誉博士学位——香港大学名誉文学博士学位；2003年捐赠个人藏书及书画艺术作品，成立了香港大学饶宗颐学术

2014年，在香港大学饶宗颐学术馆馆长李焯芬（左）陪同下，饶宗颐从香港大学校长徐立之（右）手中接过"桂冠学人"证书

1959年，饶宗颐与访港的菲利普亲王握手

馆；2014年成为香港大学"桂冠学人"这一大学最高学术荣誉之首位获得者。

港大同事

罗香林、钱穆、董作宾都曾在香港大学担任教授、研究员。饶宗颐因自小的家学渊源以及个人聪明的资质、内在的潜力、刻苦的钻研、坚韧不拔的精神，让自己攀登到学术的峰峦之上，其取得的业绩得到港大的承认，受聘为港大讲师，从此荣幸与上述学术大师成为同事。在他们的提携下，饶宗颐不断成长并且成为一代大家，因此，他一直十分感恩港大同事的关心和帮助。

在港大执教时，饶宗颐曾代过唐君毅（1909—1978）的老庄课。港大学生喜欢老师用粤语讲课，饶宗颐来自潮州，能讲流利的潮州话，普通话也讲得标准（因为从事语言文字研究，所以他也注重讲标准的普通话），因曾广州生活多年，粤语也讲得不错，故上课时能受到学生欢迎。比饶宗颐大11岁的罗香林，曾对饶宗颐有知遇之恩。罗香林于清华大学毕业后，任广州市立中山图书馆馆长时曾帮助过饶宗颐。罗香林系客家人，一直讲国语。他们在校园同学生讨论问题时，罗香林因语言表达的问题，大家沟通起来就显得有点吃力，这个时候饶宗颐会及时打圆场。

饶宗颐的同事刘百闵（1898—1969），做过国民党政府参政员，并且连任四届。抗战期间，任中国文化服务社社长，专管文化教育出版事业。刘百闵既治学亦参政，但饶宗颐不喜欢政治，专心治学。他在研读《昭明文选》中了解到凡著述又涉政的人，称为"早达"，文很快就出名，但大多不长寿，牺牲在政治上。饶宗颐在自述中曾说：

> 陆机、潘岳、王融、范晔都在政治上牺牲了，阮籍、嵇康等，也是这样。这是从文学史上得到的教训，很多人忘文学，他们只追求一个"名"字，他们不知道"名"之为害。

桃李满园

受聘为港大中文系讲师后，饶宗颐主讲目录学、文字学、《诗经》、《楚辞》、古代文学批评、先秦及汉魏六朝文学等，并负责《东方文化研究》的编辑工作。据学生吴怀德听课笔记中记录内容显示，从中文学科课程中，可见饶宗颐的教学范围既有古代文学、古代文论，也有语言文字学、文献学，其中文学、语言学、文献学三大学科在其授课中贯通。讲授文学科目所用的主要教材乃《昭明文选》和《文心雕龙》这两部书。

饶宗颐在香港大学讲学路上

饶宗颐与学生黄霭

　　香港大学的学习气氛是一流的，且师生十分融洽，饶宗颐是一位宽以待人的老师，大家对这位从来没有给学生批分给个F分（即不及格）的老师更是十分的亲近。为使学生更多地参与社会实践，他鼓励学生走出校门，深入社会进行调查研究。1959年11月初版的《九龙与宋季史料》一书，是对宋元间人所记海上行朝史料进行研究后完成的。当时，香港学术界围绕南宋末帝退迁路经港九等问题展开讨论，饶宗颐积极参与其中，他多次带领学生全面考察香港、新界、九龙的历史古迹，搜集罕见难得的文献史料后，并就特殊问题提出独到的见解，该书的出版丰富香港史地的研究，进一步推动香港学界加深对港史的研究。

　　与学生外出同游时，为陶冶学生情操，他常常利用休息时间，弹琴赋诗，使他们在社会活动中学习和吸收中国传统文化，为勉励学生将学问"接"着做，薪火相传，作诗：

更试为君唱，云山韶濩音。

芳洲搴杜若，幽涧浴胎禽。

万古不磨意，中流自在心。

天风吹海雨，欲鼓伯牙琴。

著名联句"万古不磨意，中流自在心"出于1956年1月的一次郊游。他认为"学问要'接'着做，不能'照'着做"，接着便有所继承，照着仅沿袭而已。

在港大执教期间，饶宗颐指导过许多硕士及博士研究生，门下学生很多，其中不少后来也成为国际著名学者，如陈学霖、黄兆杰、何沛雄、杨勇、黄霑等。

四　教研与学术成就

饶宗颐汲汲于学术研究，笔耕不辍。来到港大后，他深入探究词学、甲骨学、敦煌学，成为这些研究领域的引路人。在这段时期，他出版专著共16本，各类文章约120余篇，其中最主要的著作包括1956年出版的《敦煌六朝写本张天师道陵著老子想尔注校笺》、1959年出版的《殷代贞卜人物通考》及1963年出版的《词籍考》等。

在港大期间，饶宗颐撰写了《重刊曾刚父诗集跋》，收入《固庵文录》。《重刊曾刚父诗集跋》中提到，今读《静中花下纳凉》诸作，一归性境之真。其论《桃花源记》，谓直是"性境现量"。对其诗歌则"每诵公诗，如接謦欬，往往中夜徊皇，不能自已"。"抑公之志悬诸日月，照在天壤，何劳后生妄赞一辞。"

饶宗颐认为，曾刚父系晚清在粤诗坛上最为杰出的诗人。咏诵其诗如见其人、如闻其声，往往无法控制自己，以致夜不能寝。

曾习经（1867—1926），字刚父，广东揭阳棉湖人。曾刚父为"岭南近代四家"之一，是工于格律诗词的名家。作为一代诗词名家，曾刚父虽善理财，更工音律，有顾曲周郎之誉。重印曾刚父诗集，是为了表彰其忧国忧民的爱国情怀。

饶宗颐从小心仪顾炎武入清不入仕的气节，后来，在正统史学观的影响下，14岁时，撰写《论顾亭林诗》，赞扬顾炎武的人品和诗格，认为他是"游侠传中的独行人物""具有贫贱不移，威武不屈的大丈夫气概"。由于顾炎武一生以反清复明为己任，有人认为他"生性兀傲，不谐于世，身本南人，好居北土"（江藩《汉学师承记》）。饶宗颐对其评价不以为然，他认为："尚未能道出他的心坎"，并引章太炎《书顾亭林轶事》："世传先生始创会党规模，盖亦实事"，认为顾炎武不肯南归、自傲，这与他当日兼营秘密社会工作，目的为了图谋恢复，后来失败，"又怕清室招致，受其笼络，致有亏大节"有关。尽管他在救亡运动中屡屡失败，但始终未改爱国之心。

对顾炎武的诗歌，饶宗颐如此评价：

> 属于学人的诗。长于隶事，尔雅典重，拿古人的文章来比拟，有如任昉的"载笔"。
> 踵武杜少陵，最特别处是没有一首无益的诗。都是记政事，哀民生，乐道人善之作。

饶宗颐认为顾炎武作文写诗，有他一贯的主张。他不是空口说白话，而是彻头彻尾实践他的意见。照他的意思，诗的根本是言志，诗的功用是观风，诗的情感是述哀的。对顾诗的鉴赏，要"诗外有诗""明其诗旨之所在"。其诗不在于独到的诗力，而是在他的纯正的诗旨。

新亚书院

新亚书院于1949年由钱穆、唐君毅、张丕介等一批来自中国内地的学者，在极艰难穷困的环境中所创办，学校上溯宋明书院讲学精神，旁采西欧大学导师制度，沟通世界中西文化，宗旨是让学生不忘本之余，且有能力应付现代社会的挑战。

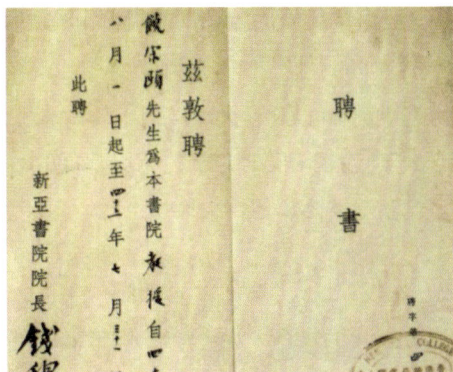

1952年，饶宗颐获聘新亚书院教授

香港大学的学术气氛很好，大家都觉得心情愉快。能做到学风纯正、人事关系好，这有林仰山教授一份功劳。港大教师一直对新亚书院的教学十分支持，然而1958年港大校方规定在职老师不能兼课，讲师、教授都自觉退出教学，因此饶宗颐没有再到新亚书院讲课，只担任新亚书院考试委员会委员。

港大授课之余，饶宗颐有时到位于桂林街的新亚书院上课。钱穆偶尔开办讲座，饶宗颐不时去听讲。林仰山也曾到新亚书院去作演讲，给新亚书院很大支持。新亚书院早年的教授，不乏著名的学者，如吴俊升、杨汝梅、曾克端、左舜生、董作宾、罗香林等。

1953年，饶宗颐推荐在新亚书院的罗锦堂到港大中文系供职，教中国文学史。他俩人之前从未谋面，饶宗颐在《大陆杂志》读其文章知道此人，于是写信到台湾给罗锦堂，邀请他来港大。罗锦堂忆道：

我们一直十分友好，常在大学附近咖啡馆一起谈文说艺，喝着甘泽润喉的潮州工夫茶长大的饶宗颐，不知不觉对香浓微苦的咖啡情有独钟。因自学法语需要，向我借用一套法语教材，同时向在港大的法国人请教，没想到对法语的掌握，为他后来到法国研究敦煌艺术，查阅索引，打下基础。

"想尔"（想你）很久了

1954年起，饶宗颐在新亚学院讲授"老子"等课程，前后有三年之久。借助教学，他开始对道学和道教思想文化进行深入研究。《老子》《庄子》是他很早就感兴趣的，在给方继仁讲《老子》的时候，他就认为此书对人生有非常好的启发，是一部一生都受用的书。饶宗颐少年时已开始接触老子、庄子的思想，他经常学习打坐吐纳，甚至以减食"辟谷"来印证道教修行的道理。在香港大学讲授《老子》《庄子》课程，无疑暗合了饶宗颐的兴趣。借此，他对道教思想文化有了更深入的探索，为他日后著述《敦煌六朝写本张天师道陵著老子想尔注校笺》奠定了基础。多年以后饶宗颐回忆：出版《敦煌六朝写本张天师道陵著老子想尔注校笺》，其实他已经"想尔"（想你）很久了。

历史上唐明皇、宋徽宗、明太祖三位皇帝都注过《老子》。明太祖的注解最有意思，他是拿《老子》来注他。他以自己做皇帝的经验，来看《老子》，觉得《老子》很有用处，把他的事迹与经验与《老子》对照，讲明自己是怎么用

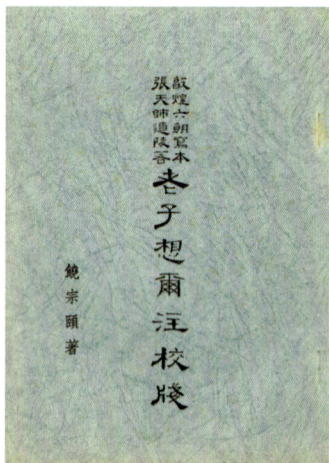

《敦煌六朝写本张天师道陵著老子想尔注校笺》

《老子》的。《想尔注》之所以引人关注，首先是因为唐明皇以及陆德明的《经典释文》里，都提到《老子注》的作者是张道陵。饶宗颐发现了《想尔注》在《道藏》中没有收入，但是《道藏》中的很多书里提及它，可知此书早已失传。清末敦煌莫高窟发现六朝写本《老子道德经想尔注》残卷，原件被英国人掠走，后藏于伦敦大英博物馆。但是伦敦大英博物馆所藏的斯坦因带回的卷子中写本只存一半，开头已残。饶宗颐通过其书写法，认为是北朝的写本，字非常好。在有关老子思想的著作中，这本书意义并不大，但是对于道教研究来说，应该是一部必读的经典。因为敦煌有很多道教的书，像《本际经》，是武则天时代的经书，而敦煌的《想尔注》写本是唯一的写本，因后面有"想尔"两个字，所以非常宝贵。

《敦煌六朝写本张天师道陵著老子想尔注校笺》于1956年4月在香港出版，随即在学术界引起轰动，并引发了各国学者的讨论。1956年8月饶宗颐第一次去法国，把该书送给同行时，再次引起轰动，并在60年代引发欧洲道教研究热潮。饶宗颐在巴黎将被外国人掠去的编目6825号的《老子想尔注》残卷校勘、笺证结论公布：

《老子想尔注》为东汉张道陵所注；《老子想尔注》前应有九戒；经义之后记字数五千；为五千文本，与系师张镇南本相同；《老子想尔注》与《大存思想》相辅为用；《老子想尔注》及《戒》为高玄法师所授。马斯伯尔的学生、巴黎大学中国学院的教授康德谟（Kaltenmark）发现这本书的重要性，将它定为研究生班的教材；戴密微将它与《河上公注》《王弼注》《太平经》作详细的比较。

道教研究的开拓者

施舟人教授在《饶宗颐先生的〈老子想尔注〉研究和世界道教学的发展》中这样评价：

> 道教研究伊始，陈垣、福井康顺、马伯乐等都只是一种比较笼统的历史探索，无人敢把早期的道书当作一项专门的研究主题。不少中国及日本学者认为，道教资料可以推断它的年代和其他历史情况就足够了，无需深入研究它的内容。就此而言，饶宗颐先生是道教研究的开拓者。他不仅把蒙尘已久的重要文献抢救出来，并加以各种严谨的注释与考证。可以说，在他之前，从未有人如此科学地研究道教文献。……饶宗颐先生的成就使法国学者非常佩服。《老子想尔注》为他们提供了一个了解汉代思想的全新角度。

施舟人（1934—2021），瑞典人，祖籍荷兰。施舟人通晓8国语言，是欧洲三大汉学家之一。1978年，饶宗颐与施舟人多番交流后，决定在巴黎大学高等研究院成立一个"五经"翻译项目。1979年，施舟人作为项目倡导者专门来到中国从事文化研究，历时20余年不辍。2003年，施舟人在福州大学建立了福州大学世界文明研究中心。这位荷兰皇家科学院院士、法国高等研究院特级教授，创办了中国首家西方人文典籍图书馆"西观藏书楼"，2008年，他主持由国家汉办组织的大型国际汉学合作项目——《五经》的翻译工作。在对中国文化的不懈追求中，施舟人默默地品味着汉学研究的酸甜苦辣，他曾由衷地感叹：

> 研究汉学是十分艰苦的。做一个中国专家很难，做一个研究汉学的专家更难，做一个研究汉学的外国专家，其难度更是

难以想象。而这也是我一生都不能停止的挑战，注定了我一辈子不能休息。

　　作为一位世界级的学者，施舟人在国际上第一个提出"汉学要回到中国本土"，要建立文化基因库。作为扎根中国的中西方文化信使，他先后被法国总统授予荣誉骑士勋位，被中国政府授予在华外国专家的最高荣誉——友谊奖。

　　2013年7月27日，庆祝饶宗颐教授98岁生日晚宴在香港跑马地马会二楼举行，80岁的施舟人携夫人、女儿专程从北京赶来祝寿。如今，施舟人正对《五经》做进一步的翻译。施舟人缘何放下自己情心所系的福州大学的教授工作，转而到北京全心投入多语种《五经》研究和翻译，这件事一直是外界的一个谜。施舟人在寿宴中终于揭开谜底，真正促使他投身《五经》

2013年7月27日，饶宗颐与施舟人全家合影

翻译工作的，是饶宗颐35年前在法国流下的热泪。那时，他们同在法国高等研究院教书，恰逢法国政府出资让出版社作一个规模宏大的世界文化经典翻译项目。饶宗颐托他找来翻译目录，想了解该项目翻译的中国典籍。然而，当看到目录里编排的翻译经典只有《红楼梦》《三国演义》时，61岁的饶宗颐伤心地掉下眼泪说："我们完了，没有人知道我们的文化源头是《五经》。"此事让施舟人深受震动，他在心中从此播下了翻译《五经》的种子。这件事发生后，施舟人已记不清楚，自己为多语种《五经》翻译发出过多少呼吁和倡导。如今，这个夙愿指日可待。施舟人说："面对这个浩大工程，能唤起他无穷力量的正是饶教授的声音。"

CHAPTER 6

第六章

甲骨经卷 寓教于研

2007年10月25日，饶宗颐在日本三缘寺

一 学术靠交流，启发能进步

调查甲骨

甲骨文又称"殷墟文字"，是商代后期（前14—前11世纪）王室用于占卜记事而刻写在龟甲和兽骨上的文字，这是迄今中国发现的年代最久远、体系较完整的文字。它上承原始刻绘符号，下启青铜铭文，是汉字发展的关键形态。饶宗颐认

甲骨文

为甲骨文是考古记录，它担当了一种证据的角色，把甲骨文同传世文献结合起来研究，才能够达到学问的一个通境。弄懂甲骨文对探索我国上古史源，特别对研究殷代的社会、历史、文化、语言文字起着关键的作用。由于时代因素，中国内地尚未开放，中国科学院所藏的5300多片甲骨不对外，而台湾"中央研究院"历史语言研究所的甲骨还没有开箱，亦无法参考。

1909年，在林泰辅的影响下，日本学者开始收集甲骨文。饶宗颐在《选堂清谈录》中谈到：

> 日本学者研究甲骨文字，以林泰辅为最先。清宣统元年（1909），林氏著文，刊于《史学杂志》，由是彼邦人士开始注意殷墟遗物，从事蒐购收藏。东京文求堂文人中村不折初以甲骨百板贩卖，林氏也购得600片，而三井源右卫门氏亦续得3000板；欧陆藏龟，以英国大英博物馆、苏格兰皇家博物馆所藏，最为壮观。

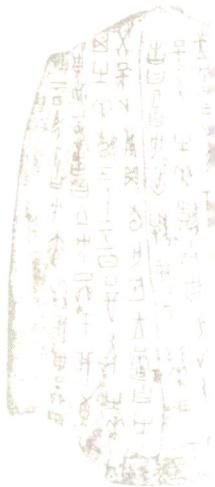

111

二战期间，随着日本侵略者对中国文献典籍的掠夺，大批甲骨文材料流入日本，日本成了甲骨文材料重要的收藏地。战后，日本经济比较困难，对甲骨文的研究不是很深入，许多甲骨文材料原封不动存于仓库，饶宗颐的到来，自然而然成为这些文字资源的第一个探访者和第一个利用者。

1954年夏，饶宗颐利用暑假，首次专程到日本京都调查甲骨文，日本成为他最早进行对外文化交流的地方。在京都大学人文研究所，他开始探究所内的三千多片甲骨和大量拓片。离京都大学不远的三缘寺，就是他选中的居住地。三缘寺非常清静，十分适合做学问，饶宗颐日常生活中吃、住都在寺里，与三缘寺结缘就在此时开始。早上，他到京都大学图书馆检视来自中国的甲骨，逐片摹写甲骨图版，释读重点字词，概述学术价值，最后对每片甲骨制定目录编码。晚上，回到寺庙，青灯黄卷继续他的研究工作，一个拓片一个拓片接着看，一片一片摘录，再做分类卡片。三缘寺的住持被饶宗颐的刻苦和勤勉所感动，为表示对这位来自香港的学者的敬重，住持定了一条不成文的寺规，就是全寺大小众僧晚上洗澡，须等饶宗颐第一个洗完后，众人方能沐浴。整个暑假，饶宗颐往返于京都、东京两地，到东京国立博物馆等系统调查存于日本的甲骨，判断字形，释读文意，撰成《日本所见甲骨录》于《东方文化研究》上发表，这是他在甲骨学研究领域的首部著作，揭示日本收藏甲骨文的情况，为日本学界的甲骨文研究提供不可或缺的资料。著作出版后，立刻引起日本学者三上次男（1907—1987）的关注，作为考古、金石学家的三上十分清楚其价值，三上立即邀请他到东京大学讲甲骨文。在东京大学教养部，饶宗颐用流利的日语讲授甲骨文，可以说，他的到来推动了日本学者投身研

饶宗颐到东京国立
博物馆调查甲骨

究甲骨文的风气。

在东京期间，饶宗颐一有空就到附近的书店淘书，日本的书多且价格便宜，有些书在香港总是见不到。每次去书店，除了享受书店的静谧时光外，也顺带淘一些心爱的书，如京都帝国大学出版的《文选辞注》，这种很大版本的书籍都能找到，实不容易。他将买到的书装成整箱，雇车拉到住处，每次都是满载而归。

交谊日本学界

饶宗颐凭借对甲骨文的熟悉及横溢的诗才，与水野清一、贝塚茂树等日本第一流的汉学家建立了学术交流合作关系，他认为："学术是靠交流，相互启发才能进步。"与日本学界的缔交，就从水野清一（1905—1971）、贝塚茂树（1904—1987）开始。

水野清一，日本京都大学教授，是日本研究中国佛教美术最具影响力的学者之一。响堂山石窟是北齐王朝现存最大的石窟雕塑艺术宝库。1936年3月，水野作为考古学家来到响堂山，对洞窟进行了为期一周的实地测量、测绘和拍摄。在水野清一的工作室，饶宗颐一片一片地研读甲骨文拓片，后来他俩成为好友。

贝塚茂树，京都大学名誉教授，专攻中国考古学，甲骨文和金文方面有较深的造诣。与吉川幸次郎（1904—1980）、桑园武夫（1904—1988）并称为京都大学三杰，负责管理收藏甲骨，他送了饶宗颐一本《京都大学所藏甲骨》，为饶宗颐的甲骨研究提供极大帮助。

在东京，饶宗颐拜访天皇的老师诸桥辙次（1883—1982）。诸桥辙次一直在编《大汉和辞典》。早年在中国留学期间，发现自己每天耗费在图书馆的时间有三分之一是用来查找词语的，于是决心编一部完备的辞典。1927年，大修馆书店经理铃木一平与诸桥辙次签订《大汉和辞典》的出版契约。1933年，诸桥辙次在学生的帮助下编成收录约50万个词语的辞典。可是无论哪个印刷厂备有的汉字字模都只有八千字左右，无法排印。为不半途而废，铃木一平筹建一所字模工厂，造出了5万个汉字字模，并配齐六种型号。战争期间，整整十三卷的辞典校样仅剩下3册。诸桥辙次在眼睛几乎失明的情况下，支撑着用朱笔校对。铃木一平为不耽误辞典出版，他让在大学读书的长子退学，接着动员次子放弃升大学，一起投入辞典印刷的工作。到1955年，《大汉和辞典》只有第一卷出版。这时，饶宗颐前来拜访。诸桥辙次看过饶宗颐校勘《老子》的文章，曾有朋友将饶宗颐介绍给他，两人早已互相认识。在诸桥辙次家里，他指着排在房间地板上的一大摞《大汉和辞典》的原稿，说："没希望出版了。"但是谁都没想到，这套书第二年就出版了，对此饶宗颐很感叹日本人的智慧和勤力。历经五年时间，第二卷至第十三卷全部出版发行。这时，诸桥辙次已有78岁，铃木一平也74岁了。《大汉和辞典》是历经35年编纂的特大型汉和词典，收入汉字49964个、汉语词条50万个。西方研究中国古典文化的学者多以《大汉和辞典》为古典汉语的最高权威。

诸桥辙次家中收藏有一部大型的佛教辞典《法宝义林》，这部辞典对饶宗颐影响很大，因它被公认为世界上最好的佛教辞典，条目涉及日、汉、梵、藏四种文字，内容具有贯通性，比如"梵呗"一条有数页之多，贯通中日两国的梵呗情况，另外，书中保存有中国隋代、唐代和法隆寺等资料。饶宗颐大诸桥辙次借到《法宝义林》，看了这部辞典之后，对佛教和印度产生了很大兴趣，明白研究中国文学，必须先从佛学入手这个道理。

吉川幸次郎（1904—1980）作为京都大学文学院院长兼人文研究所经学研究室主任，他精通日本文学，曾用四部分类（经、史、子、集）编成《东方研究所汉籍目录及作者名索引》。吉川在中国文学方面具有相当高的造诣，能够写优美的中国诗，对经学和敦煌学有深入的研究，创办杂志《中国文学报》，饶宗颐从吉川那里获益不少，曾于该杂志上发表过几篇重要文章。吉川将中国文学同西方文学、日本文学进行比较研究，他在对中国文学研究和借鉴有很大贡献的《中国文学史》一书中，总结中国文学七大特色：

（1）文学传统的悠久和持续性；

（2）文学地位崇高性；

（3）文学内容的日常性；

（4）文学描写的精确性；

（5）文学高度的修辞性；

（6）文学强烈的政治性；

（7）文学典型的重要性。

吉川曾留学北京大学，会讲一口北京腔的普通话。他热爱中国文学，感叹其为他国文学所未见，认为文学是一切学问的基础，进行学术研究应从文学入手，对此饶宗颐也十分赞同，因有共同的爱好，他们非常谈得来。吉川的代表作有《唐宋传奇集》《支那人的古典与他们的生活》《胡适传》等。吉川研究《诗经》的敦煌古钞本，并保存有不少敦煌钞本的照片。他师从两位著名学者，一位是"京都学派"创始人狩野直喜（1868—1947）教授；另一位是讲述《文心雕龙》的铃木虎雄（1878—1963）教授。在日本期间，因交情甚笃，故两人唱和的诗词甚多。其中，饶宗颐曾作一首《寄答吉川教授及京都诸君子·用初发都韵》，诗曰：

> 忆赋秋醒词，中天月流素。
> 西驰迫行役，枫叶未沾露。
> 三度旅京洛，无由及冬暮。
> 眹携游子心，只是偻朋旧。
> 风物何清婉，畴不思玄度。
> 敷藻漱芳华，稽古骋翔步。
> 锱铢精讨论，妍蚩辨好恶。
> 倚声我所耽，含毫生远慕。
> 野云看孤飞，却立空四顾。
> 为山积九仞，徒复宝康瓠。
> 笑啼随赤子，东西罔识路。（周止庵语）
> 幽独赖琴音，流连思清晤。

诗中叙说对日本朋友眷恋之情，回忆与诗友探讨创作的情景。清新美好的风光景物，让人不免想起才华超群的许玄度，从而引出了诗人对诗词创作的独特见解，作诗词需具备清新高雅、超脱世俗羁绊的意境，正如清代常州派词论家周济所讲："读其篇者，临渊窥鱼，意为鲂鲤，中宵惊电，罔识东西，赤子随母笑啼，乡人缘剧喜怒，抑可谓能出矣。"

西村时彦（1865—1924），字子俊，号天囚，晚号硕园。作为明治、大正间汉学家，他对楚辞的研究与收藏主要是晚年的个人行为，研究《楚辞》主要原因自京都大学教学之需。1949年，家属将其藏书3.6万册捐赠给大阪大学，其中捐出的《楚辞》典籍总称为"怀德堂之库"之"楚辞百种"。硕园早期曾搞了一份楚辞目录，但搞得很不好。吉川因与硕园家人十分熟悉，他带着饶宗颐参观硕园居住过的旧屋，饶宗颐发现硕园先生原来收藏非常丰富，但对整理分类并不擅长。

《楚辞书录》

日本内阁文库是一所收藏汉、日文古籍的专门图书馆，饶宗颐到馆内一查，仅仅《楚辞》就有10多种不同版本，这下可把他吓了一跳。日本人把古籍《楚辞》当作"宝贝"加以贮存，读者几乎没有可能接触到原书，水野清一通过关系借到书后，用相机把内阁文库所藏的《楚辞》都拍下来，提供给饶宗颐。西村时彦又为他提供不少的楚辞材料，收集到相关资料以后，他把楚辞、楚简、楚地理、楚帛书联系起来深入研究，开始编撰《楚辞书录》。

1956年1月，第一部《楚辞》书

《楚辞书录》

117

目《楚辞书录》由香港东南书局发行，曾克耑作《序》称：

> 饶子独于此时以《楚辞》先者，是岂仅赏其文辞之美邪？殆以身世所遭，与屈子无殊。

该书是《楚辞》的目录书，它涵盖了日本，中国台湾、香港有关楚辞的内容。收录古代研究屈原及《楚辞》书目共196种，近人研究31种。每种书的不同版本都做了说明，别录部分收集了近人论文编目110种，外编部分收录了《楚辞拾补》7篇，作《点绛唇·自题楚辞书录》词一首。该书作为"选堂丛书"之一，1956年在香港发表。当时楚辞学家姜亮夫（1902—1995）的"楚辞书目五种"（《楚辞书目提要》《楚辞图谱提要》《绍骚隅录》《楚辞札记目录》《楚辞论文目录》）还没有出版。《楚辞书录》是第一本关于《楚辞》的目录书，该书以楚辞研究为起点，其文化还原模式奠定了它的学术价值。饶宗颐以目录学为探路灯，并将目录学和楚辞学联系在一起做研究，成功地创作出第一部文学目录学著作。

二　京都教研

调研敦煌经卷

1955年，饶宗颐第二次到京都大学人文科学研究所，看到日本学者已对敦煌经部文献进行研究，特别对《琵琶谱》《文选》的研究做得十分到位，如内藤湖南（1866—1934）在敦煌学文献研究上的标志性著作《敦煌发掘的古书合集》（12

卷），深深打动了饶宗颐，对他后来在敦煌学研究上起了极大的作用。

内藤湖南与狩野直喜都是名震遐迩的京都学派创始人。内藤早年当过记者，曾9次到中国游历，与王国维、沈曾植、罗振玉等著名学者交往甚深。1907年，他以一名没有大学文凭的非科班人员进入京都大学。内藤在中国学方面，研究范围十分广泛。他很早就对敦煌资料做过研究，在敦煌学上卓有建树。因日本高等学府的馆藏敦煌资料有限，饶宗颐只好频繁地走访私人博物馆，结交民间敦煌学研究学者，收集散布在日本各地的敦煌遗书，随着资料搜集、整理的深入，他看到"敦煌学"研究的未来。

早期饶宗颐对敦煌经卷的研究是受叶恭绰影响，到日本后，更多是受日本学者影响，他先后在日本各大学主讲敦煌本《文选》。敦煌本《文选》向为学术界所珍视，早在1918年，罗振玉就影印了《唐写本文选集注残本》。向达、王重民、神田喜一郎、冈村繁等人都曾致力于收集和整理研究敦煌本。后来，饶宗颐网罗日本等世界各地所藏《文选》古写本图版，于2000年5月在中华书局出版《敦煌吐鲁番本〈文选〉》。

以词论交

1956年，吉川幸次郎自美国回到京都，饶宗颐应邀到吉川家做客，家宴上交谈甚欢，于席间赋作《八声甘州》以赠吉川归来：

望瀛洲、万里溘氛埃，天外乍归来。看长城五字，千军横扫，思挟风雷。传诵尚书定本，何止校书才。挹袂追山井，抗手芸台。

十载小园慵赋，似嵇康锻窟，仲蔚蒿莱。算人间乐事，万卷一身埋。漫高歌、谈玄玉麈；便他乡、相聚且衔杯。归来晚，萧萧暗柳，月上苍苔。

注：日本山井鼎著《七经孟子考文》，开阮元校勘记之先。君重校尚书正义，尤脍炙人口。

日本京都学界崇尚以词论交，以书会友，吉川十分钦佩好友饶宗颐的才能，总觉得他的诗词描写出人生的一片绿洲，他们同样搞目录学、敦煌学、文选学，又同是诗人惺惺相惜，彼此往来酬答唱和，留下不少脍炙人口的佳作。

1961年，吉川应邀参加香港大学50周年庆典，其间互有唱和，其《辛丑秋香港大学50周年纪念，敬叠固庵南海唱和诗韵四首》，可窥见其诗词功底深厚。其一云：

横舍临沧溟，讲论无虚日。
招来万邦客，海外洲真十。
我亦佞宋余，卮言聊以出。
愧彼博学人，天日照窗隙。
能事及乐章，综录今复昔。
密如十七篇，一一记几席。
岂似竹垞老，疑信参孔壁。

诗中对港大50周年庆典的盛况进行表述，对好友博大精深的学问表示极度推崇。饶宗颐则作《送吉川幸次郎教授东归》：

障川知有谁，横流到今日。
寥寥青灯下，可语难过十。

欲辩久忘言，真意酒后出。

罕闻塞源论，只见蹈隅隙。

天下裂堪忧，楹书徒梦昔。

雨旸苦不定，羁旅欣促席。

看君返自崖，飓风犹啸壁。

首提"楚文化"

1954年10月，饶宗颐在京都发表《战国楚简笺证》（油印本），这是学界第一篇研究长沙仰天湖楚简的论文，文章最早提出"楚文化"一词。仰天湖位于长沙南郊。仰天湖楚简是1953年出土于仰天湖第25号木椁墓的战国中期晚段的竹简，共计42支，是用楚系文字书写的遣策。1958年，饶宗颐在德国汉堡发表了《楚辞与词曲音乐》一文。他认为：

《楚辞》和《诗经》，可说是中国文学的木本水源，一切韵文，无不从它产生出来。历代文人，几乎没有一个不受过《楚辞》的影响……楚辞可以培养出一种"傲睨万物"的人生态度，提高一个人的独立人格，踏进另一超现实的精神境界。

他注意到很多古琴曲是取材于《楚辞》的。《楚辞》中的警句，汉时已被谱入琴曲，像《九歌》"悲莫悲兮生别离，乐莫乐兮新相知"二句；亦见于琴操。

楚辞與詞曲音樂

饒宗頤　著

《楚辞与词曲音乐》

有关《楚辞》的古琴曲，可考的有《屈原叹》及《屈原自沉》，谱皆失传。饶宗颐擅长古乐古琴，他下了很大的功夫，第一个把楚国古琴曲整理出来。

《楚辞》称为辞或辞赋，是《诗经》以后，中国古代又一部具有深远影响的诗歌总集。由于屈原的《离骚》是楚辞的代表作，所以《楚辞》又被称为"骚"或"骚体"。饶宗颐把《楚辞》和《离骚》连起来做研究，以突出楚国文学价值。其文章《长沙楚墓时占神物图卷考释》发表于香港大学《东方文化研究》（第一卷第一期），与在德国宣讲论文《楚辞与考古学》是同一内容。这些文章都是日本之行的收获。

在日本，最关键的问题就是能及时地看到国内出土文物的有关资料，这对其研究有很大帮助。饶宗颐早在广东通志馆时已发表了《楚辞地理考》，对楚地的历史地理研究已具备很好的研究基础，而这一时期的研究是以上课题的拓展。

2007年11月8日，饶宗颐（右三）在"水原琴窗、渭江两代学艺文献室"揭幕式上

"燃林房"群贤毕至

1964年秋天，饶宗颐再赴京都讲学，经水原渭江（1930—）介绍，与音乐学家兼乐论家林谦三（1899—1976）结识，林谦三于1957年曾出版《敦煌琵琶谱的解读研究》。饶

日本学者水原渭江到香港拜访饶宗颐

宗颐对敦煌学早有研究，先前在法国获见敦煌琵琶谱原谱时，出版《敦煌琵琶谱读记》。因有共同爱好，常常共同研究，互相切磋，彼此交谊日深。饶宗颐的秋天京都之行颇有收获，与许多日本著名的汉学家如神田喜一郎（1897—1984）、水原琴窗（1892—1977）、水原渭江谈词，与吉川幸次郎聊诗歌，与斯波六郎（1894—1959）探讨《文选》，到京都大原山听梵呗，又听多纪颖信（1920—2006）演奏日本雅乐等，所见所感所思让他创作出不少优秀诗篇，如《京都僧俗秋祭焚山祈禳禳灾，与清水戈大地原两教授登高同观》《燃林房与水原琴窗论词》《过牛田访故友斯波六郎旧居》《大阪赠林谦三》《寄平冈武夫》等。水原琴窗，原名子瑞，原籍兵库县，为红蓼吟社主笔，宝林寺十四世住持。他对中国音乐和诗学颇有研究，是日本著名词人。其子水原渭江是日本著名学者，别名水原蓬心。作为出身于音乐世家的父子，水原琴窗是日本天皇的音乐教师，著有《日本雅乐传来考》《琴窗词稿》。水原渭江自幼

接触唐乐，工吹筚篥与独笛，尤精敦煌舞谱、敦煌曲谱等敦煌乐舞艺术。著有《敦煌舞谱的解读研究》《词乐研究》等。水原家族成员作为日本天皇历代汉学老师，教授天皇汉学、唐乐，包括中国古典诗词等方面知识。水原琴窗知道饶宗颐治词精妙，曾拿一首词让饶宗颐帮忙改正，一段时间后，水原琴窗把修改的地方都印了出来，此事可见他对好友的尊重程度。当有空的时候，大家都会不约而同到水原琴窗的书舍"燃林房"论词，饶宗颐常常脱口赋词，《燃林房与水原琴窗论词》就是其中一首：

> 藜筱深林日欲残，
> 渐霜枫叶不成丹。
> 何人解道清空意，
> 漫剪孤云取次看。

尊重文化、学者的地方

在日本那几年，饶宗颐对日本人的治学精神、治学态度和治学风格十分认可。日本学校教育思想端正，学者朴实，治学严谨，学生不用管束，自觉刻苦钻研知识，养成学习上精益求精、奋发向上的精神。这里的学风对饶宗颐产生很大的影响，一是抓小题目，二是念书。日本人念书是几个人一起念，由一个人布置，大家去查书。查出一大堆材料，然后进行讲解，连不相干的都讲，然后再由这个人来做总结。他们的读书班学风很朴实、很实在，连一个字都不放过，立足于扎实做学问。在收集材料上，他们不仅耐心、细致，而且经过慎重考虑。饶宗颐研究甲骨学、敦煌学，正是得益于他们的经验和材料。

饶宗颐十分叹服的是日本人保护文化的意识，他们保护文化的精神在世界上是出名的，体现在一点一滴的具体行动之中，特别是日本学界对中国古籍的保护做得非常好。他们追求为学问而学问的纯粹中国学，至于中国古籍研究有何用，他们似乎从来就不考虑。不过正是这些"无用之用"成就了日本的中国学。饶宗颐曾说，在日本，就算是古代传下来的一张纸，他们都会系统地记录并及时保存起来。这体现了对事物一个"敬"的观念。日本人在做事上"敬"的观念，其实是来自我们中国的。

受日本学界的治学精神、文化保护所感动，他在许多文章中都大加赞赏日本保护古籍资料的做法，正是日本人重视保存古籍，如《楚辞书录》《文选五臣注》等，后来的学者才能利用这些古籍资料去开展学术研究。为提高这些古籍的使用价值，他先后将日本所藏的敦煌文献、《楚辞》、《文选》等资料进行辑录并向学界刊布。日本学者对"选学"有非常深入的研究。相反，此刻的中国正是五四新文化运动时期，主张废除汉字的钱玄同（1887—1939）提出"选学妖孽"之后，"选学"成为讨伐对象，自此一蹶不振。

《文选》是中国现存编选最早的诗文总集，选录了先秦至南北朝八九百年间100多位作者共700余篇各种体裁的文学作品。因是梁代昭明太子萧统（501—531）主持编选的，故称《昭明文选》。《文选》的影响不仅体现在学术研究上，更体现在对中国古代文学创作的影响上。唐代诗人李白、杜甫、韩愈无不从学习《文选》开始。唐以后，《文选》仍然是学子的必读书目，是学习古代文学的标本。时人因之有"文选烂，秀才半"的谚语（宋·陆游《老学庵笔记》）。历宋至清，《文选》成为显学，研究《文选》的学问有"选学"之称。然而，《文选》在国外却有不同的际遇，饶宗颐在耶鲁大学教书时的助手康达维（David

Knechtges），现为美国的著名汉学家，他英译整部《文选》，并撰写《文选英译浅论》，在学界得到极高评价。饶宗颐自小受益于"选学"，故他非常看重《文选》的价值，希望有一天把"选学"恢复。后来，北京大学重视《文选》研究，提倡学《文选》，这与饶宗颐的倡导是分不开的。

在日本学界交往中，与饶宗颐交往的学者甚多，他们彼此的学谊长达数十载之久。

神田喜一郎是大汉学家，曾在台北帝国大学文政学院任教东洋文学16年。他教学认真，深受学生爱戴。神田的学术研究广博，目录学、版本学、佛学都有涉及，法文也很好。饶宗颐认为，神田喜一郎当过京都国立博物馆馆长，格局很大，懂经史，他是把儒家中国视为自己的精神家园，把中国文化作为本国文化来从事学术研究的日本中国学家。神田是藏书世家，父亲神田喜左卫门藏有《世说新语》的很多好本子。祖父神田香岩，工汉诗且长于书画鉴赏，嗜书物，喜收藏中、日古籍，曾任京都博物馆学艺委员，与中国罗振玉、王国维、董康等多有往来。神田家也是世代务商，为京都著名之商家，饶宗颐与神田有相同的家庭背景，他们的父亲既是商人也是学者。饶宗颐与神田第一次见面就十分契合，后来神田在饶宗颐的推荐下获得法国儒莲奖。

中田勇次郎（1905—1998），日本著名词学、书法艺术研究家，与其师叔神田喜一郎同是京都学派。他是饶宗颐第二次到日本时认识的，因为中田专长是中国古典诗词、中国古代书画论，饶宗颐与他一见面便十分谈得来。中田对词学研究精密细致，曾编著《论道藏里的词》《金元的词》《词选》《宋代的词》《历代名词选》等。另外，《草堂诗余》是南宋中期即庆元年间从前书坊选编的一本词集，南宋后期建安何士信对它进行编辑。今传明版《草堂诗余》就有二十余种。日本也藏不少明朝《草堂诗余》的版本。中田很早就有文章论及《草堂诗余》的版本和影响，如载《中国文学研究》第五辑的《〈草堂诗余〉的版本的研究》。对该书明代的版本研究，他做得很好很细致。那时在中国，没人注意到词集选本在词史上的重要地位。中田勇次郎做完词学研究后，全力搞书法史研究，主要著作有《书道艺术》《中国书道史》《王羲之为中心的发帖的研究》等。他认为中国书法的流变，随着王朝的更替，如同一股波浪似的不断向日本涌来，促成了日本的八个时期书法变径。

池田末利（1910—2000）是礼学家，他有一个传奇，1945年8月6日，美军在广岛上空投下原子弹，在闪光、声波和蘑菇状烟云中，池田被原子弹的弹片击伤，不过他命大，取出弹片后逃出厄运，竟奇迹般地活下来。他与饶宗颐年纪相仿，认识时，池田任广岛大学副教授，专长于《尚书》研究。他们从事的教学内容十分接近，主要为古代中国宗教民俗方面。他受饶宗颐的影响后开始研究甲骨文，饶宗颐的《冰炭集》里有《池田末利偕游严岛平松公园》，记载彼此的交往：

> 一路青松扑眼帘，
> 浮屠海角极精严。
> 禅心早置崎岖外，
> 碧水遥天净可兼。

斯波六郎，字皆月，对于六朝文学，尤其是《文选》《文心雕龙》的研究，有显著的功绩，广岛的"选学"是他带动起来的。他虽为内藤湖南的弟子，却分别代表了以广岛大学为中心和以京都大学为中心的日本研究中国古代文论学派。斯波六郎研究"选学"方面可称为第一人。他送给饶宗颐不少"选学"著作，如《关于文选的版本》《文选索引》《关于文选集注》《文选诸本之研究》等。因与斯波六郎谈《文选》很相契，饶宗颐在《文选》研究过程中，斯波提供了许多启发和帮助。饶宗颐与吉川幸次郎、斯波六郎都共同爱好文学，很早以前大家就一起交往了，可惜斯波六郎不会作诗，也作不了骈文；而吉川幸次郎的汉语说得极流利，也会写诗、骈文等。饶宗颐在《冰炭集》中有《过牛田访故友斯波六郎旧居》：

> 遗札摩挲一怆神，
> 回黄转绿正萧晨。
> 三山双叶情如昔，
> 六代征文又几人。

三 在日传播学、艺

赋诗记游

1973年12月，在东京举办的"南画会会展"展出饶宗颐的山水画，开幕式上，南画会会长河野秋村特别推介饶宗颐泼墨点染下山水画的万千气象，以及在画面上题跋的书法风韵。从该年度开始，饶宗颐连续四年参加此活动。饶宗颐应邀出席在日本东京召开的东南亚史学会议，提交了《蒲甘国史事拾零》论文。与江户大学校长村田晴彦会晤，与村田校长、白岛芳郎教授同游日本三大瀑布之一的华严泷。传说华严泷发现者胜道上人，依据佛教经典《华严经》给该处瀑布进行命名。这处瀑布落差达97米，为日本第一。这里有许多瀑布借用了佛教的"五时八教"判教理论来命名。游华严泷一日之中经历春、夏、秋、冬四时风景，使饶宗颐兴奋不已，他步李白《将进酒》韵，将"一日之中而四时具"的特征描绘出来，并抒发自己的感情：

> 莫问华严泷从何处来，只笑如入宝山空手回。
>
> 同游长者几华发，浪花时乱鬓间雪。
>
> 仲尼不用叹逝川，太白还须捞海月。
>
> 欲辨涅槃何滋味，请试山中活水来。
>
> 俯瞰九州如罍空，遥想昆阆似覆杯。
>
> 山容澹，太瘦生。木叶脱，飘未停。
>
> 逐流可到海，吟句更谁听。
>
> 相忘道术游方外，使酒如渑不愿醒。
>
> 荒山才悟天地始，芸芸众物皆无名。
>
> 且从象教分至乐，暂掷浮生资笑谑。
>
> 看看瀑流无已时，惟有狂歌劝清酌。
>
> 天欲雪，正须裘。许我新诗换美酒，主客同销万斛愁。

129

讲学之余，饶宗颐或游山观水，或寻幽览胜，或访古证史。日本的山川景色，与饶宗颐的学养、灵性相激发，使其创作出一批生动活泼且极具艺术特色的记游诗。

1980年5—8月，应日本"学术振兴会"之邀，饶宗颐到京都大学举办讲座。5月10日—6月11日共有五场讲座需要出席，参加日本天理大学举办的"汉籍善本书会议"，赴九州大学作题为《唐勒及其佚文》的演讲，到北海大学哲学会主讲"《易》及敦煌之文学资料"。在京都，清水茂帮他联系以前曾住过的三缘寺，《詹无庵诗〈序〉》就是在寺里撰写完成的。著名语言学家詹伯慧在《与饶宗颐先生的两代交谊》一文回忆当年拜访的情景，詹伯慧问为何不住宾馆时，他答道："这样的寺庙再好不过了，我们中国能有这样可供学人潜心做学问的寺庙吗？"他们从寺庙说起，谈到日本在重视民族化和现代化的合理相结合，联系到国内在"文革"期间许多珍贵文物宝藏惨遭破坏的悲剧，他说："你看，人家日本多么重视文物的保护，到京都奈良转一转，你就会体会到现代化和民族化如何结合在一起。"

他还说："有一位日本朋友提出：为什么你们中国人搞城市建设，一修马路就想到要拆掉城墙呢？"饶宗颐有关爱护民族文化的一席话，让詹伯慧深受启发，为《香港文汇报》撰写专栏《东瀛杂记》散文时，詹伯慧就以《现代化和民族化》为题，结合日本所见所闻，抒发己见，引起许多共鸣。

5月10日，饶宗颐在日本京都晤清水茂，赋诗《京畿稿》：

缁尘京洛镇难忘，西顾东征（来洛前留法京旬日）愧面墙。

屡客鬓丝空胜雪，久疏琴瑟不成章。

狂言似我醒兼醉，绮句多君老更香。

何日相携萧寺去，天窥象纬月如霜。

5月11日，饶宗颐在京都北山杉作《一萼红》，收录入《聊复集》：

今岁（一九八〇年）严寒，北山杉里，五月中旬，樱花犹盛开，是地为川端康成文学家旧游赏处，丰碑墨迹，辉映花间。彭泽周伉俪招游，流连竟日，花下谱此，次白石韵。

绿成阴。尽参天杉树，蒙密似垂簪。远籁回音，遥泷击节，微闻切响飞沉。看无数、丹枫变色，柳拂处、枝上变鸣禽。木末风生，池边雷起，谩共登临。无限痴情幽思，幻白云千里，出岫何心。落寞古都，凄凉新碣，胜缘自费追寻。更谁簇、八重香瓣，拥万花、映日衮黄金。但觉山川不老，莫道春深。

5月17日，饶宗颐出席在日本京都醍醐寺举行的东方学会，讲论殷代《易》卦问题并出席王梵志讲论会。醍醐寺为日本真言宗醍醐派的总本山，自丰臣秀吉来此寺赏樱之后，该寺成为京都赏樱的名胜，每年3—5月，世界各地游客会拥向这里赏樱。樱花的开放或是静谧，或是绚烂，日本人爱她盛放时的轰轰烈烈，凋落时的凄美决绝。如潮的赏花者涌到樱花树下，去感悟樱花短暂却绚烂的一生。饶宗颐到来时，这里的樱花争先恐后地开放了，树下也铺了厚厚的一层花地毯，他被世界遗产"花之醍醐"所感动，随赋《庚申五月十七日，醍醐寺东方学会上讲殷易卦。贝塚茂树教授主其事，三叠前韵》一首：

阴阳不孤生，空有仗双遣。

醍醐有至味，妙语须一转。

坤乾难搜讨，极数稽大衍。

日者岐山下，契龟出䕘卷。

眼花字如蚊，骇汗已气喘。

目击倘道存，卦名堪三反。

夏雨生波澜，春蚕方在茧。

荷沼好题诗，菰蒲冒清浅。

学术、艺术交流之旅

在京都，饶宗颐讲学之余，由京都大学教授清水茂、入矢、小川等陪同，往唐招提寺瞻谒鉴真大师坐像，到天理图书馆观善本书，游秋芳洞、高野山、三缘寺、飞鸟寺、唐招提寺、赤山禅院等名胜古迹。后又应《讲座敦煌》撰稿人之一的菊池英夫邀请，到北海道作十日游，饶宗颐戏撷地名为诗谢之，诗云：

> 昔诵知北游，北海多嘉名。
> 扫迹梦寐求，幽讨苦未能。
> 为谢菊池君，示我以日程。
> 白老更青函，支笏连太清。
> 荡胸生层云，峡中灵怪迎。
> 雾多布广原，丹顶鹤夜惊。
> 网走澄潭下，山阿寒可登。
> 春来大雪消，草木已留萌。
> 银钏路如诗，一一足缘情。
> 厚岸试呼风，会当叩云荆。

高野山之于日本相当于拉萨之于中国。作为日本佛教主要宗派之一的真言宗（又称东密）的本山，高野山成为世界各地求学东密佛法的圣地。弘仁十四年（823）空海法师（774—835）受赐东寺（即教王护王寺），他用"即身成佛"的佛道思想以东寺为中心展开弘法活动，后人称他所传的密教为东密，谥号为弘法大师。

在高野山，饶宗颐看到山上山下满是参拜大圣人空海的信众。空海法师在梵文字母拼写原理的启发下发明日本字母假名

（平假名），随着时间的推延，日本字母片假名在平假名的基础上逐渐发展形成，他为日本文化发展作出不可磨灭的贡献。他的汉字书法和梵文书法造诣非常高，被称为"日本的王羲之"，时至今日这位日本"书圣"仍影响饶宗颐的书法，"飘若浮云，矫若惊龙"的饶体书法的许多意蕴就是来自空海的书风。有感于高野山作为宗教圣地，特作诗一首以表崇敬之情。诗文为：

> 未敢游山辄慕仙，
> 登高慧海叹无边。
> 一千六百年来事，
> 八叶莲台总宛然。

6月，饶宗颐在巴黎接受亚洲学会荣誉会员荣衔后回到日本，任京都大学文学部及人文科学研究客座教授。6月30日，撰写《唐勒及其佚文——楚辞新资料》，发表于日本九州大学《中国文学论集》（第九号），后收入《文辙·文学史论集》（上册）、《饶宗颐史学论著选》、《饶宗颐二十世纪学术文集》（卷十一·文学），成为首位研究楚辞新资料唐勒赋的学者。

中国书法艺术很早就传到日本，第一位利用日本石刻证明中日书法交流源自唐代的是饶宗颐。他撰写《早期中日书法之交流》一文，发表于青山杉雨主编之《书の日本》（第二册）卷首，中文版《早期中日书法之关系》发表于香港《书谱》（第六期·饶宗颐专辑），后收入《饶宗颐史学论著选》、《饶宗颐东方学论集》、《饶宗颐二十世纪学术文集》（卷十三·艺术）。文章指出："中日书道关系史上有二次极重要的转折，一是奈良时代的王羲之书风的盛行，一是室町时代五山文学的兴起。" 全文论述了中日书法关系史的重要问题和两国文化史上的关系问题。饶宗颐在京都大学的另一篇演讲稿《中国书法二三问题——从文字史看书道》发表于东京《ダィジエスト》（第九百七十八号），中文原作发表于澳门《中国语言学刊》创刊号，后收入《饶宗颐二十世纪学术文集》（卷十三·艺术），文中曰："书的字形姿态，古人称为'字势'……（卫恒）讨论四种主要的字体，名其书曰《四体书势》。'势'字特别使用在书法上，有它特殊的意义……用'势'字来形容书体，是东汉以来流行的习惯。以后便有人借书势之'势'字来论文。弹琴的手法亦称'势'，这些都是采取自书法的字势。'势'在书道、文学都有极重要的意义。"

8月的行程安排十分密集，先在日本京都大学作题为《中国古代文学之比较研究》的专题演讲。日本著名书法家、汉学家西川宁（1902—1989）得知消息前来参加，饶宗颐精彩的演讲，深深将他吸引住了。西川宁是明治时代大书家西川春洞（1847—1915）的第三子，受家学影响，自幼濡染书法，学习书学。曾获日本艺术院奖和文化勋章。演讲一结束，西川宁站在大会堂门口，静候饶宗颐，两人相见恨晚。当天下午，西川宁开车将饶宗颐接到家里，盛情款待，并拿出一套唐本的《说文》请饶宗颐鉴赏。西川宁愉快地讲述了收藏这本书的由来。他说："我很幸运拥有这套书，它不仅是中国的遗产，我看是世界最古的字书之一。"后来，饶宗颐回忆西川宁时无不感慨地说："我深觉有幸地能够一度在他家里欣赏过瑰宝唐本《说文》，至今犹回旋在我的脑海中，永生不忘。"8月上旬，饶宗颐在北海道旅行，13日从京都到高野山，20—26日，日本二玄社在东京主办"饶宗颐教授个人书画展"，此次展出作品阵容无论从艺术价值还是精品程度上看，均堪称空前。主办方还出版《饶宗颐教授个展作品》特辑，刊载于日本东京近代书道研究所的《书道グラフ》（第廿五卷第十一号）。日本书道界领袖人物青山杉雨（1912—1993）为书画展主礼，展览会上，饶宗颐应邀主讲"书法二三问题"，东京书画界名人都出席并聆听。1983年，日本二玄社为其出版《敦煌书法丛刊》

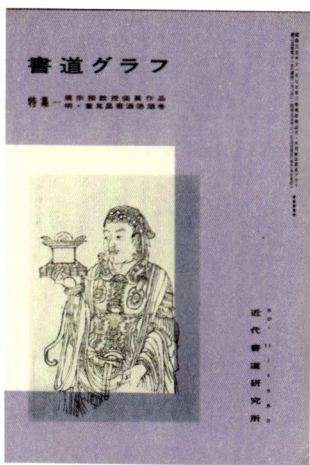

《书道俱乐部》

共29册（至1986年出齐），丛刊提炼敦煌书法的艺术价值和精神价值，打开当代书法创变的新天地，在日本书法界引起极大之重视。另外，饶宗颐还应邀出席在日本东京举行的第三十一届国际亚洲北美人文科学会议，被推为大会执行委员和会议主席，全程主持会议，并作了《清初广东指画家吴韦与铁岭高氏》的英文提要稿演讲，首次证明中国绘画史上吴韦发明指画在高氏之前。论文介绍指头画派的粗犷、古拙、奇崛等特点，其对中国美术的发展产生的深远影响引起日本画界的重视。8月28日，结束日本游学，清水茂等学者在京都桃园亭为他饯行。

在京都，饶宗颐整理了访日诗作，结集取名为《总輋集》（原名《揽輋集》，诗作100首，译诗4首），小引云：

余数莅京都，此次为时虽暂而篇制最夥。自4月杪至8月中浣，讲课之余，朋侪盍簪，不废吟咏。而历览山川，放浪江海，中间南涉九州，北至网走，临橿原之都，诵万叶之诗，怀古情深，往往流连，不忍遽去。最后登高野之山，寻遍照发挥性灵之遗迹，御影堂间，神人仿佛，若有存者。离洛前夕，发箧得诗可百首，厘为一帙。心尚抖擞，愧波澜非老成，水也泓澄，不怀珠而川媚，风流尊俎，纵归去复难忘，斟酌古今，破客中之岑寂。

卷首有清水茂所作的《日本纪行诗》序，序中讲：

饶选堂先生生于韩公驱鳄之乡，习于高固萃羊之地……大荒海外，无不印踪。讽咏可追坡老，写景何啻石湖……今兹敝校幸得日本学术振兴会资助，聘请讲学。讲学之余，历游邦域，良辰佳景，辄有篇章……风情溢于笺牍，颂赞见于笔毫。凡游日本山水所作，都共百首，裒而存之，曰《揽辔集》。

136

饶宗颐学艺双携，一生不断地追求学术与艺术的融会贯通，他与日本学术界和艺术界的交流十分深入，多次到日本各地举办个人书画展。

2007年10月1日，饶宗颐为学术、艺术传播最后一次来到日本，此时的他已是90岁高龄，中央电视台"大家"栏目"香港传奇"刚为他拍摄完"饶宗颐：大师的世界"。10月3—28日，他出席在日本兵库县关西国际文化中心展览馆举行的"长流不息——饶宗颐之艺术世界"展览开幕式，展出书画作品近100件，其中有一半为2006年至2007年的新作品，包括20余屏"草书赤壁赋"，20尺设色荷花巨幅等。《长流不息——饶宗颐之艺术世界》画册由香港大学饶宗颐学术馆出版。此次展览为中日文化交流起到重要作用，受到日本文化艺术界的一致好评。

第七章

梵文开门　佛教禅宗

20世纪60年代，饶宗颐在印度留影

一　佛国印度因缘

梵文开门

印度是一个宗教王国，有印度教、伊斯兰教、基督教、佛教、锡克教和耆那教六大宗教。饶宗颐小时候曾读父亲撰写的《〈佛国记〉疏证》，种下与印度的早期因缘。1959年，随着专著《殷代贞卜人物通考》出版，饶宗颐获得相当于西方汉学诺贝尔奖的"儒莲奖"后，他在中外学术界享有极高的学术地位。此时，印度学者白春晖（V.V Paranjape）主动找到饶宗颐，这位印度驻香港领事馆的一等文秘，1947年至1950年在北京大学学习，是季羡林的学生和朋友，彼时在中国内地学习、工作已经11年。他是印度唯一全程见证了50年前中印缅倡导和平共处五项原则的外交官。

1954年10月16日，毛泽东主席会见印度尼赫鲁总理时，他担任尼赫鲁的随行翻译。当时，毛主席讲过一句话"乐莫乐兮新相知"，作为翻译的白春晖因中国文学功底好，对毛主席说此句取自《楚辞》，其高超的语言水平引起毛主席和尼赫鲁的关注。1979年，印度外交部部长、后成为总理的瓦杰帕伊访华时，便把在韩国当大使的白春晖紧急召来北京，参与和邓小平的会谈。白春晖是印度资深外

1998年，饶宗颐与印度汉学家白春晖在香港

交家，他为发展中印两国关系作出重要贡献。白春晖属印度浦那市婆罗门种姓，婆罗门是祭司贵族，在社会中地位最高，它掌握神权，占卜祸福，垄断文化和报道农时季节。婆罗门教是印度教的古代形式，以吠陀为主要经典，即《梨俱吠陀》《娑摩吠陀》《夜柔吠陀》《阿闼婆吠陀》。四吠陀向来被视为天启圣典，不仅为古代印度人所信崇，乃至近世，印度人亦认其为最高威权。婆罗门教徒之宗教信仰、道法法律均以吠陀为依归。因此，研究印度思想文化不可不知吠陀，不能不懂梵文。广义的吠陀除四吠陀外，还包括了VEDA。VEDA是印度上古时期一些文献的总称，历来被认为是印度圣典。白春晖的父亲Paranjape是教VEDA吠陀的教授。

白春晖痴迷中国的文字学，十分崇拜文字学家饶宗颐。第一次见面，就同饶宗颐很谈得来，此次拜访的目的是向饶宗颐请教《说文解字》里的问题，同时，请示饶宗颐利用业余时间辅导他。在香港，许多教授都两袖清风，这是因为他们在对待金钱和时间上，淡泊金钱，极为珍惜时间，他们几乎不留一点时间给任何人，并且拒绝学生不合时宜的打扰。饶宗颐日常有许多教研工作要做，还有不少重要学术论文要撰写，他总觉得每天时间不够用，时间对他来说的确十分宝贵，可是，饶宗颐没有因此而拒绝白春晖的要求，他同意白春晖和另一位外国学生汪德迈一起到家中上课。汪德迈系法国汉学家保罗·戴密微（Paul Demieville，1894—1979）的弟子。1963年，戴密微为培养欧洲的年轻学者，决定派学生汪德迈到香港师从饶宗颐学习甲骨文。在港大汪德迈有三位指导老师，交往中，汪德迈与饶宗颐关系最为密切。在学第一年，汪德迈修了饶宗颐讲授的《文心雕龙》课程，另外利用课余时间到饶宗颐家中补习古文字学。有时汪德迈会约白春晖一起去港大听《说文解字》的解读。补习开始不久，饶宗颐与白春晖另有一个互教计划，就是饶宗颐教《说文解字》，白春晖教梵文。白春晖住的金钟道离饶宗颐住的罗便臣道不远，步行半个小时即可到达。他们约定每周两次在饶宗颐家里学习，彼此教对方一个小时，双方互教互学。梵文是现今印度23种官方文字及官方语言之一，直至20世纪初梵文还是尼泊尔的官方语言之一，是印度和尼泊尔"佛教界"和"印度教"高级僧侣的交流语言。印度教经典《吠陀经》即用梵文写成，其语法和发音均被当作一种宗教礼仪而分毫不差地保存下来。19世纪时梵文成为重构印欧诸语言的关键语种。通行的梵语用天城体书写，多用于学术交流，也用于佛经文字的写作。跟随这位正宗的婆罗门后裔学习梵文，饶宗颐进步很快。白春晖讲，梵文语法与其他印欧语系的语言相似，如拉丁语、希腊语，极为曲折，变化繁复，名词和形容词有三种性、三种数和八个格。梵文的动词变化也极为复杂，有时态、语气、语态。今印度人使用的印地语和尼泊尔语，仍用天城体梵文字母，而孟加拉语则是梵文字母的变体。最具代表性的梵文字母有三种：悉昙体、兰扎体和天城体。梵文悉昙体在中国早已消亡，而日本高野山仍保留完整的古悉昙梵文。初学梵文字母，饶宗颐认为这种文字非常复杂，不像英文字母那样简明易学。白春晖讲明经典语言中属梵文最难，但梵文文法并不难学，可以用中文或日文文法帮助理解。他不厌其烦地传授拼读方法，不断鼓励，使饶宗颐学习梵文没有压力，学习进程很顺畅。通过三年的交换学习，饶宗颐学会了梵文的拼写，并能辨别一千多个辅音串字母，掌握了梵文合字，他很快就能用梵文这把钥匙去打开印度学的这扇大门。

白春晖将印度学主要内容告诉饶宗颐，从印度文化史入手，为日后从事南亚学研究打下基础。涉及古印度语言文学时，白春晖讲的不是佛教典籍，而是婆罗门教经典。Gita（《圣解之歌》）就是其中之一，而《薄伽梵歌》是徐梵澄用《楚辞》的体裁翻译的。《薄伽梵歌》是印度《论语》，几乎每人都会念的，它是印度教、婆罗门教的经典。印度佛教早已衰落，占主导地位的是印度教。白春晖常劝饶宗颐对印度教、婆罗门教进行研究，他自始至终没有采纳白的建议。因在日本受大型佛教辞典《法宝义林》的影响，他对佛教典籍更感兴趣，饶宗颐认为佛教对中国影响很大，佛学将中印两国关系打通。他自小信仰佛教，家里摆设多尊宋代瓷佛像，父亲的佛学研究直接对他产生影响。早年在《宋史·艺文志》中见有释宗颐《劝孝文》一书。这位才华横溢的高僧，名叫"宗颐"，与他同名，饶宗颐认为自己就是与佛有缘，因此，对佛学研究更加起劲且不断探究佛源，先后撰写了《佛教渊源论》《悉昙学绪论》等著作。

"师徒"受阻

1963年7月，印度班达伽（Bandharkar）东方研究所聘请饶宗颐为永久会员。此时，白春晖出了一个很好的建议，由该所邀请饶宗颐在暑假期间到浦那从事关于中印文化比较研究。对印度哲学早有研究的汪德迈提出陪伴老师一同前往，在访学中充当秘书和助手。另外，汪德迈请法国远东文化学院在印度本地治里市（Pondicherry）的负责人Jean Filliozat邀请饶宗颐去该市的远东文化学院研究所学习。Jean Filliozat是著名的印度学家，戴密微的好友，曾是汪德迈的行政上司，汪德迈的建议很快得到批准，让饶宗颐、汪德迈到浦那市和本地治里市做三个月的学习性旅行。

在香港飞往孟买的飞机上，饶宗颐想到从小就向往的佛国圣地，如今自己就像大鹏一样展翅飞往释迦牟尼佛的故国迦毗罗卫国，踏上乔达摩·悉达多所创立的佛教圣地，心情无比激动。他在半明半暗的机舱灯光下，写了《印度洋机中作》诗一首，诗云：

> 色相空中许我参，
> 试将金翅与图南。
> 日灯禅炬堪回向，
> 坐觉秋云起夕岚。

到达印度孟买，此时距1962年10月发生的中印边境自卫反击战仅9个月，一股反华气氛笼罩整个印度。从出机场那一刻开始，印方就开始对饶宗颐进行盘问，每到一个地方，都要到警察局申报才能通行。饶宗颐虽持有居住香港的英国护照，印度警察仍怀疑他是来自中国的间谍。当要从马德里搭机前往斯里兰卡的科伦坡时，警察再次刁难，勒令他必须回孟买申报方能出境，因为他是中国人，只有入境地警察局才有权允许他出境。无休止的刁难，激起汪德迈胸中怒火，汪不断强调饶宗颐是一位国际上著名学者，是印度大名鼎鼎的研究机构聘请的专家，其在法国享有崇高的学术地位，最后，用了近一个小时的辩驳，印度海关才终于在护照上盖了印，同意放行。出关直奔登机口，幸好飞机尚未起飞，师生俩仍能搭上原定航班。在机舱内坐定后，空姐送来了一杯烈酒，平时滴酒不沾的饶宗颐二话不说将其一饮而尽，他想借酒来冲刷胸中的积闷。此外，在印度还发生了更惊险的镜头。

有次，一位柬埔寨高僧同饶宗颐一道出门，高僧身穿黄袍，被印度人误为中国人，一伙人便拿石头锤打高僧。饶宗颐好在留了胡须，印度人误认他为日本人，也好在饶宗颐反应快，他迅速地拉着高僧赶紧逃开，终于侥幸躲过一劫。

饶宗颐一行在印度虽然碰到反华的场面，但到大学等地方时，他们总有宾至如归的感觉。汪德迈在《饶公选堂之故事》中讲述，他不能忘怀的是印度大学教员对他们的热情款待，不同于在警察局的待遇。印度梵文学者们竭尽全力满足饶宗颐的各项需求，他研究摩享·佐达罗（Mohenjodaro）图形文字资料是在班达伽东方研究所的图书馆悉数找到，此外还找到一批佛教历史资料和碑铭图形文字。

梵土上的淡泊与功利

结交"现代玄奘"

徐梵澄（1909—2000），原名琥，谱名诗荃，湖南长沙人，是中国知名印度学专家、哲学家和翻译家。他对中西哲学、宗教、艺术各领域都有涉猎，并取得多方面、多领域的成就，他把中国古代学术精华介绍给印度及西方。从1945年到1978年，他在印度共生活33年。1951年起在奥罗宾多静修所从事翻译、著述、讲学27年。奥罗宾多（1872—1950）是本地治里的骄傲，他创立"精神进化论"，与甘地、泰戈尔并称印度三圣，奥罗宾多去世后，静修所承担本地治里许多文化和教育活动。

在南印度本地治里小城，饶宗颐结交了徐梵澄这位淡泊名利的"现代玄奘"。当时，徐梵澄在一个法国人创办的修道院里做书记，修道院其实是有点像难民收容所，在里面工作对徐梵澄来说不是很称心。但小城能遇知音，徐梵澄甚为高兴。他们吟诗唱和，挥毫泼墨，交流梵学研究心得，彼此互赠著书。在徐梵澄的诗集《蓬屋诗存》中有一小《序》："某教授游欧洲，道出南印度，枉驾见访，出示其和阮公咏怀之作，钦叹无已，因呈俚句。越数日，叠前韵为别。"在《蓬屋诗存》中，徐梵澄有将师友姓名隐作"某"的习惯。而这里的某教授，正是饶宗颐。小《序》中提到的"和阮公咏怀之作"，系1960年除夕饶宗颐在香港长洲岛旅行时步阮籍《咏怀诗》韵而成的82首诗作。

徐梵澄在读完饶宗颐的《长洲集》后，赠诗曰：

> 南国词林最胜流，诗篇灵气郁清秋。
> 排空欲下高云鹄，掷地应翻碧海虬。
> 未许步兵成独往，早于中散得良俦。
> 琴心画理知谁会，指点沧溟几白鸥。

离开印度前夕，饶宗颐再专程前往修道院向徐梵澄道别，并送给徐梵澄一些诗稿，徐梵澄非常喜欢。饶宗颐告诉徐梵澄，印度之行能够圆满全靠法国友人帮助，徐梵澄认为法国人对待饶宗颐简直就是上帝的礼遇，很羡慕。临别时，徐梵澄赠一首七律诗：

> 何处烟霞访道流，天南佳菊未经秋。
> 稍传寒色翩劳燕，突荡洪波绕逸虬。
> 索虏难寻高士传，岛夷犹见寓贤俦。
> 琴心画理知谁会，指点沧溟几白鸥。

饶宗颐回赠一首《别徐梵澄·次东坡送沈达赴岭南韵》：

海角何来参寥子，黄帽青袍了生死。

知我明朝将远行，携酒欲为消块垒。

宿昔读君所译书，君名如雷久阗耳。

相逢憔悴在江潭，无屋牵舟烟波里。

罗胸百卷奥义书，下视桓惠蚊虻矣。

嗜欲已尽心涅槃，槁木死灰差相似。

劝我何必事远游，中夏相悬数万里。

我言雪山犹可陟，理胜胸无计忧喜。

赠诗掷地金石声，浮名过实余深耻。

凭君更乞竹数竿，便从寂灭追无始。

诗中用了三个典故来描写徐梵澄的处境、学识和修养。采用的佛典、通典皆与徐梵澄息息相关，塑造出徐梵澄这个"了生死"且能忍受在"中夏相悬数万里"的异国他乡中生存，过着"无屋牵舟烟波里"生活的"现代玄奘"形象。

悟透"苦行僧"

在印度，饶宗颐的梵文水平提高很快，完全可以"登堂入室"，他可用梵语与佛教、印度教高级僧侣交流，阅读梵文版的报章和杂志。为全面地了解印度国学，他买了1000多本印度出版的书籍，有梵文、英文等各种文字。这些书籍凸显印度文化的宗教性、多样性和包容性。从书中了解到印度文学、艺术、音乐、舞蹈、雕刻都以宗教为中心，宗教融于印度文化之中。饶宗颐不局限于书籍和文献上的材料，为印证这些材料，通过旅行考察去进一步认识这个典型的宗教国家。有一次在恒河口，他看见一群穿着像破毯一样衣服的乞丐，这些人排着长队，个个都面带微笑。看到这种场面，饶宗颐很有感触。同行的印度学者告诉他，这些人是在修苦行。饶宗颐认为印度戒律的严酷，在中国人看起来，简直有些病态。但他们守着各自的教规，自始至终完全不在乎外道对其看法。"苦行"一词，梵文原意为"热"，因为印度气候炎热，苦行僧便把受热作为苦行的主要手段，任务就是冥想修行，通过把物质生活降到最为简单的程度来追求心灵的解脱，摆脱无尽的轮回之苦。正因如此，苦行僧越千年而不衰。他们被许多人看成是来凡尘普度众生的"神的使者"。他们修行的规矩是白天行乞，晚上回到庙里去睡觉，不可以回家过夜。苦行僧之所以要这样折磨自己的身体，是因为在他们看来，人类的躯体是邪恶的。必须吃尽苦楚才能去除身上的孽障，让灵魂得到升华，所以想尽办法折磨自己，苦行僧风餐露宿的生活方式，表面上看似乎痛苦、很凄惨，其实苦行给他们带来内心的快乐是无法用语言比拟的。但饶宗颐认为，修行者斋戒、禁食、沉默不语等做法，最后的目的还是有功利的，就是为能获得某种超自然的神力。

147

三 "我到天竺非求法"

到达达儌

印度上下五六千年没有一部记载自己社会发展的历史书，有的是神话故事和史诗传说，它们都来自寺庙的传播。在印度有数不清的寺庙，大的可容纳数万人，小的马路边山道旁随处可见。为了解印度宗教，他们参观访问了Karli的chaitya佛教寺

婆
羅
誕
隔
久
摩
挲

佛
國
滄
桑
感
獨
多

我
将
藍
水
一
資
秋

風
烟
日
渡
恆
河

選
堂
寫
意

饶宗颐20世纪60年代在印度的写生稿，后在整理作品时发现，兴起而为，写下"婆罗谜碣久摩挲，佛国沧桑感独多"。

庙、泰姬陵、德里的Fort Rouge（红色要塞）、马杜赖地区的Minàkhhī 印度教寺院、Coromandel 海滨、Mahābalipuram 地区的袖珍小婆罗门教堂、马德拉斯等地方。一路下来，饶宗颐除加深了对印度这个宗教国家的认识外，还直接感受到印度神在印度人心中显示出无比神威，印度人在自己塑造的神像前顶礼膜拜，以求平安、幸福与富足，这是印度的宗教信仰的力量。

印度之行中最让饶宗颐终生难忘的是从Karli 出发，参观世界最宏大、保存最完整、历史最悠久的佛教原始寺廊——位于印度中南部的达儭。法显《佛国记》："达国大石山有五重，其第五层为鸽形，此土丘荒，无人民居。"又云："达国幽险，道路艰难。"大唐西域记书此于憍萨罗国（Kosala）之跋逻末罗耆釐山（Bhramara Girl）夹注唐云黑峰，高丽本则作黑蜂。他们怀着对达儭这个古老的佛教圣地的崇敬心情，乘大客车穿越荒山野岭，前往黑山和鸽形古寺。印度出家人每年会在寺庙里安坐三个月以避雨季，师生俩人到达时恰逢8月雨季。快到目的地时，暴雨下个不停，前行的道路变成小河，河水翻滚着波涛令人望而却步。为了老师不被河水泡湿衣服，汪德迈脱下皮鞋一边拎着，一边背着老师蹚水穿越河流，就像罗汉一样涉水数重，师生俩人终于同登彼岸。后来饶宗颐为了纪念这次涉水经历，特制作一幅山水画长卷赠汪德迈，画的是印度达儭山水，里面有一条河流，河里有一个人正背着另一个人蹚水过河。

149

走进印度中部、南部、东部

在印度西南部的阿旃陀石窟，饶宗颐了解到石窟凿崖破壁而成的经过，他赞叹石窟四周如画般的风景和29个洞穴绚丽多彩的壁画。为向世人传达这座远古神秘佛寺的真实情况，他用苏东坡《芙蓉城》韵作《阿旃陀石窟歌》诗一首，感叹世间愁苦之不可避免，认为要学会"攀危安若履户庭""于兹悟得无穷龄"，只有以安然处世的心态，才能够体悟人生欢乐无穷的境界。

阿旃陀（Ajanta）石窟歌（次东坡芙蓉城韵）

山深难以测湛冥，凿窟何年费五丁。
一水倒泻玻璃屏，林木萧萧俄停停。
经冬黝石不再青，洞门累累如流星。
倔傀离楼各异形，二十九龛刹那经。

砀基敷彩图仙灵，玄津重楫兼龙轷。
法流是把常惺惺，阒其无人徒歆馨。
风低草偃闭明廷，洪钟虚受靡由听。
穷巧彩章谁所令，朝日斐亹翼窗棂。
神之去来总无凭，萧疏但赏物象泠。
有扉终岁不复扃，画中金翅鼓修翎。
钧天广乐响春霆，众姝玉立何亭亭。
殿间欲勒千佛铭，共云异岭高玲玶。
仿佛金策声铃铃，振我客愁愁不醒。
群山奔走不遑宁，输与百丈倒净瓶，
　　　　拈花意与日同荧。
风前一叶警秋零，溪流半涸石苔腥。
凉生火宅掩云溟，自笑此身同转萍。
攀危安若履户庭，洗虑且去心中螟。
于兹悟得无穷龄，伤怀莫学子才邢。

在印度东南部，饶宗颐参观了印度教七大圣地之一的建志补罗。这里寺庙遍布，享有"千塔之城"之美誉，是印度数一数二之大学城，学风颇盛。玄奘法师曾形容此地：

达罗毗荼国，周六千余里。国大都城号建志补罗，周三十余里，土地沃润，稼穑丰盛，多花菓，出宝物……

建志补罗是护法菩萨出生地，时至

饶宗颐书题处世对联

今日此地佛教的圣迹逐渐湮没。饶宗颐作诗一首《建志补罗（Kanchipuram）怀玄奘法师，用东坡玉局观韵》，以抒发惋惜之情。

达摩当年附舶处，苍苍丛芮塞行路。事去何人忆往贤，剩有微风吹兰杜。经过不辨路与桥，西风门巷雨潇潇，纵然宝塔凌云起，丹霞已取木佛烧。慈恩陈迹何所有，牛车困顿卧病叟，空思弹舌受降龙，更无梵住供扉守。谁殉猛鸷舍中身，始叹今人逊古人，渐看圆月露松隙，想见清光犹为君。

印度中部班底蒲（Bandipur），沿途满山遍野古木参天，沼泽湖泊地带水草茂密，这里过去是历代王室打猎的地方，繁茂的森林遮盖了人们的去路。在远东文化学院负责人协调下，饶宗颐乘坐印度军队提供的坦克进入森林，这种履带装甲战车驱雷掣电般驰骋在这片土地上。昔日王侯将相在这里叱咤风云的威风，此刻却被原野上坦克的轰鸣声所代替。从班底蒲归来的路上，饶宗颐骑在象背上，望着远飞的大雁，将所见所闻用苏东坡《法华寺》韵作诗一首，以记游踪。

151

中印度班底蒲（Bandipur）向为美素儿（Mysore）名王畋猎之所。沿途古木参天，来游者夤夜宿峰顶，凌晨坐坦克入森林中，日出骑象而归。次东坡法华寺韵，以记游踪。

　　　万林塞断碧落界，千竿犹似湖州派。
　　　夜分时闻虎豹啼，奔车喜同掣电快。
　　　临坻眼讶峰陉绝，入耳秋悲声砑湃。
　　　冥冥鸿飞何所慕，丰草遮天波决隘。
　　　旧是行猎薮泽地，于今池颓峻隅坏。

周陆仿佛辨前踪，老树睢盱藏精怪。
即鹿无虞林中逐，挂枝犊裈花间晒。
畴日名王此叱咤，几时零落归露薤。
荒墅何由访至人，徒闻居死动如械。
（列子："至人居若死而动若械。"）
清晨跨象出茂林，佳兴惬人等爬疥。
孰与长鸣马剪拂，但见高飞鸟羽铩。
远适莽苍奚以为，分明曾欠行脚债。

152

在印度南部，当饶宗颐见到Madras之巨榕时，他为之一振。世上罕见有如此高大、繁茂的树，竟然没有遭遇斧斤之灾，他不禁感叹，为巨榕免遭砍伐而深表庆幸。随后，赋诗一首《印度大榕树歌·用东坡竹枝歌韵》。面前的大榕树，使他联想到庄子"树大无用"的观点，感悟"无用之树才能不夭斤斧，安享天年"的道理。犹如人生在世，恰因"无用"才得以存活的例子比比皆是。因为一个"无所作为"的人，没有人嫉恨你，只要做好自己本职就可以自在地活着。这是和强者的生存之道正好相反的"适者"，面对这种现实，不得不引起人们

2004年，饶宗颐在梨俱室绘制印度所见大榕树。《齐民要术》云：榕木缘搏他树争。履游南印锡兰暹罗呵叻厓见巨榕，有长歌咏之，兹写其概。

对有用与无用价值观念的重新思考。附《印度大榕树歌·用东坡竹枝歌韵》诗文如下：

天长日久蓬莱深，千枝抟聚竟成岑，
苍龙万千化为一，人间几见老榕林。
游丝垂地连渠碧，丝化为根干复及，
如是缘抟还相生，真宰已惊鬼神泣。
观者如山城可阗，柯叶葰茂蔽平原，
咄哉树王何功德，种得魁梧五百年。
参天何止二千尺，干空虫鸟时出入，
鳞鮯相籍著因缘，旃檀呈力见刚直。
自本自根思化人，无花洞古不知秦，
广荫数州庇交衷，真智凭谁转觉轮。
秋深微闻蝉声咽，我独婆娑赏秀折，
迎风不用伤飘零，无家懒复赋弹铗。
高陵深谷识盈虚，风雨如晦龙相呼，
此物终违匠氏顾，佳色分留与老夫。
后凋松柏亦多事，蒙庄山木休流涕。
寄身好在无何乡，并生原不分天地。
业风识浪流转多，过眼山丘已巍峨，
孰如此树谢天伐，植根万古伴樵歌。

马哈巴利普兰城（Mahabalipuram）又称为"七寺城"，这座古城早在7世纪就成为印度教的活动中心。每年有许多印度教朝圣者和游客前来朝圣和观光。这里有许多5—8世纪的名胜古迹，最著名的是马哈巴利普兰浮雕。浮雕凿刻在海边两块高达60米的巨岩上，讲的是印度古代两大史诗《罗摩衍那》《摩

《诃婆罗多》里面的神话故事，有形象生动的神灵、魔鬼和动物的图像100多幅。罗摩在印度文化中的地位甚至相当于耶稣在基督教世界文化中的地位。

此外，与巨型浮雕相距不远的海岸庙也是一个很有魅力的地方。据早期英国旅游作者的记载，该地区原有七座塔，其中六座沉入海底。饶宗颐将看到的景物用素描本速记下来，而对此地的传说，以及发生过的战争用诗词阐述了自己的看法：

> 乾坤浮水碧黏空，水面杲日红当中。
> 七塔嘉名天下走，其势上压斗牛宫。
> 当年何人此角抵，名王幽赞劳神功。
> 千兵象阵能擒虎，诸天鳞尾如蟠龙。
> 奘师西行未到此，冥搜有待杜陵翁。
> 流急屡惊鸥鹭散，岸阔弥觉鼍鼊雄。
> 庙堂藻缋资鬼斧，谲变倏忽吁难穷。
> 峻宇丹墙临绝海，呼吸元气通昭融。
> 我有精诚动真宰，凌霜欲为鸣九钟。
> 日薄麟争今何世，圣者恬道安由丰。
> 东门鞭石作梁渡，南极铸柱贵山铜。
> 冥冥神理谁能究，天昏寒浪来悲风！

感悟佛教演变

历史上，玄奘（602—644）没有到过印度的南部，法显（334—420）也只去过西南部，而饶宗颐到了印度的中部、南部、东部，比玄奘、法显涉足之地更加宽广。饶宗颐将此行与玄奘、法显等人区分开来。玄奘、法显都说印度好，他认为玄奘、法显是站在佛教的立场上，排斥外道，他们未能了解印度的本位文化。而饶宗颐是以一个历史学家的角度来看印度文化，按他的话说是"我到天竺非求法"。他不是以佛教徒的身份考察印度文化，而是以一个历史学家的客观立场专看印度。他两边都不偏袒，这对他在学术上的思考又有新的启发。通过几个月的考察，饶宗颐在中印文明的比较中审视不同文明发展的内在道理，以及中印文明之间相互影响之所在。佛教对中国的影响，能在中国流传，这是佛教适应于中国的文化而演变为入世的禅宗。在《饶宗颐学述》中，饶宗颐提到：

> 在印度，修行是必要的事情。我到印度后才看到，很小的一个洞，只一个人可以坐进去打坐，是坐禅那，这完全是靠精神集中，是一种苦行。西藏的打坐是从印度婆罗门教搬过来的。这本来是一种很苦的事情，要实际地去做，并不是口里头说的。达摩西来，他一面壁就是九年，长时间坐在石窟里头，很残酷。中国人真的能够做修行的，除律宗以外，并不多。后来禅宗说不立文字，但是它还是有文字。我个人认为，禅宗到了六祖和神会阶段，都含有人的见存，三祖、四祖、弘忍，却是折磨自己了。印度人就折磨自己，并不是讲讲，而是长时期的苦行。他们有衣钵传授的问题，我不是批评他们两位，所以真的修行根本就不管外面，用佛教术语来讲是"我慢"。其实谁传谁都无所谓的，不一定要我传嘛，只要我修道就行了，何必争呢。有了这东西就有"我慢"。

"禅"帮了艺术家的大忙

在中国，禅宗成为一种生活上的艺术，这同印度是完全

155

不相干，是中国人自己创造出来的。饶宗颐对禅的看法，是看重它的另一面中有生活艺术，譬如它那种语言的艺术，是用相反的话头，非常的艺术，制造一种新的意境，所以文人很喜欢它，从它那里偷了很多东西，如苏东坡、黄庭坚等，都在那里讨生活，但是他们并不是十全的禅味。他曾说，想不到禅宗的语言机锋，到了中国文化里头，就变成文学艺术，尤其是变成书画那样的一种有魅力的因素，变成中国文学艺术中的味精，开拓了一条大路，真的帮了艺术家的大忙。这个是他们想不到的，不立文字而又是立了文字。大家看了禅宗，有很多的、各种各样的启发，在当前就可以得到新的体会。顿悟，其实这也是一种联想，有一种动机，不能联的联，联得很新鲜，给文学开了很多途辙。其实中国的禅宗，与其说是宗教，不如说是艺术。但是修行的人不是这样讲的，譬如说当代有几个大师，如印顺（1906—2005）、如圆瑛（1878—1953）、如虚云（1840—1959），这三位都相信修行，他们当中虚云是禅宗，他们都主张信、愿、行的。但这种主张在中国并不流行，中国人都不太喜欢苦行，因为他们把自己的身体看得太重，所以现在来看，佛教在中国流行是非常想象不到的事情。印度人觉得为人那么苦，苦得那么厉害，所以要修行，中国人是没有谁想要修行的。饶宗颐认为，其实印度人也是蛮功利的，寄望于来世，觉得现在很苦，修行了来世顺利，实际上这一点也是功利的。中国人是现世都讲不清楚，哪里去管来世。孔子讲："未知生，焉知死。"但是全世界的宗教都讲死后的事情，包括埃及、阿拉伯，他们瞧不起生前这几十年，很勇于牺牲，觉得生命没有意思，而中国人认为生命很值钱，所以佛教能传进中国是非常想象不到的事情。

放"我执"、去"我慢"、见佛心

在印度，通过对中印文明进行比较，饶宗颐站在一个历史学家的角度客观地看待两国的文化差异。在有灵性意义探寻中，他自己也悟出佛道，成佛须去掉"我慢"放下"我执"，把这个道理运用到日后的生活上和工作上。曾为饶宗颐助手的沈建华有一段回忆：

1999年8月22日，安阳研讨会结束后，我与饶公、陈方正从郑州返港，正遇上香港13级台风，台湾中华航空642班机降落失事，导致入港飞机无法降落，我们转至长沙黄花机场，滞留整日。在机场内，他安静坐着，闭目作诗待候。次日早上依然无登机消息。等到傍晚，因候机室人满为患，只好改道先去深圳，再由深圳回港。另买长沙到深圳的机票时所带人民币又不够买机票，费了一番周折，用港币才换到人民币。想不到去深圳飞机照常起飞，他终于露出喜悦说："天助我也，否极泰来。"冒着瓢泼大雨回到香港已是深夜12点。出于安全考虑，我坚持要送他回家，被他拒绝。他看我很紧张，上车前安抚说："建华我不怕，随身带了那么多书，香港司机喜欢赌马不会打劫我的，他怕书（输）。"讲完，莞尔一笑抱着书上了车，就像一个无忧无虑的顽童满不在乎。

后来，沈建华一直记住那晚饶宗颐那句"我有书，不怕打劫"的"名言"，其实就是"我执公案"。

人一放下"我执"，即生佛性智慧，了却痛苦的根源。不学佛的人也有智慧，人若心地非常善良，做事不用琢磨就能拿出正确主意，别人处理不了的问题，他一出现就迎刃而解。法师大德很多，却从没有对外自称明心见性。社会各界有人称饶宗颐为"大师",他的"我慢公案"名句是"大师,不敢当"。有些人到一定层次后,并不为图利,而是心底里渴望被别人仰视、羡慕,喜欢被人前呼后拥、高人一等的那种虚荣、面子,这些都是"我慢",是自高自大的愚蠢做法。这些人见佛心的最大障碍依然是"我慢",只有去掉"我慢",人就玲珑通透了,念经、念佛就能直入心性。

中印文化异同

印度人的现世生命寄托于梵、佛之中,其超越现实世界的精神欢乐,在于修行。用苦行来使自己身心磨难,以实现净化自己的灵魂。相对于印度人来说,中国人更重于"人生",中国文化关注人的生存和价值。真正的人生哲学是"教养的知识"和"哲学的文化"。从儒家的道德教育代替宗教信仰来看,中国没有正式的国家宗教。佛教能进入中国文化,是因为中国文化具有强大的凝聚力。饶宗颐对比各国文字、语言后得出此结论。印度的文字、语言丰富,十几种文字,几十种语言,而现在,世界通行的语言是英语。从统一文字、语言这个意义上说,英国人作出了贡献。中国比印度人口多,几千年下来都是使用同一种文字,这是汉字的伟大之处。中国有50多个民族,但汉族占90%以上,汉语和汉字通用于全国。世界上有一些国家,他们就不是这样。比如两河流域发展到阿西尼亚巴比伦这个时期,相当于中国的夏商周,这个时期的文字,已经发展成为相当复杂的系统。但他们的文字到了波斯人统治的时候,就全部给推翻了。波斯文显然是另外一种文字。还有,希伯来文和阿西尼亚文到了波斯同样成了死文字,后来波斯文基本上也没有了。这些文字不能不死,因为特别累赘,一千个字用很多符号。中国文字尚简，这是自古以来就有的极重要的优势，这一特点要通过比较才看得出来。

《梵学集》

汪德迈回忆饶宗颐在印度访学的情景时说："饶公解读古印度文字投入的时间和精力十分惊人。每天晚上11点，我们睡在相邻的小床上，饶公仅睡2至3小时，凌晨1、2点醒来，重回书桌继续工作2至3小时后再睡一会儿，至6、7点又重新开始新一天的工作。饶公比我大10岁，在这样少的休息时间下，饶公毫无倦意，一个月下来，我自己却因饶公工作灯光使之常常无法安稳睡眠而顶不住了。"

在班达伽东方研究所，饶宗颐对许多梵文史料、碑铭、图形、印度古代俗语等原始资料进行研究，辨伪避谬。他发现前人许多未发现问题，并提出了自己独立见解。他发现梵文四流音与中国历代文学的重要联系，对陈寅恪在1934年的权威论述"四声外来说"提出异议，发表《印度波儞尼仙之围陀三声论略——四声外来说平议》，指出吠陀的抑音、扬音、混合音三种诵法在公元前2世纪已经失传，不可能在南齐永明时影响中国的声调。为中古音史、语音学和文学批评提供了崭新的资料，这是他匡正著名学者的错误结论的又一重

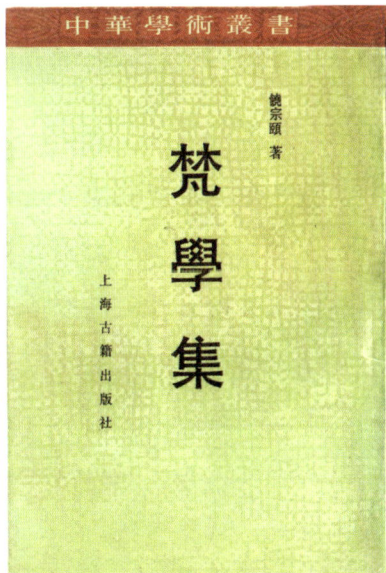

《梵学集》

要例证。他探寻梵文对中国文学、音韵的影响，以《梵文四流母音Ṛ、Ṝ、Ḷ、Ḹ与其对中国文学之影响》说明自鸠摩罗什时代起，印度悉昙影响了中国文学长达8个世纪之久；《唐以前十四音遗说考》探讨了悉昙章与中国音韵学的关系，纠正了前人以十四音始于唐代的错误说法；《华梵经疏体例同异析疑》讨论中印两国经疏体例的密切关系；《谈印度河谷图形文字》在对甲骨文、陶文、楔形文的研究基础上，参考西方考古学者关于印度河谷的发掘报告和专论之后，比较分析得出了河谷文字与印欧语系完全相悖，以及古代中印可能有过文化接触的结论；《蜀布与Cinapatta——论早期中、印、缅之交通》以中国古籍结合印度古文献《国事书》《大战书》等，考中、印、缅文化交流的源头与通道；《安荼论（anda）与吴晋间之宇宙观》论述了印度安荼论对中国吴晋间"天如鸡子"天文学说的影响。接着，他又发现刘熙的《释名》源于《婆罗门经》，韩愈的《南山诗》等受马鸣的《佛所行赞》的影响。1993年7月，饶宗颐从事印度古语言研究的成果《梵学集》于上海古籍出版社出版，在《小引》中谈到：

余于梵土智识，薄有所知，实植基于此。频年读书，偶有著论，辄喜取华、梵旧书比勘，觅其因缘，究其相涉之处。不贤识小，未敢自信；而季美林先生颇称许之，尝语余曰："不意吴晋间中印关系隐晦之事，有待抉发者如是之伙；凿险缒幽，仍有期诸来者。"近时治敦煌本什公《通韵》，寻究六朝间悉昙学之流变，因悟涅槃之学与悉昙相为表里，唐以前十四音之遗说，钩稽内典，冥行探赜，所得有出于安然《悉昙藏》之外者，足为中古声韵史提供崭新资料。因不自量，勾集曩日之短书散札，合为一编，颜曰《梵学集》。

自惭学非颛门，事同票友，摭拾丛残，徒供覆瓿。用竢方闻，理而董之。

季羡林对《梵学集》称赞有加，认为该书开辟了中国学术研究的新前沿。饶宗颐在书中分析道，印度地区所发现的有石斧和有段石锛，是沿陆路从中国进入东印度阿萨姆地区和沿海路进入盘福加的。他列举了印度河文明哈拉巴发现的束丝符号，与理塘和四川汉墓所见相同，认为据此可确认中国丝织品传至域外。古蜀文化与西南民族的融合，基本上是沿着南方丝绸之路来完成的。

从"天啸楼"到"梨俱室"

印度班达伽东方研究所所在的poona是古梵文研究中心，研究所里有一位90多岁的老先生叫Kane，被推崇为当时印度的最高学者。老先生对印度的经典研究得极其透彻，Kane著有八卷《法典史》（History of Dharmaastra）。该书是一部全面论述印度文化的巨著，涉及了印度的法学、诗学、术数等多方面的学术历史。该书从吠陀开始，讲"法"的演变极精彩，对佛教为何不能流传于印度的分析令人折服。而该书在横的架构方面

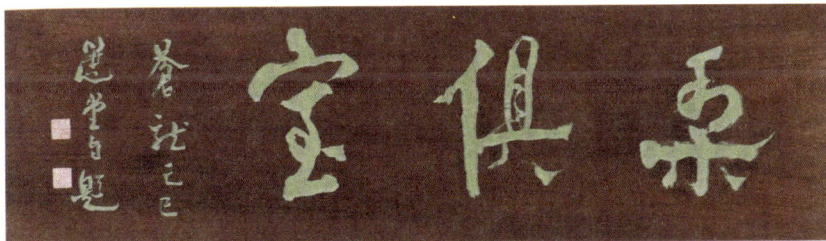

书斋"梨俱室"牌匾

则涉及众多的部门及其在制度上的源起。饶宗颐从Kane的著作中找到了做学问的精妙，受到极大启发，彻悟研究学问要穷其源，而溯源要追溯到最远处。因此，他决定深入钻研、翻译古印度圣经《梨俱吠陀》，为纪念这段因缘，自1965年起，他将自己的书斋命名为"梨俱室"，其中"梨俱"是书中诗名称，意思是"颂唱"，印度的"颂唱"是口头流传的，要靠背诵来完成。古印度的四吠陀之首《梨俱吠陀》长期靠口传的方式保存下来。

从"天啸楼"到"梨俱室"，标志着饶宗颐真正走向了世界的舞台，他将研究视野拓展至其他文化，其学术研究进入黄金时期。

1985年12月，美国加州大学梵文教授Frits Staal到他家里，两人讨论《梨俱吠陀》诵唱方法。据称：天竺向以声为主，但讽诵吟咏，深戒笔之于书，写下来便成罪过，故世世相传，有声而无文。所谓mantra（咒），讽诵而已，不理其文义，不问其何所指也。《梨俱吠陀》三声，惯例以斜画"/"示高音之udātta，横画"-"示低音之anudātta，竖画"|"示中音之svarita。后来，印度友人对他讲述了诵唱传经的一段历史："你们秦始皇的焚书坑儒，全是小儿科。我们经过天方势力的'洗礼'，所有印度教、佛教、耆那教的僧侣、经典，统统被杀光烧掉。幸亏印度古早的读书习惯不问意义，只求背得滚瓜烂熟；学者花去36年时光，默诵四吠陀经，后来才能够重新背出来记录下来。"当时饶宗颐则回应友人："蒙古人原先是决定打印度的，1221年，成吉思汗屯兵东印度的铁门关，有独角兽出现，耶律楚材进言：'此兽名瑞，是（憎）恶杀（戮）之象，愿承天心宥此数国人命。'元祖遂班师。如若无

此神兽，印度恐怕早划入蒙古的版图，未必有天方的浩劫，历史亦要重写了。"

游走东南亚佛国

饶宗颐、汪德迈师生俩游完印度之后，辗转游历了锡兰岛（今斯里兰卡），参观康提（kundy）、波隆纳鲁奥（polounaruwa）和阿努拉德普勒（Anuradhapura）等地方。之后的一周去了缅甸，游览了仰光、蒲甘和曼德勒。用一个月间先后到泰国东北部的呵叻、武里喃、素辇、四色菊等四府，北部的素可泰、清迈、南奔等三府，曼谷附近的大城、佛统两府，南部的素叻他尼和洛坤两府，访问当地佛教迹地，获得许多第一手学术资料，沿途所见所闻用诗词记证。最后一周去了柬埔寨，将

1981年，饶宗颐忆写蒲甘佛塔

东南亚的佛教国家走了一遍。在斯里兰卡期间，他们参观许多遗迹、壁画，看了阿育王时期的建筑等，把该看的都看了。在缅甸则见到历史古城蒲甘仍保存有佛塔千余座，其中100多座著名的佛塔中，有的洁白素雅，有的金光灿灿，到处充满神秘之感。由此，饶宗颐作《蒲甘赋》以作纪念，其中曰：

极目平原，斜辉耀塔，芳草连云，残甓委地，佳气何存……

在蒲甘石洞，饶宗颐发现石洞壁上绘有蒙古骑士，他惊喜地题诗一首：

旧传黄祸撼山川，骏马西驰奔猲狖。
六师所至无敌手，炎火烧天人摧肩。
此间兀立五千塔，争姿摹影罗青莲。
宣哀宝铎动永夜，涤尘法雨庇遥天。
一从玄关失幽楗，坚林焚燎涸灵泉。
但看幡风花前落，无复镜月定中圆。
今从图画瞻猛士，乍惊尘壁挂星躔。
众阶野兽穿窟穴，一鸟庭树飞苍烟。
日月缠迫归空灭，往事悲歌徒口传。
行程旧帙难稽览，无忧花树尚香鲜。
天衣飞动磔毛发，金躯久已废止观。

注：宋秘省续收书目有蒲甘国行程一书，惜已失传。

在缅甸北部的曼德勒，饶宗颐、汪德迈参观缅甸著名的佛教圣地曼德勒山。他们发现这里有中国人居住，其祖先早在明代就迁移至此。为记录此一发现，饶宗颐在诗中写道："缅北村

兵车盦望面
辇、梦往边
怒况毅入逴
何门難盈
水陸抱閣
萧伸擁諍
閣蒙堂

1963年，饶宗颐游吴哥窟，后创作《吴哥窟写生册》

女，艳溢香融，梳髻插花，宛同汉俗。"

之后，饶宗颐、汪德迈乘车到柬埔寨，在吴哥窟吊脚楼内住了一周时间。这座吊脚楼一直不对外开放，专用于接待远东文化学院的贵宾，楼内还配有一辆轿车供他俩使用。汪德迈则驾着这部雪铁龙轿车，载着老师开始拜访、参观当地的学术研究机构。吴哥窟分大小两处，大吴哥庙大量少，而小吴哥庙小量多，小的反而是吴哥遗址中最雄伟壮丽的庙宇。在大吴哥的核心巴戎寺（Bayon），与蒙娜丽莎同负盛名的"高棉微笑"坐落于此，古老神秘的吴哥窟到处充满诱惑。有一晚满月，他俩于子夜时分站在巴永寺高台，眺望四方。周围的数百座塔的四方顶上和巨大的阇耶跋摩七世像在月光下变得晦暗，这种奇特景象使他们仿佛到了另一世界，流连忘返，一直在高台四周的石砌回廊徘徊。离开时，饶宗颐以激动的心情赋诗一首《夜访吴哥窟》：

> 曲径江通欸乃村，冲寒何事叩重门。
> 疑云成阵蛙争鼓，残月无声犬吠昏。
> 荇藻陂池悲寂寞，龙蛇山泽想军屯。
> 塔铃不语今何世，聊欲寻诗石尚温。

CHAPTER 8

第八章

游学法英　奖誉连连

1979年6月，饶宗颐与师生在法国高等研究院宗教学部

一　"东学西渐"先行者

引发欧洲道教狂热

20世纪50—70年代是饶宗颐学术研究第一个黄金期，海外学术活动主要区域是在欧美、日本（当时的海外汉学研究中心集中在欧美）。他先后游历了法国、美国、德国、意大利、西班牙、瑞士，结交了欧美一些著名的汉学家，如戴密微、雷威安、汪德迈、洪·威廉、Authar Wright、高罗佩等。在他奔走于五洲四海之时，正是东西文化交融、旧学新知博洽无间之刻，他成为那个时代东西方文化交流的桥梁和"东学西渐"的先行者。

1954年1月初，因唐君毅任教于新亚书院，饶宗颐在香港大学代为讲授《老子》《庄子》等道学的课程，这一开讲前后持续三年之久，他开始对道学和道教文化进行深入的研究。

大英博物馆收藏的《想尔注》为北朝写本，字非常好，开头部分已残破，只剩一半多的残卷，因后面有"想尔"两个字，故十分宝贵。饶宗颐用斯坦因微缩胶卷和大英博物馆所藏S6825号的《老子想尔注》残卷进行比对，即对原书上卷第3至37章内容进行细致的校勘和笺证。"想尔注"为现存"五斗米道"重要经典，张道陵作为创始人，他用道教思想注解《老子道德经》，认为道是有意志、有人格的最高神灵。饶宗颐花了很多时间整理《想尔注》，他将全文录出，然后与《河上公章句》《王弼注》《太平经》等比较。《河上公章句》作为秦汉黄老学者的代表作，是影响较大的《老子道德经》注本；《王弼注》是魏晋南北朝玄学家王弼的代表作，该书在各种老子注本中最为历代所重，甚至被看作老子正解；《太平经》系东汉原始道教重要经典。经过一番比对，他发现《想尔注》立说于《河上公章句》之后，其大部分内容以《太平经》解《老子》。

1956年4月5日，第一部敦煌学著作《敦煌六朝写本张天师道陵著老子想尔注校笺》由东南书局出版，该书反映早期天师道思想的千载秘籍，论证了《想尔注》成于张鲁之手而托始于张陵，还利用新出土的马王堆帛书材料，作《四论想尔注》，使学说更为坚实。

过去学界普遍认为道教无须深入研究其内容，只要推断资料的年代和历史情况就足够。在饶宗颐之前，极少有人如此系统地研究过道教的文献资料。《敦煌六朝写本张天师道陵著老子想尔注校笺》的出版，填补了这一学术空白，让蒙尘已久的历史文献重见天日。因此，学界把饶宗颐誉为研究道教文献资料的开拓者之一。该书揭示了道教思想的源头活水，引发了欧洲长期研究道教的狂热，巴黎大学中国学院把该书定为研究生的必读教材。

饶宗颐在《饶宗颐学艺记》中提到："法国人对我的重视，这本书起了很重要的作用。也是因为这本书，很多人对道教的兴趣被激发。当我在90年代再去法国的时候，我发现，法国人发表道教研究论文拿博士学位的，就超过50个人。"

首赴巴黎

1956年9月9日，饶宗颐首次赴法国巴黎，出席国际青年汉学家第九届研讨会，参加会议有十几个国家的代表，近200人。代表来自中国、英国、法国、美国、苏联、德国等国家外，瑞士、土耳其、奥地利、澳大利亚、缅甸等国家也有派代表参加。饶宗颐代表香港地区，同去的还有罗香林。中国内地代表有翦伯赞、张芝联、夏鼐和周一良，他们都是国内一流的专家学者，他们报告的共同点就是谈中国史学最新发展的情况。会上他们互相认识，由于当时两地仍隔绝，彼此交流问题并不多。

法国著名汉学家保罗·戴密微是会议总代表，饶宗颐因破译存于大英博物馆的敦煌遗书（编目为"Stein6825"）残卷之事早已吸引戴密微，加上法国人尊重诗人，这位中国学者又很会写诗，自然得到戴密微的青睐，他俩于会上结下不解之缘，从此开启两人长达23年的友谊。

会后，戴密微向饶宗颐介绍至今仍存于法兰西学院、巴黎塞努齐博物馆和吉美博物馆的26片甲骨文残片，第一次接触流失海外的中国文物，借助深厚的学识和独特眼光，他感到海外中国文物数量巨大，必须尽快发掘有学术价值的文献。

171

戴密微是法国汉学大家，敦煌学重要学者，法兰西学院院士，在中国哲学，尤其是佛教、道教、敦煌学、语言学、中国古典文学等方面都有杰出成就。他从研究敦煌经卷始，继之涉及禅宗、禅意诗、文人诗。尤其是评介中国古典诗歌深入细致，推动了法中两国文学研究的发展。戴密微师

20世纪60年代，饶宗颐与戴密微在瑞士

从埃玛纽埃尔-爱德华·沙畹（Edouard Chavannes，1865—1918）。沙畹是学术界公认的19世纪末20世纪初世界上最有成就的中国学大师，是世界上最早整理研究敦煌与新疆文物的学者之一，被视为法国敦煌学研究的先驱者。戴密微的学问路径是从语言学入门的，再到哲学如禅宗、庄子，进而再到文学。起初他治中国学问，是从古代的说唱文学开始的，即变文这种唐代兴起的一种说唱文学，敦煌石窟里发现的《大目乾连冥间救母变文》《伍子胥变文》这一类。他晚年重点研究中国古典文学，对中国文学发展史上极为重要的作家谢灵运进行深入研究。他感叹中国古典文学了不得，全世界都没有如此深厚丰富的作品。他说："对中国古典文学，中国人自己看不起，以剽窃西洋文学为自豪。但是西洋人对中国古典文学并没有这样看，而是感觉了不得。"

戴密微十分欣赏饶宗颐的诗文能力，戴密微的文学审美水平极高，惊讶饶宗颐什么文体都能写，诗、词、赋随手而出。戴密微过80大寿生日，他为戴密微写骈文祝寿。为酬谢好友，戴亲赠《黑湖记》序文一篇，并将《黑湖集》用法文翻译出来。1966年应戴密微之邀，他俩同游瑞士，沿途得诗30首，编辑而成《黑湖集》。两年后，该集刊于瑞士《亚洲研究》（第22期）。

在离开巴黎前往伦敦的前几天，戴密微陪同饶宗颐到巴黎国家图书馆，这是法国最大的图书馆，也是屈指可数的世界大型图书馆之一。在馆内，饶宗颐亲手触摸、阅读敦煌原件。当打开这些中古时代书写的手稿、精美绝伦的绘画绢本时，饶宗颐难以按捺心中的激动。20世纪初，在莫高窟藏经洞被发现后的十多年里，来自英国、法国、俄国、日本、德国、美国的

"探险队"，从敦煌窃取了不计其数的文献和文物。学界有人说，敦煌的宝藏藏于英国的最多，藏于法国的最精，藏于俄国的最杂，藏于日本的最秘，而留在中国的最散最乱。半个世纪前，这些精美绝伦的绘画绢本还静静地躺在莫高窟藏经洞。伯希和与王道士达成交易，用五百两白银拿走近6000卷藏品，如今巴黎国家图书馆陈列不少当年敦煌藏经洞的精品。

研读巴黎甲骨

1956年12月，饶宗颐在巴黎国际青年汉学家研讨会后在香港将在巴黎搜录到的甲骨编成线装本《巴黎所见甲骨录》于香港TooHung Engraving Print Co出版，董作宾为书名题签，全书按饶宗颐手书影印制作。在该著作的基础上，他对巴黎大学国学院、策努斯奇博物馆、归默博物院所藏甲骨加以考释，剔去伪品，最后扩充为《欧美亚所见甲骨录存》，该书为学界讲巴黎所藏甲骨的第一部著作，他自然成为讲巴黎所藏甲骨的第一人。

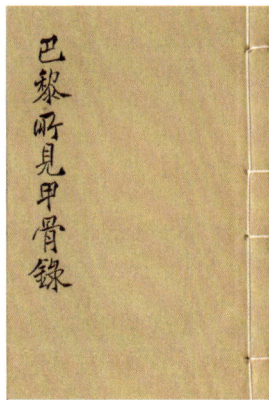

《巴黎所见甲骨录》

作为身在巴黎的汉学家戴密微，收到饶宗颐赠送的《巴黎所见甲骨录》这本书后，方知巴黎藏有如此之多的甲骨，明白甲骨是最早成熟的商代汉字，其背后有的是大学问。1957年1月26日，戴密微致信饶宗颐，信中说：

饶教授左右：

惠赠有关藏巴黎甲骨之巨著，今日杨联陞先生已转交，谨此致谢。往日愚昧，未闻此门学问，致不知巴黎所藏甚多！君尽倾所知著此专书，使大众闻之知之，不胜感激。法文之详细书评将不日出版，现谨再叩谢赠书。

昔日来巴黎所赠有关老子一书，亦已细读。此新作著于《东方文化》所刊之论文后，带来对此伟大哲学家的更深入认知及理解。余亦拟为此书写评。

另请代为向罗香林教授问好。九月之时，本欲邀至舍下共聚，惜内子不适，故匆匆于会议期间离席，甚感遗憾。谨此再次致谢。顺问

近好。

戴密微专此

一九五七年一月二十六日

174

从这封信开始至1978年10月11日止，21年间他们互通信件80多封。信中有诗文唱和，学术讨论。一封封或长或短的书信中，彼此总是温文尔雅，谦谦有礼。两位学者金石之交，成为中法文化学术交流的史事。在饶宗颐致信中，可一窥与戴密微的惺惺相惜，志同道合，又可见他十分仰慕早期法国汉学大师，如沙畹、葛兰言、马伯乐等巨擘。

1957年，戴密微致饶宗颐信原件

1957年8月，饶宗颐代表香港大学出席在德国马堡举行的第十届汉学会议，提交《楚辞对于词曲音乐的影响》的论文。该文系统论述楚辞对中国文人的影响，以及楚辞对后来的词学、戏曲和琴曲的发展所起的促进作用。他在文章中提到："写作《楚辞与古琴曲》，分析《离骚》'以声写情'的艺术手法，无不得力于我对古琴的熟玩。"

为弄明白《楚辞》与古琴曲的关系，他运用"学艺兼修"的本领，"曾下了半载的工夫，弹过数十遍，对它颇有体会"。文中道出："'长叹掩涕'段，双弹再作，描写涕泣之声；而飞猱、引上、退复，则表示叹息。'回车延伫'段，先以散声之滚、拂，状车马驰骤；未叠用虚点、虚罨及摇、撮，凡再作三作，把屈原那一种徘徊返顾、不忍远离的悲伤怨慕的情绪，活现出来……"

马堡会后，参观法兰克福歌德故居、慕尼黑纳粹集中营。游后作诗三首：《富兰克福歌德旧居》《慕尼黑纳粹集中营》《读尼采萨天师语录》。饶宗颐的诗词创作，不仅善于将"古典"和"今典"熔为一炉，而且擅长熔铸"西典"。钱仲联称之为："汲取西哲妙谛及天竺、俄罗斯诗人佳语以拓词境，犹其为诗之长技也。"

饶宗颐吸收了中外文化精华，诗词中既有中国传统文化，又有西方巨人先哲的思想。他在《富兰克福歌德旧居》感悟歌德的"我既为一切，我当捐小我"以及教人"从高处着眼"的思想，从而写下了：

> 小我焉足存，众色分纤丽。
>
> 着眼不妨高，内美事非细。
>
> 瞩目无穷期，繁华瞬即逝。

持尔向上心，帝所终安憩。

·············

9月，秋天，饶宗颐首次到英国，参观伦敦大学博物馆及剑桥大学图书馆馆藏甲骨，会晤友人李棪斋，为其收藏的甲骨撰写《校记》。李棪斋系曾为慈禧太后秘书（古时称"太史"）李文田之孙，国际上研究甲骨文的权威学者，此时他在英国大学已任教多年，后回港任香港中文大学教授兼中文系主任，直至70岁退休。

受聘法国国家科研中心

1965年12月初，由戴密微提议，法国国家科研中心（CNRS）邀请饶宗颐到巴黎研究敦煌经卷，同时批准汪德迈为助手。

12月上旬，饶宗颐从香港飞往巴黎，入住在汪德迈家中，前后有8个月时间。每天，饶宗颐在巴黎国家图书馆对伯希和带回敦煌手稿资料库进行分类整理，然后到巴黎汉学研究机构做分析；晚上，回到挨着汪德迈卧室的房间继续工作。除非汪德迈遇到难题请教，否则他的卧室门是紧闭的。正因住在一起，汪德迈得到的好处就是碰到问题都能很快得到解决。汪德迈为了让饶宗颐能适应巴黎生活、饮食习惯，特地请岳母来家下厨炒几个可口的潮州菜，让身在异乡的饶宗颐享一享家乡口味。汪德迈的岳母是从广东潮州去法国的华侨，会讲潮州话的同时又做得一手好菜，在饭桌上和饶宗颐总会用家乡话汪的岳母聊个不停。平时家中一切事务都由汪德迈的母亲一手操持，因其妻远在法国南部城市弗雷端当牙医，所以洗衣、做饭之家务概由其包揽，只会做法国菜的汪母，知道家里客人不适应法国菜，故每当用餐时，她总会上饶宗颐喜欢吃的两种东西：一种是用羊奶酪配上一大块面包，主要填饱肚子；另一种是朝鲜蓟，它像一朵花，饶宗颐喜欢有如花般的蔬菜可供送饭。懂法国人天生浪漫的特质，为感谢汪母的照顾，饶宗颐经常到花市买一些含羞草和夹竹桃送给汪母，有时他也像家庭主妇一样，将夹竹桃搭配含羞草的盆栽设法摆放在汪家大厅的合适位置上，用来营造家庭温馨气氛。

吉美博物馆最初是宗教历史博物馆，该馆藏有伯希和带回敦煌经卷精品220件。饶宗颐对这些敦煌经卷进行系统研究，他发现敦煌经卷中的文献性资料可补中古史的不足，由于条件限制，所有资料都要抄写，他用几个月工夫录下不少资料，该馆现保存的饶宗颐手抄稿是最好的见证。

有一次，饶宗颐在查阅资料时发现敦煌文献没有影印本，阅览敦煌文献都直接使用原件。阅览者经常不戴手套直接翻阅经卷，甚至用笔直接在原件上批注涂鸦，经卷污损情况十分严重。为保护经卷，他立即致信该博物馆负责人，指出直接阅览原件会导致经卷损坏，信中提出科学保管和借用的建议。此事引起了博物馆高层的高度重视，他们开始制作影印本，并规定除个别专家学者可借阅原件，其余人员只借给影印本。

"天设三缘"晤友人

1958年夏天，饶宗颐重游意大利，佛罗伦萨、罗马、威尼斯，谒但丁墓。在飞赴意大利途中，因飞机出现故障，中途改降黎巴嫩首都贝鲁特。他自称此行是"天设三缘"，意即佛祖护佑，才能与荷兰汉学家高罗佩（Robert Hans Van Gulik，1910—1967）相遇。高罗佩非常尊崇明朝学术文化，书斋名为"尊明阁"。见面时他俩拥肩相抱，交谈甚欢，在"尊明阁"

书架上，高罗佩取出一本明万历版的《伯牙心法》赠给饶宗颐，饶宗颐则用姜白石（姜夔）"待千岩老人"韵，赋诗两首回赠。高罗佩喜爱古琴，师从中国著名古琴大师叶诗梦，饶宗颐也对古琴情有独钟，他们共同喜爱已有3000年历史的古琴，古琴艺术成为他俩滔滔不绝的话题。后来，他们在古琴的琴艺、书画的研究上多有互动，常来来往往。高罗

1990年，饶宗颐在威尼斯

佩是荷兰汉学家、东方学家、外交家、翻译家、小说家。通晓15种语言。荷兰人对中国的了解，在一定程度上应归功于他。他的侦探小说《大唐狄公案》成功地塑造了"中国的福尔摩斯"，并被译成多种外文出版。

1967年9月，高罗佩因病在海牙逝世，消息传来，饶宗颐心情沉重，想起早年两人相会，琴酒迟留，仿佛就在今朝。在梨俱室灯下，写下《高阳台》词二首，遥寄哀思，词中表明他与高罗佩的深厚友情。

小别经年，暂游千里，离披碧水苍葭。折柳江头，吟商怯赋无家。年时相见终疑梦，寄相思、一霎云遮。只断肠、劳燕东飞，寒日西斜。

记曾载酒尊明阁，有香留带草，韵坠《平沙》。古怨今

愁，多君摅尽才华。滔滔流水空叹逝，更何堪、弦索天涯。忍消他、三叠《阳关》，三弄《梅花》。

2011年6月12日，台湾"清华大学"陈珏到香港采访饶宗颐与高罗佩交往之往事。回忆50多年前在"尊明阁"会晤，几十年密切交往并建立深厚情谊的情景历历在目，饶宗颐娓娓道出高罗佩为中华文化所作出的贡献。他认为高罗佩用毕生精力将古琴、悉昙、书画、砚石及长臂猿等"物质文化"，作为中国传统文化的"标本"加以弘扬。为鼓励陈珏把高罗佩的研究与新世纪中很可能出现的汉字第三次 "典范大转移"的研究相互结合，饶宗颐书题"新汉学"三字予以勉励。

二 法国际遇

戴密微推荐褒奖

1959年11月，饶宗颐出版甲骨巨著《殷代贞卜人物通考》，对甲骨学这一领域作出重要贡献，1962年，经戴密微推荐，法国法兰西学院特颁予饶宗颐最高研究成就之"儒莲奖"，并通过法国驻香港领事馆予以颁发。儒莲奖以斯塔尼斯拉斯·儒莲命名，有"汉学界诺贝尔奖"的美誉。儒莲（朱利安）（Stanislas Aignan Julien，1797—1873），原名斯塔尼斯拉斯·朱利安，法国籍犹太汉学家、法兰西学院院士，系法兰西学院汉学讲座第一任教授雷慕沙的得意门生。法国汉学先驱者之一，与沙畹、戴密微并称为"汉学三杰"。儒莲奖是法国

1962年获儒莲奖

学术界对饶宗颐杰出学术成就的充分肯定，也是对其甲骨文研究成果的最好褒奖。

饶宗颐用了10年时间系统研究殷代贞卜人物，《殷代贞卜人物通考》一书出版前，国内外的学者对甲骨文的关注基本停留在资料收集、辨识的层面上，始终没有突破文字学的范畴。他以大量甲骨文资料作为历史研究工具，开创以占卜人物为纲，将占卜的大事融会贯通，全面地展现了殷代历史的面貌。支撑这部著作需要既庞大又精细的知识结构。他运用了古今历史上大量的相关背景史料，在上古史、甲骨文研究中，首次将殷礼与甲骨文联系起来研究和系统整理殷代贞卜人物。解读大量分散的卜辞，复原殷代的国运民情。韩国学者孙睿彻教授以10年时间，将此著作译成韩文于1996年出版。

法国教育"开放包容"

在戴密微的介绍下，饶宗颐前往法国各地参观，考察了许多大学、专科院校，他认可法国教育制度，即所谓的教育治理要统一，最欣赏其创造性和开放性，这是法国教育制度有别于其他国家之处。他们的学院是公开对外讲课，听讲不限人数，这个情况在别的国家都没有。教授们在高等研究院讲课，每次都换题目，戴密微作为院士，是学术地位最高的人，也面向普通群众讲课，每次都更换题目。高等研究院宗教系有50位教授，每个人讲一个国家的神道，各种各样。饶宗颐认为，这种不带功利地把钱花在看起来没有用的地方的做法，实是全靠有超前的眼光。反而，今天在香港做每件事，许多人要问：这个东西有什么用？其实这种发问，还不如美国那种讲行动与效益的实用主义。总之，法国用了很多钱花在艺术、学术领域，这种不以功利为前提的做法，是饶宗颐最欣赏的地方。

饶宗颐获儒莲奖后，受法国教育制度开放包容的影响，为推动法国汉学研究进一步发展，他和戴密微协商决定互派访问学者和留学生。第一个指派到港的学生是汪德迈博士，来港任务是向饶宗颐学习甲骨文、说文解字。随着汪德迈的到来，其后的法国学者络绎不绝到港造访饶宗颐，他们对汉学研究的许多课题都在饶宗颐的指导下完成。饶宗颐香港的家中成为法国学者的驿站，接待了一批又一批的访者，基于饶宗颐的博学与执着，热情与好客，法国远东学院决定在香港中文大学成立永久中心，支持法中的文化学术交流活动的开展。随后，他的荣誉也接踵而来。1980年，被法国亚细亚研究会授予荣誉会员；1993年，被法国高等实践研究院授予名誉博士等。

三 海外学术拓展

《敦煌曲》校录

饶宗颐很早研究《文心雕龙》，该书为南朝文学理论家刘勰（约465—532）创作，共有50篇，书中以孔子美学思想为基础，兼采道家，认为道是文学的本源，圣人是文人学习的楷模，"经书"是文章的典范。在港大课堂上，饶宗颐创新性地导入自己的教育研究成果，其学生、前香港市政局图书馆及区域市政局图书馆总长吴怀德将当时开设的课程全部记入听课笔记并捐给香港大学，2016年由香港大学饶宗颐学术馆影印出版，书名为《选堂教授香港大学授课笔记七种》。

1952年3月，饶宗颐撰写《〈文心雕龙〉与佛教》发表于香港《民主评论》（第五卷第五期）。文章指出佛教对刘勰的影响，认为刘勰居于中国历史上最伟大的文学理论家的地位，并不是单靠着他的文学修养，而受过佛教思想的浸润启发，是一个重要的内在因素。

在法期间，饶宗颐收集了大量有关《文心雕龙》的资料，为编辑香港大学中文学会庆祝大学金禧纪念特刊《文心雕龙研究专号》提供不少资料。他自筹资金将敦煌本《文心雕龙》印出，并撰写《唐写本〈文心雕龙〉》。对斯坦因藏卷第5478号的《唐末人草书〈文心雕龙〉残本》进行检校，发现缩微影本中自《征圣》篇"或陷义以藏用"句之"义"字，一直至《宗经》篇"岁历绵暖"句止，出现漏字，他怀疑是拍摄缺位所致。1964年，饶宗颐再到法国时，顺道转到伦敦勘对原物，发现果真摄影出错，遗漏一整页内容。1979年，潘

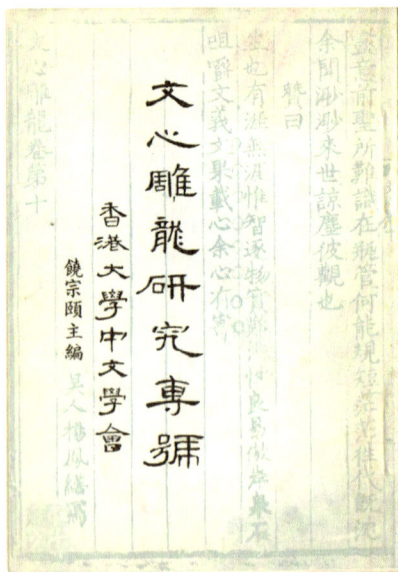

《文心雕龙研究专号》

重规取原册拍照，重印补缺。

早在香港大学任教时，饶宗颐得知6万余册敦煌文献被掠走，其中13000多卷在英国，5700多卷在法国。仅英国人斯坦因、法国人伯希和分别从莫高窟劫走1.6万余件。饶宗颐曾下定决心一定要研究这批文献。此时他在法国国家科研中心，与戴密微一起研读巴黎、伦敦所藏的敦煌经卷、敦煌画稿，这种与不同年代古人隔着时空进行对话，是他俩的共同爱好，同样研究佛教史、天文史、道教史、祆教史、经学史、文学史、中外关系史、画史、书法史、音乐史的研究，使他们结成同盟。先前《词籍考》资料搜集非常宏大，完全依靠深厚的目录学功底，才使这一鸿篇能出版。现在，他再一次要借助"目录学"这座航标，在敦煌学这个浩瀚的海洋上扬帆。经过在与戴密微讨论课题后，商定合作做《敦煌曲》的校录。

20世纪初，大量五代写本被发现于甘肃敦煌莫高窟（又称千佛洞），唐五代民间词曲《敦煌曲》重新问世。词典贯穿千年词史，其内容广泛，形式活泼，风格繁富，有鲜明的个性特征和浓郁的生活气息，反映了词兴起于民间时的原始形态。《敦煌曲》是指敦煌曲子词写本，从文学史角度看，敦煌曲子词是宋词的源头活水。早期《敦煌曲》的校订、考证主要是靠日本学者。戴密微认为日文校录不准确，原因是日本学者对词的内容改得很厉害，且出现词不达意的现象，无法保持曲子词原貌。饶宗颐认为只有靠中文校录才能纠正讹误，较好恢复原曲。他对敦煌曲子词、杂曲，依照敦煌卷子字体原样，以毛笔撰写，又在每个字旁，附注上现代通行的字体，以方便阅读辨认。他将敦煌经卷中找到的一大批失传的曲子词写本，还有王重民的《敦煌曲子词集》中没有收录的赞偈佛曲，全部收入书中，及时订正以前旧录讹误。饶宗颐非常熟悉古典音乐，借助敦煌资料研究《敦煌曲子词》，又进一步探讨《敦煌曲》与乐舞及龟兹乐的关系，论证《敦煌曲》不是工尺曲，而是琵琶曲谱。1971年1月，《敦煌曲》用中、法文字在巴黎出版。

饶宗颐说："学问要接着做，不能照着做。""接着做"便有继承，"照着做"仅沿袭而已。1956年发表第一部敦煌学著作《敦煌六朝写本张天师道陵著老子想尔注校笺》后，接着发表多篇与敦煌学有关的文章，如《敦煌本〈文选〉斠证》[（一）及（二）]、《〈敦煌琵琶谱〉读记》、《敦煌写本〈登楼赋〉重研》、《敦煌本漫语话跋》等。

《敦煌白画》

在《敦煌曲》校录过程中，饶宗颐掌握了大量"敦煌学"的第一手材料，出于对绘画的喜爱，他转入另一项研究——《敦煌白画》。白描画在唐以前称之为"白画"，也有人称之

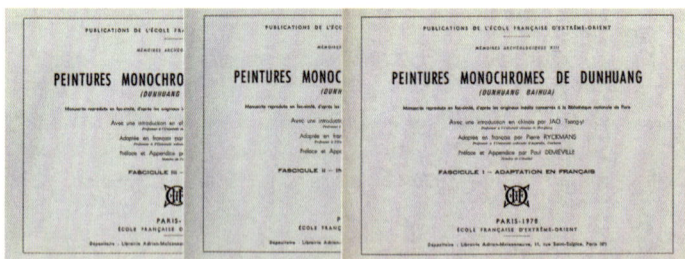

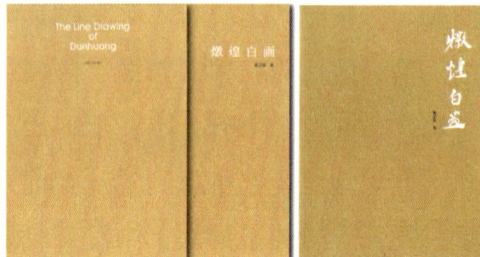

《敦煌白画》

为"线描"，即是不施颜色的线条工笔画。对6岁就能在画馆画人物像的饶宗颐来说，画白描可说是轻车熟路。他曾说，好在自小好玩白描画，才会注意到这个课题。敦煌白画实际上是敦煌壁画的画稿，画师一般采用白描画法先绘写在经卷或画纸，画匠再依这些底稿彩绘成敦煌壁画。随着和法国汉学家的交往加深，他借到更多巴黎收藏的唐代敦煌写卷，在翻阅中，他发现卷背后及卷尾有唐人绘写的白描画稿。过去敦煌学的研究者主要注意壁画和绢画，几乎没有人在意写卷中的白画，作为书画家的饶宗颐，独具慧眼，他抓住散落在写卷中的白描、粉本、画稿等有价值的画稿，将其一一辑出，变成敦煌艺术研究的新对象。随后，他根据画稿考证出敦煌壁画画风流变，将藏经洞发现的白画手稿与壁画作对比。在不同年代，敦煌壁画的人物典故、动植物场景经常重复出现，借助白画手稿比对后，就能清晰辨识出哪一种艺术技法始于哪个朝代的哪位画师。为考察敦煌白画与整个敦煌艺术的关系，1971年，饶宗颐又到普林斯顿大学美术馆待了一个星期，研究罗寄梅和张大千一起在敦煌莫高窟拍摄的5000多张照片中的部分实物。因为自身拥有较好的白描功底，他很快就将美术馆内散布在写卷上的白描、粉本、画稿临摹一遍，一一辑出编成《敦煌白画》初稿。稿中上篇为"白画源流与敦煌画风"，中篇为"敦煌卷轴中的白画"，下篇为"对若干技法的探讨"。接着，对这些4—11世纪的古写本的用纸、用墨、用笔以及图样、装饰进行详细的分析、鉴定，发表了个人的看法，将敦煌白画特色总结出来：

（1）图画与图案之不分；

（2）白画与彩绘之间插；

（3）画样与雕刻塑像之合一；

（4）没骨与色晕凹凸之混用。

饶宗颐说："以上四事，实为水墨画以前图绘之优良技巧，在今日仍有发扬光大之必要者也。纯粹白描不免于单调，白画之独立运用，不如与颜色画配合运用，更为凸出生动。前者宋元人白描作品已加以发展，后者惟有从新疆甘肃各石窟壁画方能体会得到。此一传统几乎无人问津，徒有没骨山之名，而无没骨之用，乃缩小而发展为花鸟，求之形似一路，洵为可惜，我人对于白画在敦煌画史上所认识者如此，故知白画不得徒以画样目之。"

饶宗颐指出宋元人白描画风开出新路，影响颇大。如宋代张择端、元代钱选、明代陈洪绶的白描画均十分有特色，并不断推陈出新。

1978年4月，《敦煌白画》作为"法国远东学院考古学刊"在巴黎出版，填补了敦煌学研究的一项空白。有中、法两种文本，法文由李克曼译，戴密微作《序》。饶宗颐从敦煌卷子中的白描画谱（水墨线条画稿）入手，研究敦煌画稿，特别对唐代人物画的临摹。饶宗颐的敦煌人物画创作，其笔法亦多源于此。首创性地公布唐代白画，赢得张大千的评价："饶氏白描，当世可称独步。"

20世纪80年代中期，饶宗颐在"全国第三次唐代文学学术讨论会"上发表《论敦煌石窟所出三唐拓》，文中谈到伯希和掠去的敦煌文书，有《温泉铭》《化度寺碑》残拓、柳书《金刚经》，这是他在阅读大量敦煌文书后，

《论敦煌石窟所出三唐拓》油印本

发掘出有价值的三唐拓。饶宗颐十分重视汉字和汉字的书法艺术，敦煌文书中有关书法的部分，他总以书法家兼史学家的眼光认真审视、评估，从敦煌文书中选出一批书法精品汇编成29册《敦煌书法丛刊》，这是他研究敦煌文物取得成功的显例，全书于1983—1986年由日本二玄社出版。

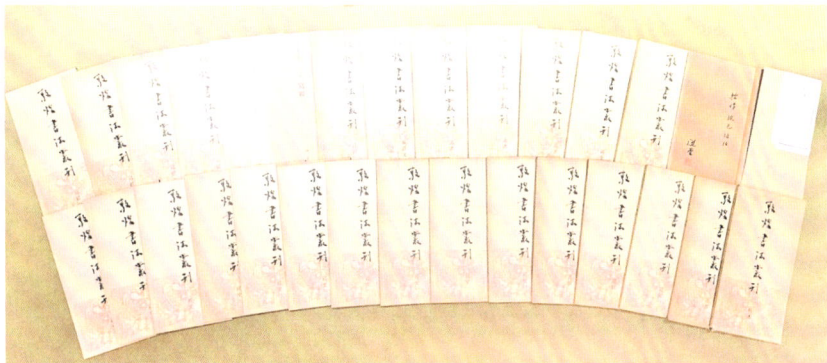

《敦煌书法丛刊》

四　"空山多积雪，独立君始悟"

《白山集》

1966年1月，汪德迈介绍坐落于欧洲屋脊阿尔卑斯山最高峰——勃朗峰脚下霞慕尼（Chamonix）小镇的自然风光，极大地吸引饶宗颐的兴趣。出生于阿尔卑斯山脉的戴密微也酷爱此山，

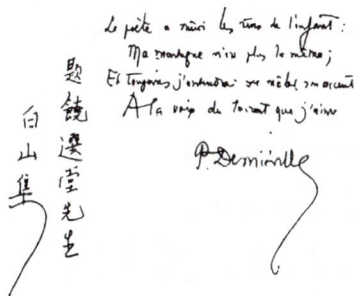

戴密微题《白山集》英文手迹

他希望饶宗颐到阿尔卑斯山上观雪景，因戴密微在巴黎抽不开身，委托汪德迈替为陪伴。他们在霞莫尼游玩三天。以前，饶宗颐只有在暑假才能离开香港去国外，一直没有见过大雪的风貌，当看到被大雪覆盖的阿尔卑斯山最高峰勃朗峰时，饶宗颐发出阵阵惊叹。这个意大利语为"白色之山"的雪景让他脱口赋诗《雪意》一首：

> 垂老不废诗，所怕行作吏。
> 前藻试商确，逸响差可嗣。
> 萧寥临皋壤，沉沉会雪意。
> 飞琼时起舞，搅碎故乡思。
> 暗水情微通，浮岚痴可喜。
> 此间无古今，昏旦气候异。
> 光届岭生泽，地滑步增骇。
> 凝愁翠欲拾，扶梦烟如苊。
> 园林粲皓然，贞白明吾志。

注：平生所慕为陶贞白一流。其言"人生数纪之内，识解不能周流，天壤区区，惟恣五欲，实可愧耻。自云博涉，患未能精，而苦恨无书"。余之凡鄙，其病正同，然西来读书，流览图卷，所好有同然也。

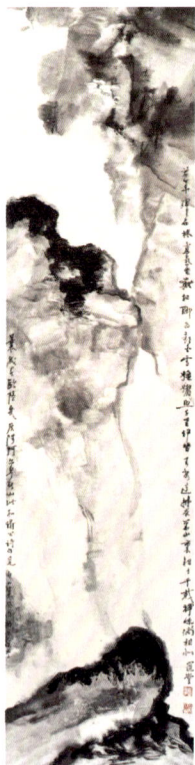

饶宗颐的阿尔卑斯山写生

饶宗颐览物之情，直接表现为一种远离世俗的冰雪情怀，一种对自由、纯洁的生命精神的追求。他一向倾慕陶贞白的宇宙生命观，和敢于否定"惟恣五欲"的人生选择。陶贞白一生坚持博大而精湛的学术的追求，自由自在隐逸读书的情趣，远离政治不求功利的价值取向，与饶宗颐高迈独立的人格异代同鸣。 美丽动人的景色激发饶宗颐作画灵感，汪德迈很快就找到最佳观景点，打开速写本以便老师把景色描绘下来。结束三天游玩后，他们参观了罗马剧场遗址、维克多·雨果故居、巴黎圣母院、拿破仑行宫。3月，饶宗颐在巴黎遍和谢灵运诗韵，创作诗集《白山集》，戴密微赋诗题于卷首：

Le po è te a mûri les r ê ves de l'enfant:

儿时闲梦此重温，

Ma montagne n'est plus la m ê me;

山色终非旧日痕。

Et toujours j'entendrai se m ê ler son accent

爱听清湍传逸响，

A la voix du torrent que j'aime

得从峻调会灵源。

饶宗颐在集中自序曰：

昔东坡寓惠州，遍和陶公之句。山谷谓："彭泽千载人，东坡百世士。"余何人斯，敢攀囊哲，特倦览瀛壖，登高目极，不觉情深，未能搁笔。萧子显云："开花落叶，有来斯

1993年，饶宗颐与国际汉学界学者蒲德侯（左一）、汪德迈（右一）于蒲德侯家中

应，每不能已；虽在名未成，而求心已足。"今之驱染烟墨，摇襞纸札，踵武前修，亦此意也。

《白山集》诗集描绘冬日在法国一侧的阿尔卑斯山脉。从小喜诵唐代王昌龄的"空山多积雪，独立君始悟"句的饶宗颐，对雪另有一番情结，创作的36首诗中就有14首诗写雪。后来，《睎周集》步清真韵51首词中，也有咏雪之作。总之，饶宗颐对雪的寄爱是因雪的冰清玉洁，正好契合他那超脱政治世俗的人生态度。

《黑湖集》

8月，饶宗颐应邀到戴密微故乡Mont-la-ville参观后，创作了30多首诗成《黑湖集》，该诗集与《白山集》遥相呼应，刻画了夏日瑞士一侧的阿尔卑斯山脉的景色。饶宗颐于诗集中忆道："戴密微教授

1981年，写法国一侧的阿尔卑斯山雪景

招游Cervin，在瑞士流连一周。山色湖光，奔迸笔底，沿途得绝句卅余首。友人以为诗格在半山白石之间，爱录存之，藉纪游踪。"

瑞士Mont-la-ville乡镇的田园风光，日内瓦湖的水光山色，湖中之美景，绿柳垂荫，孤舟泛游，令人顿时产生温郁之情。一路上戴密微为饶宗颐讲述沃韦（Vevey）人物水乡事

略。"冰川之城"采尔马特（Zermatt），位于阿尔卑斯山脉群峰之中。饶宗颐作和李白诗二首，赞美这个世界著名的无汽车污染的山间旅游胜地。这里如梦如幻的美景，让他顿时宛若步入太古之境。

编译《近东开辟史诗》

1974年4月至1976年11月，饶宗颐被任命为法国远东学院驻港学术代表；1974年受聘为法国远东学院院士；在1975—1976年，受法国高等研究院邀请任学术负责人并重回巴黎。他再一次住进学生汪德迈家。这个时期，结识法国高等研究院的亚述学泰斗蒲德侯（Jean Bottéro，1914—2007）。他们因同任汪德迈博士论文答辩委员会成员而认识，饶宗颐跟随蒲德侯学楔形文字及西亚史，为帮助饶宗颐，蒲德侯送了很多资料、书籍，向他介绍古巴比伦创世之诗《埃努玛·埃利什》，讲述诗中创造天地、星辰、万物和人类的故事，他希望饶宗颐拓展学术空间，探究西亚文化。后来，饶宗颐在蒲德侯的帮助下编译了《近东开辟史诗》。

《埃努玛·埃利什》作为神话宝典，整篇史诗大约有一千行，以楔形文分别写于七块泥板上。该史诗是一部极为重要的文献，描写了巴比伦主神马尔杜克的伟大事迹，以及众神创造人类的经过。饶宗颐从1976年至1991年，花15年时间将苏美尔人的创世史诗《埃努玛·埃利什》以文言文首次翻译，命名为《近东开辟史诗》。该史诗作为"东方学丛刊"之一，由台北新文丰出版公司出版，为该学术领域提供了第一部中译本。该西亚神典，系世界上最早史诗之一，希伯来圣经中的《创世纪》即由此衍生出来。

饶宗颐以开阔的国际视野，着手研究比较文明史，将西亚阿卡德人的宇宙之论和中国的《淮南子》、彝族宇宙论、古代楚人说进行比较，讨论近东和远东开辟神话、造人神话的异同。《近东开辟史诗》成为古巴比伦文献的第一部中文译本。此事给蒲德侯女儿法朗索瓦丝留下深刻的印象，受饶宗颐影响，她决定念中文。读博士时，她专门研究汉字的形意关系，撰写一部有关《说文解字》的论文而获得博士学位。

五　行走欧洲

《中峤杂咏》

1976年5月23日，雷威安（A. Lévy）夫妇驱车陪同饶宗颐游历了法国中南部，到波尔多城、卢瓦尔河行宫，访法国启蒙思想家孟德斯鸠（1689—1755）故居。登puy Mary绝顶，沿途赋诗31首，整理为《中峤杂咏》，小引云：

> 五月廿三日，雷威安（A. Lévy）夫妇驱车载余，自巴黎至Bordeaux城。中间经Loire河行宫，遂入万山中。共行二千华里，沿途得诗卅一首。雷君谓法语三十六始为成数；因思王荆公（王安石）诗"三十六陂秋水"，黄山谷（黄庭坚）诗"县楼三十六峰寒"，例有同然，爰足成之。

和雷威安夫妇驱车行千里，奔驰于群山之中。饶宗颐与泉石灵犀相通成为知己，他发掘和描绘 La Cascade de Sartre 重山雄奇之美，一路走来流露其乐观主义精神。

尽日车行万叠山，山灵应是笑吾顽。

不烦泉石惊知己，一听潺潺亦解颜。

途中，饶宗颐瞻仰法国19世纪伟大启蒙思想家孟德斯鸠的故居，之前他了解孟德斯鸠，系始于严复译其《法意》。

老屋空林草一丘，曾于重译识前修。

又陵雅达诚堪味，法意渊微即自由。

法国中部之旅，真是山高水长，最后，车子终于到达雷威安的家。大门打开，众人大喜！因为迎接他们的竟是"养猫六头，鸭七只，犬一，鹦鹉一，笼中小鸟，叽叽喳喳，饮食与共"。饶宗颐喜上眉梢乃作诗一首，戏赠雷威安：

孰言鸟兽不同群，城市山林故不分。

待为先生演尔雅，鹦哥他日定能文。

诗中描写雷威安家中鸟兽同群、饮食与共之趣，质疑孔子所云："鸟兽不可与同群。"反映农家之乐亦融融。

赋作《哥多瓦歌》长诗

秋天，饶宗颐远足漫游西班牙，访中古回教圣地哥多瓦（Cordoba）及阿含伯勒宫（Al-Hambra）。赋诗《题哥耶（Goya）画斗牛图》（用韩孟斗鸡联句韵），《哥多瓦歌》（次陆浑山火韵），《阿含伯勒宫》（用昌黎岳阳楼韵）3首长诗。此时，他开始整理词集《桪桐集》（30首）。《哥多瓦歌》为七言歌行体：

一水东流百里浑，残甃废垒据其源。
八荒抉眦安足吞，阴阳为寇风腾轩。
宫墉百雉红如燔，我来黄昏登古原。
思昔回回撼乾坤，阿米亚势伸无垠。
崛起新朝修巍垣，敞开万户更千门。
神工鬼斧丽朝暾，虫沙飞伏鹤欹猿。
长桥卧波谁叱鼋，随阳就温聚鸿鹍。
帆樯千里争飞奔，报达以外兹最尊。
体天作制碎华园，嘉树幽茂花秾繁。
玛瑙充阄珂佩喧，金声玉润吹篪埙。
八维九隅森旗幡，学人纷至虱处裈。
挂辖牵鞘摩肩臀，重城阛尔且驻辕。
扬尘周道垂雕鞯，坏墙霞染日烧旛，
郁蒸广陌飙缯帬，穹庐万柱似蜂屯。
绮疏璀璨玻璃盆，车渠石碗凤皇樽。
梁四公子所未言，人间久历雨风翻。
往事千秋笑平反，祆神颒眼今犹暖。
玄以为门净为根，火经副墨雏诵孙。
真人踵息气归跟，教泽如山浩荡恩。
一一皆可究其原，谁谓天关不可援。
帝赐可兰万古论，文字蛟螭缠陛阍。
柑林依旧留藓痕，于兹游目兼遨魂。
幽房临春曾锁冤，婵嫣古泪至今存。
悬知秀色美可飧，多少佳丽通媾婚。
向来兵马资长昆，献阶干戚舞蹲蹲。

......（用徐陵与岭南酋豪书）

百兽夔轩凤蠚骞，一洗西海诸仇怨。

蒙庄博依等鹏鲲，长春亦复逾昆仑。

莫思西狩战尘昏，木司塔辛玉石焚。

时清久已驱忧烦，逝矣有舌休重扪。

长诗附记云：

1258年旭烈兀（Hulagu Khan）西征，破报达，以马蹄蹦平之，杀回教徒80万人，遂使数百年中亚天方烈焰忽焉衰绝。堵阻回教势力东侵之势……

简译：

江水东流百里浑浊，昔日宫殿依水而建。

胸怀并吞八荒之心，天地为寇大风腾跃。

百丈宫墙红如烤火，黄昏登此古老之地。

思惊天动地之往事，阿米亚其势不可挡。

新朝崛起修建城府，屋宇深广万户千门。

鬼斧神工丽如晨光，士兵战死鹤怨猿惊。

长桥卧波谁人驱驾，鸿雁随太阳而迁徙。

千里破浪帆船飞奔，报达之外此最尊贵。

体大作制开辟家园，树木繁茂花意正浓。

玛瑙嵌门珂佩鸣喧，箎埙合奏声润优绝。

四面八方旌旗森然，学人咸集追名逐利。

车头挂辖鞘带摩肩，都城死寂军队驻扎。

大道扬尘奔马垂弓，霞染坏墙日烧战车。

郁蒸大地大风狂飙，蒙古毡帐如蜂簇拥。

窗花璀璨玻璃做盆，车渠为杯凤皇做樽。

梁四公子未曾提及，人间艰难困苦繁多。

千秋往事一笑而过，祆神红眼今日犹暖。

玄妙为门心净为根，火经副墨反复诵读。

呼吸徐缓气归丹田，教育恩重如山浩荡。

一一皆可追其源流，谁说天关无法救援。

天赐可兰万古传送，文如蛟龙缠绕宫门。

橙树庭院仍留藓痕，游目骋怀神游此地。

近春深房曾锁冤屈，婵嫣古泪残留至今。

谁料想到秀色可餐，多少佳丽联姻通婚。

兵马之任资于长昆，庭阶献舞干戚飞扬。

百兽争喧凤凰争飞，洗尽西海诸多仇怨。

庄周意怠与鲲鹏，长春子越昆仑之巅。

切莫追思西征战事，木司塔辛玉石俱焚。

如今清平忧烦已驱，往事莫要扪心重提。

此诗继承了韩愈原诗"以文为诗"的特点，展现了哥多瓦地区的历史变迁（具体详见饶公注解），劝诫世人以史为鉴，以便更好地把握自身，大到治理国家，小到自我修养。

饶宗颐认为：哥多瓦与报达、亚历山大，为中古伊斯兰教三大中心圣地。当时伊斯兰教的势力非常大，西班牙、法国南部，包括印度，都受它的影响。欧洲文艺复兴以前，可以说是阿拉伯文化占优势，文艺复兴是从阿拉伯的书籍重找回古希腊文化。当时世界上最大的图书馆之一就是哥多瓦。蒙古人把报达的图书馆一口气烧了，所以书散出来到了民间。饶宗颐对蒙古人打败阿拉伯人有不同的评价。十字军东征，那么残酷的战争，打了十几年，与穆斯林（伊斯兰教）还是不分胜负；突然蒙古人进来了，一下子打败了阿拉伯人，因此穆斯林（伊斯兰教）的势力一落千丈。从某种意义上说，蒙古人对欧洲的文化起了极大的作用，同时对中国古代文化也起了保护作用。不然伊斯兰教势力从印度东侵，中国古代文化也会受到很大的威胁。

日内瓦绝响、猎士谷寻珍

1978年9月，饶宗颐任法国高等研究院宗教学部客座教授，主讲"中国古代宗教"。该教材是他利用甲骨、金文、佛道经典及其他史料编成，集中了宗教史研究的系统成果，是佛学与佛教史论文的结集。这个时期，他有大量宗教史论文发表，如《天神观与道法思想》《神道思想与理性主义》《穆护歌考》《道教与楚俗关系新证》《巫的新认识》《马王堆〈刑德〉乙本九宫图诸神释》等。

在巴黎期间，戴密微指示郭茂基邀请饶宗颐到日内瓦大学参观并制作"中国文人饶宗颐"的纪录片，或供日后在瑞士电视台播出。郭茂基一年前已经踏足香港，因他的老师与饶宗颐是好朋友，经介绍，郭前往跑马地山村大厦拜访饶宗颐，自相识以后，师生之间一直保持着联系。此时，戴密微正躺在病榻上，许多事情只能依靠郭茂基来完成。陪饶宗颐参观日内瓦大学后，他们一起到

饶宗颐在瑞士湖边与郭茂基（瑞士教授）合影，《古村词》作于是时

多媒体教室录像，制作饶宗颐书写元代丘处机的《青天歌》长卷书法节目。另在郭茂基位于达尔达尼的小别墅里，饶宗颐用郭茂基收藏的晚清古琴弹奏了一曲"搔首问天"，郭茂基及时地录音并做备份，这六分五十五秒的古琴录音成为饶宗颐琴曲弹奏的绝响。

12月26日，在施舟人的陪伴下，饶宗颐参观万斯芦莎教堂、马蒂黑白壁画，考察法国南部猎士谷（Lauscaux）史前洞窟壁画。整个墙壁画的都是野生动物，壁画的线条、色彩有点类似中国画家笔下的毛笔线条。这个一万八千年前的岩洞，每周只开放1次，规定入洞观看时间不能超过1小时，参观者要提前预约等候通知。就在饶宗颐要离开法国的前一天，终于接到通知，于是，他们不远千里，凌晨自巴黎驱车至腊芭雪儿东南6公里的猎士谷。参观过程中，饶宗颐发现在岩画的动物群中有45匹中国的蒙古马，他十分兴奋地告诉施舟人在画中认出蒙古人最爱的军马，这种最具贵族气质且在战场上勇于献身的马匹早已来到欧洲，它无疑是古代东西方往来的实证。

悼念好友戴密微

1979年3月23日，戴密微在瑞士病逝，享年86岁。饶宗颐时在巴黎讲学，听此噩耗，难掩悲伤，遂用杜公追酬高蜀州诗韵作《戴密微先生挽诗》，以悼念故人。

> 九原大雅不可作，杨柳方稊伤徂落。
>
> 延年美意只空谈，旧交转眼忽成昨。
>
> 梦成盐柱到区夏，学如山海何开廓。
>
> 陀邻尼经无量门，总持龙宝费搜略。

谢客微言散霏蒮，梵志畅机追芴寞。

爱我丹青步云林，誉我句势比秋鹗。

泣麟欢凤不堪论，白首他乡空默存。

吟句情殷易箦日，怀人家寄西南坤。

死生非远理难睹，凡夫妄执生迷奔。

微公谁与祛吾惑，挥涕何堪过里门。

书契纪纲久散乱，黑白安能定一尊。

不闻邻笛增腹痛，摩挲遗帙苦招魂。

1985年3月23日是戴密微逝世六周年纪念日，饶宗颐正在杭州往雁荡途中，忆起逝者潸然泪下，作《临海道中，怀故法国戴密微教授，用大谢庐陵王墓下韵》，以表缅怀。诗曰：

戴教授治谢康乐诗，译述至富。年七十余时，尝申请赴华，作上虞、永嘉之游而不果，终生引为憾事。君殁已近十年。余顷自杭州来雁荡，所经多是谢诗山水之乡，感君此事，用志腹痛之戚。

傍午发天台，密林遍十方。

日昃过临海，冻雨洒重冈。

眷言怀安道，悲悒热中肠。

峨峨天姥岑，修竹晚生凉。

平生耽谢诗，池草讽不忘。

南山往北山，引领冀远行。

思从七里滩，遵海抱遗芳。

赍志终莫遂，抚卷徒增伤。

人事有代谢，时义每相妨。

德音去已遥，日就且月将。

我来斤竹涧，念子恸无常。

缅邈江海辽，崎岖征尘扬。

虞渊凄寒冰，感旧不成章。

六　法国授予最高荣誉

获授人文科学博士学位

1991年9月，饶宗颐在巴黎参加第六届国际潮团联谊年会，并作专题演讲。会上，法兰西学院汉学研究所所长施舟人说："饶宗颐教授不仅是我们法国汉学界的老师，而且是全欧洲汉学界的老师。"施舟人代表欧洲汉学界对饶宗颐对汉学的贡献作出高度肯定。1993年11月25日，法国索邦高等研究院授予饶宗颐人文科学博士学位。这是该院建院125年以来，颁授的第一位人文

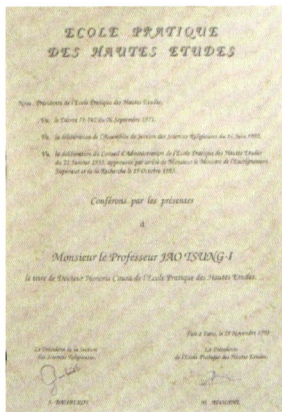

1993年获法国索邦高等研究院人文科学荣誉国家博士

科学荣誉国家博士学位。26日，他获法国文化部授予法国艺术及文学功勋章。该勋章专门颁发给在文学艺术领域获得卓越成就者，或为传播法兰西文化和艺术作出突出贡献的各国人士。该勋章是法国政府授予文学艺术界的最高荣誉。为了庆贺饶宗颐获得一系列殊荣，法国潮州同乡会陈克威、陈克光兄弟在巴黎索邦大学大厅为他举办庆祝晚宴。同时，安排他到巴黎郊外度假。在汪德迈的陪伴下，他们到巴黎南面40多公里山谷里的

一座"小学"(Petites écolés)。一路上，汪德迈介绍"小学"的遗迹和历史。这所"小学"的前身是13世纪的一座女修道院，修道院起名为"皇门"，是法国冉森派基督教之家，因其宗旨与新教的教义相近，不容异教的法国皇室对其进行镇压。1651年，法国一些隐士在乡下的"皇门"附近扩建一座建筑，命名为"农庄"。这座"农庄小学"提倡新方法，教育孩子们学习古典文学（希腊、拉丁文）。10年之间，人才辈出，与莫里哀（Molière，1622—1673）齐名的大戏剧作家拉辛（Jansé Rcine，1639—1699）即在此接受古文和诗律学（Prosodie）的培训。他为静室写过有名的《史略》，把古典语文学科称为"小学"，和中国的传统语文的形、音、义的知识完全一样。可见，对于古典语文基础训练的重视，中外是一致的。在皇门静室，饶宗颐还了解到聪明睿智早慧的巴斯加（Blaise Pascal）全家都是冉森教徒。他和姊妹积莲（Jacque Line）

1993年，法国文化部授予的"文化艺术骑士勋章"

法国文化部授予"艺术及文学功勋章"

在这静室栖隐，直到1662年身故。其有名的代表作《沉思录》（Pensées）至死还没有完成。1711年，路易十四驱散这里的牧师和修女，最终把乡下"皇门"的建筑物连同教堂都彻底铲

1993年11月，饶宗颐在法国皇门静室与汪德迈合影

平，留下的是今天见到的断壁残垣。饶宗颐慨叹人生的脆弱，但认为有了知识，便可战胜困难。

为纪念法国"皇门静室小学"的这段历史，饶宗颐后来用"小学"这个法国"皇门静室"地名来命名香港大学饶宗颐学术馆。从"小学"的故事，发出了其人生感叹：

人在天地之中，
渺小得像一个不可知的斑点，
亦像一根芦苇，
很容易被一阵风所摧折……
面对无限的宇宙，
永远的岑寂给人以无限的恐惧。
在无限的周遭，

处处可以是中心，

而何处是圆周，

却煞费思量。

获法兰西学院外籍院士

2000年12月，饶宗颐参加法国巴黎远东学院100周年纪念盛典，会晤老朋友谢和耐、汪德迈，一起参观作家雨果的故居。2012年12月，他当选法国法兰西学院铭文与美文学院外籍院士。该学

2000年12月，饶宗颐在法国雨果旧居门前

院是法国学术最高殿堂，院士数量保持四十位，历代院士包括了雨果、巴斯德和伏尔泰等。"铭文与美文学院"简称为"文学院"。"铭文"（inscriptions）指刻在建筑、石碑、奖牌、证章上的文字，这种文字的特点是短小精悍，目的是要使它流芳百世，所以需要对内容进行反复推敲、千锤百炼，因此"铭文"属于文学修辞的范畴。"美文"（belles-lettrcs），《法汉词典》译为"纯文学"。法文《拉鲁斯普通名词大词典》中的定义是："文学、修辞、诗歌艺术的总体。"修辞和诗歌也可以由"文学"来概括。"外籍院士"是法兰西学院海外院士中的最高级别，在法国乃至整个欧洲的艺术文化界是一件大事。饶宗颐是中国以及亚洲第一个获颁该荣衔的汉学家。

2013年9月19日，授职典礼于香港中文大学利希慎音乐厅

203

举行，这是法兰西学院建院218年来首次在非本土为外籍院士授职。法兰西学院铭文与美文学院常任秘书长Michel Zink教授亲临香港中文大学为授职仪式，为饶宗颐颁授院士剑、证书、院长令及奖章，该院终身院士傅飞岚（Prof. Franciscus Verellen）致辞表示："无论对于理解中国文明的历史，还是对于理解东西方人类精神的丰绩，饶教授都贡献巨大，不可估量。在众多敬慕饶公的人眼里，他声名赫赫，堪为良师益友之典范。"

香港中文大学校长沈祖尧表示："饶宗颐教授是国宝，但其巨大的影响力早已超越中华，遍及世界。法兰西学院授予外籍院士衔予饶教授，是对饶教授终身成就的肯定。"

出席授职仪式的嘉宾包括法兰西学院铭文与美文学院终身院士傅飞岚教授、法兰西学院铭文与美文学院常任秘书长Michel Zink教授、香港中文大学校长沈祖尧教授、香港中文大学崇基学院兼文学院院长梁元生教授、香港中文大学艺术学讲座教授及中国文化研究所文物馆馆长苏芳淑教授，以及约两百名来自海内外的学术界、文化及宗教界、艺术界等知名人士，一同恭贺饶宗颐教授获此荣誉。

CHAPTER 9

第九章

耶鲁任教　星洲访古

2002年，饶宗颐在美国哈佛大学

一　美国之行

《楚帛书》

饶宗颐从20世纪50年代起就开始研究楚帛书，1964年，他首次在纽约戴润斋家里见到楚帛书原件。在这张三四十厘米见方的丝织绢巾上，中间绘有近千文字，周边绘有四色树木和十二色彩图，是图文并茂的古代墨书真迹。依据亲眼所见的原物，他撰写《楚缯书十二月名核论》，并围绕《楚帛书》撰写不少文章，得到学界的一致好评。

自《楚帛书》流失海外，国内学者对《楚帛书》的研究，早期依据蔡季襄长子蔡修涣的临摹本，后来依据美国华盛顿弗利尔美术馆全色照片。1966年，美国大都会博物馆用红外线拍摄帛书照片获得成功，借助这套红外线拍摄出的清晰照片，美国大都会博物馆为表示对中国学者的敬重，将放大了12倍的《楚帛书》照片寄赠给饶宗颐。《楚帛书》的原字本来只有黄豆大小，放大后的照片对考证帛书的书法和校正残字、残画大有帮助。根据这套资料，饶宗颐完全按照帛书原式重新摹写，并对帛书全文详加诠释。他在商承祚（1902—1991）本、林巳奈夫（1925—2006）本的基础上，多辨认出150多个帛文，接近千字的《楚帛书》可以相对完整通读。重新摹写的帛书摹本被称为"饶氏摹本"，现为

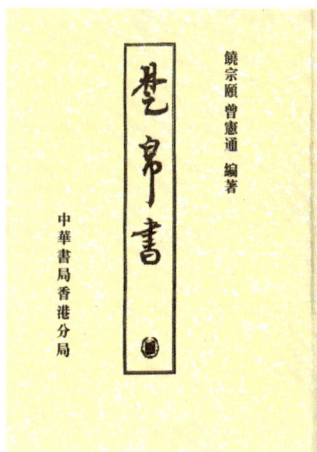

饶宗颐　曾宪通　编著

楚帛书

中華書局香港分局

《楚帛书》

208

乃命山川四海官寅暌鱼暌乃昭

元义乃尝山陛

楚帛书乃命山川四海寅气鱼气以

为其颠以涉山陵 邕堂书

《楚帛书》原文

《楚帛书》写本

北京博物馆收藏。直到今天，仍有学者称如果有谁能从《楚帛书》中再辨认出一个字，就可以拿去评教授职称。

1985年9月，集饶宗颐30余年研究大成的《楚帛书》出版。他在书中直言，帛书即楚国"天官书"的佚篇，他的观点被学界认为是迄今最为合理的解释。

《楚帛书》又称《楚缯书》，内容共分三部分，即天象、灾变、四时运转和月令禁忌。其内容丰富庞杂，不仅载录了楚地流传的神话传说和风俗，而且还包含阴阳五行、天人感应等方面的思想。在出土的先秦文献中，《楚帛书》为价值最高者之一。它从人类祖先伏羲、女娲巢居于森林的故事开始讲述，朴素地勾画出了上古社会发展史的轮廓。《楚帛书》于美国75年，其流转大致如下，原物于1942年在长沙子弹库被盗墓者掘出，在抗战时由蔡季襄带到上海。1946年7月，美国人柯克思（John Hadtey Cox）委托舒尔特斯将它带到美国，初存于纳尔逊美术馆，后送哈佛大学福格博物馆，继入藏于弗利尔美术馆。1963年，寄存在纽约大都会博物馆。1964年，由于柯克思的经济原因，又写不出论文来，便把《楚帛书》抵押给了收藏家戴润斋。原件现存放在华盛顿的赛克勒美术馆，成为该馆的"镇库之宝"。

戴润斋处亲睹《楚帛书》原物后，饶宗颐特意赋诗，诗名为《初见楚缯书于纽约戴氏家》：

> 十载爬梳意自迟，惊看宝绘在天涯。
> 祝融犹喜行间见，待起龙门问世家。
> 一卷居然敌楚辞，渚宫旧物自无疑。
> 蕃从玄月萌秋兴，遥想洞庭叶脱时。

209

1967年，美国哥伦比亚大学美术史及考古学系召开专题学术研讨会，主题为"《楚帛书》及古代中国美术与太平洋地区关系可能性"。会前，有人认为大都会博物馆所藏《楚帛书》系赝品。面对大家的疑点，饶宗颐认为有必要将真相告知大家。特别是有关学术问题，更应说一就是一，说二就是二。除在研讨会上将对帛书思想探讨、内容理解同与会代表讲清外，他又发表文章系统论述其真实性，郑重指出《楚帛书》确实是真品。当时《纽约时报》作了长篇报道，此事在美国学界引起轰动。饶宗颐对帛书的考释又一次得到外国学者的关注与重视。后来，饶宗颐再撰写《从缯书所见楚人对于历法、占星及宗教观念》专题论文，作为大会专刊文章。他还意犹未尽写下七古长篇《楚缯书歌·次东坡石鼓歌韵》，诗云：

绘画原物既归Sackler博士，哥伦比亚大学特为召开讨论会，由Goodrich教授主其事，诗以纪之。

涂月招摇位当丑，是孰维纲讯蒙叟。
久讶僿诡劫灰馀，旋出穷泉不胫走。
因思黄缭南方强，问天惠施肆开口。
缅缅铺陈数百言，悠悠况二千年后。
营丘重黎旧有图，平子描绘头唯九。
于斯独举五木精，待起邹生问榆柳。
若从时月揣宜忌，艰于南北辨箕斗。
初读只惊口衔箝，细推倍觉襟见肘。
妙悟偶然矜创获，缺暗通篇多藜莠。
最眷三闾悲长勤，敢云千载许尚友。
窈窕方哀世多艰，神祀但嗟民有斁。

当春行事勤卉木，论书波磔异蝌蚪。

竭以利众会诸侯，欲赍油素叩黄耇。

谁取幼官校时则，漫稽尔雅劳指喉。

辞清直可追雅颂，篇长何止俪钟卣。

四神格奠尊祝融，九州氾滥思鲧瞍。

留与叔师补楚骚，还笑退之悲峋嵝。

拔枨应手未灰灭，地不爱宝天所厚。

独看神像绕周围，不知指意属谁某。

我行万里获开眼，宝绘喜归贤者有。

考文几辈费猜疑，历劫终欣脱箱杻。

感极咨嗟且涕洟，自古文章抵刍狗。

钻研我意亦蹉跎，摩挲仿佛丧神偶。

方今举国尽奔波，剡苔掘臼走黔首。

欲杜德机示地文，更穷嬴缩识天棓。

博古龙威远流传，讲经虎观知去取。

且从书证试阐幽，何当爬罗与刮垢。

无复鸾飘叹凤泊，定知神物长呵守。

西顾因兹屡吟哦，扛鼎力犹未衰朽。

莫言尺缣罔重轻，惟有十鼓堪比寿。

此诗简释为：

十二月丑时北斗星在上，谁将喜讯告知蒙人庄周。

一直感慨奇书经历劫灰，何时墓中被盗不胫而走。

想到南方羁异于人黄缭，向惠施问天地不坠缘由。

陈述数百多言连绵不绝，缓慢细长历经两千余年。

营丘祝融之墓旧有绘图，张衡描述人皇九首之图。

在此独举桃木厌伏邪气，等待邹衍以榆柳来取火。
如果从时月揣测好恶之分，像南北分辨箕斗般艰难。
初次赏读如同口角衔箝，仔细推敲倍感捉襟见肘。
偶然妙悟务矜新的想法，通篇导笔漏画良莠不齐。
最喜屈原“哀人生之长勤”，敢和古人神交千载为友。
感悟美好哀叹世间多难，祭祀天神嗟叹民众心理。
春季适宜行事勤于卉木，书中文字异于蝌蚪之文。
如何有利民众安定诸侯，必须备好纸笔请教老者。
谁拿《幼官》谋划既分时节？利用《尔雅》查考解释文辞。
文字清丽直追诗经雅颂，长篇阔论钟卣一般耦俪。
四神格局奠定祝融为尊，九州洪水泛滥追思鲧瞍。
留下王逸补注《楚辞章句》，还笑韩愈赋诗悲叹岣嵝。
应当欣喜感慨未被毁灭，天地不吝啬厚待此宝物。
独自仰望神像环绕周围，不知属于何人用意何在。
我能羁旅万里增长见闻，宝贵绘画喜归贤者所有。
考证费劲几辈人的心思，经历磨难终于重现天日。
兴奋感激之极涕泪俱下，自古文章被人视为无用。
我有意钻研而年已蹉跎，琢磨深入仿佛远离神偶。
如今全国各处奔走考察，出行蹋平藓苔掘出坑穴。
想要杜塞生机识得地貌，穷观天文星象了解盈亏。
通晓古皇风范流传久远，宫廷讲经知道从何学起。
且将书中幽深显露出来，如何发掘搜罗去其糟粕。
不要鸾漂凤泊般的失意，要知神明呵护守卫我们。
遥望西方令我感叹不绝，佳作影响广大意义深远。
莫以尺幅大小衡量轻重，惟有石鼓之文与之媲美。

诗中叙述了缯书的失而复得，描绘了缯书的形制、内容以及摩挲古物、对其进行研读的感受，表现自己万里远行而得睹祖国文物的欣喜。当时中国内地正处"文革"浩劫之中，中国传统文化遭受着空前的摧残。在诗章的末尾，饶宗颐由帛书的命运联想到中国文化和中华民族的命运，他痛心写道："方今举国尽奔波，剟苔掘臼走黔首。"但是，忧患中的饶宗颐并不颓丧，仍然自觉地承担起传承、弘扬中国文化的重任。"西顾因兹屡吟哦，扛鼎力犹未衰朽"既表现了他深沉的赤子忠心，是对中国文化奋力弘扬的气魄和精神。

美国汉学的贫瘠

213

1965年秋，饶宗颐再次准备赴美国，临行前夕，友人李超人在香港长洲岛"勺瀛楼"设席饯行，后饶宗颐作《勺瀛楼记》收录于《固庵文录》。在美国，他参观卡内基博物馆及哈佛大学皮博迪考古人类学博物馆馆藏的甲骨，在哈佛大学结识了正在研究《元朝秘史》的洪·威廉。

洪·威廉（1893—1980），原名业，字煨莲，著名历史学家，对杜甫的诗与生平、《蒙古秘史》、《史通》等都有深入独到的研究。他毕生致力于教育和中西文化交流，为发展燕京大学、创立哈佛燕京学社作出了很大的贡献。饶宗颐口述学记曾提到，洪煨莲曾看过《想尔注》，他的一篇文章中引用过《想尔注》中的文字。饶宗颐十分赞赏洪煨莲对杜诗的研究成果，认为洪下了很大的功夫，与其相比自己的研究没有那么深刻。后来，洪煨莲来过几次香港，每次他们都见面，探讨学术问题。1970年，饶宗颐在美国会晤洪煨莲等友人时，正值农历八月十五月月圆的中秋节，为表游子思乡之情，遂作诗一首：

圆月高时叶始黄，白头酒兴尚清狂。

初来林馆讴吟地，共听秋声说故乡。

哈佛大学皮博迪考古人类学博物馆是世界上最古老的人类学博物馆之一，也是西半球人类文化历史最大的收藏地之一。博物馆保存、诠释、陈列、收集和修复了大量用于教学、研究和公众教育的人类学实物。饶宗颐看完了馆内所藏的甲骨，接着，在哈佛燕京图书馆馆长裘开明的陪同下，饶宗颐参观图书馆所藏的中国古籍和善本，作为该馆首任馆长，裘开明介绍建馆时这里只有中文书4000多册，日文书1000多册。

饶宗颐认为图书馆藏书比不上日本和台湾的院校，所藏的书不是很好，如里面有关海南岛的词集，都是市面上很一般的本子，不是值得收藏的善本。

几次赴美交流，饶宗颐认为美国对汉学的研究贫瘠，完全无法和日本、法国相比。原因是他们没有形成汉学研究系统。他在美国考察中注意到：波士顿的藏画有很多，早期的收藏是靠日本人来征集的，日本人帮美国收了很多中国宋画。总之，美国人的汉学也是通过日本人来了解的。美国汉学之所以不能跟日本比，是因为日本建立了很多像根据地一样的据点，每一部分学问都已有导师在那里栽培，并能提纲挈领，照料到该据点的全局。这种做学问的方法，非常厉害。饶宗颐认为学术不能靠一点点东西就能成气候，要靠数十年的培根，几代人的努力。日本这些根据地就是这样形成的，所以很牢固。

另外，美国的研究注重实用性，对于在美国的华裔学者，美国也不善于利用。饶宗颐提到杨联陞（1914—1990）教授，他是国际知名的汉学大师，语言学功夫很好。中国的学问全是以文字学和文学做根柢，没有这两个东西其他都是空的。杨联陞是一流的学者，美国却没有按一流的学者对待他。胡适在美国，也只能是编图书目录，有一份工作而已。总之，美国不善于使用中国的人才，而让这宝贵的资源白白浪费。

耶鲁访学

耶鲁大学最重要的管理特色是"教授治校"，这一特色对美国高等教育产生了巨大的影响。这个最早设立人文和艺术学科的大学，一直对饶宗颐的学术成就十分关注。1970年9月至1971年6月，54岁的饶宗颐应耶鲁大学教授阿德瑞特（Authar Wright）的邀请，到美国访学，担任耶鲁大学研究院客座教授，主讲先秦文学。阿德瑞特本因研究佛学，早年与饶宗颐在日本就相识。作为有名的中国近代史专家，是耶鲁大学的一个重要人物，他领导一个研究小组，主攻世界各国的正统问题，他邀请饶宗颐加入研究队伍中。除节假日外，阿德瑞特每日会主持一次小型讨论会。有一次，他的讲题是"从世界史的观点讲正统问题"，参加讨论的学者来自欧洲和亚洲。讨论过程中，饶宗颐觉得其他学者的论述的史学观都比较狭隘。他认为正统论是历史上整体性、贯穿性的问题，历代争正统的问题很重要。早在香港沦陷前，饶宗颐因熟读了《汉书》，使用《汉书》的体裁撰写了《新莽史》，即《新书》。当时饶宗颐认为王莽是个历史人物，他的改革虽然失败，但他的改革精神很重要，值得独立为王莽出一本书。《二十五史补编》的主编王伯祥闻知此事，来信鼓励他要好好写这本书。他认为，历史上已经叫王莽为新皇帝，可以定位是一个朝代的帝王，虽然他后面失败，但是毕竟曾在位十五年。为写好这本书，他花了许多精力收集有关历史上的正统问题和皇帝相关材料，目的就是给王莽独立出一本《新莽史》。后读《资治通鉴》，受司马光史学观的影响，觉得司马光在《资治通鉴》里没有称王莽为皇帝，对王莽的评断十分正确。司马光以道德来审视中国历史，有一个不变的历史立场，即以道德标准衡量历史人物的价值。有此认识之后，再检视王莽的一切行为，他认为王莽是反道德的。良知告诉饶宗颐，王莽史不可能受到尊重，于是饶宗颐毅然将文稿资料抽回并束之高阁，时至今日文稿仍存于家里柜子。后来，在《选堂集林》中收入一篇《王莽职官考》。这篇考证翔实的力作和《职官考》一书有着同样重要的价值。

饶宗颐认为中国史学非常注重道德问题，并以一贯的道德标准去衡量历史人物的价值。他赞成正统论，认为历史是讲纲纪的，这是国家立国之本。历史上发生过很多正与不正的争论问题，大家的立足点不一样，观点也就各不相同。饶宗颐认为做学问最基本的态度应从道德出发。根据《春秋》"大统一"的观念，以及《资治通鉴》的观点，他认为王莽主要问题是改制，以古改今，尊古太过，引起谶纬的问题，最后因改制令他失败。饶宗颐认为，正统的现实意义在于一个国家同时有几种政权并存的时候，应该有一个国体，应有一个是非。现在的报纸、电视经常提这个问题。正统问题一定要争，有的是在当时，有的是在后世。如三国的正统，在晋代写《三都赋》时就开始争这个问题了。三国的问题主要是政权太均衡了，所以一直在争论着。

1977年9月，饶宗颐的力作《中国史学上之正统论》由香港龙门书店出版。该书纵观历史3000年，横比各王朝更迭，探索中国传统史学中困扰着中国统治者和同时代学者的核心观念——正统论。内容分"通论"及"资料"两大部分。"通论"共13篇，从正统观念的产生、汉人的正统说，一直讲到明清学人统纪之著作及正统观点。其中还论述了邹衍的"五德转运说"、刘向父子的"正闰说"及释氏史书之正统争论。"资料"部分，为读者提供了自晋至现代的130位学者的160篇正统史料。"每著按语，隐义微言，间有抉发，非徒钞胥而已。"该书影响重大，1996年，上海远东出版社重印出版，上海复旦大学朱维铮作《序》称："国内近数十年，专究历史观念史的论著本就稀见，而以正统论为题进行全面考察的专著更未发现，我所见而又是同行公认的力作者，唯饶先生这一部。"

饶宗颐在《小引》中说道："论统之作，若刘知几《史通》，内篇之末有《体统》一篇，惜已亡佚，莫窥崖略。自非淹贯乙部，旁通别集，为独立之探究，难以穷其源委，而收融会之效；用是发愤，撰为专篇。"

饶宗颐在书中阐述"国史正统论者"的观点，认为中国史学特别注重道德问题并坚持以道德标准去衡量历史人物的价值。该书现被美国各院校列为史学必修教材。

在耶鲁大学期间，饶宗颐将前和清真词51首及其后和的76首，共127首，整理为《睎周集》。罗慷烈作《序》，饶宗颐作《后记》。取名《睎周集》，缘于睎者，仰慕也；周者，周邦彦也。睎周，即表明师周邦彦之意。饶宗颐对精通音律的两宋词家周邦彦、姜夔极为喜爱。

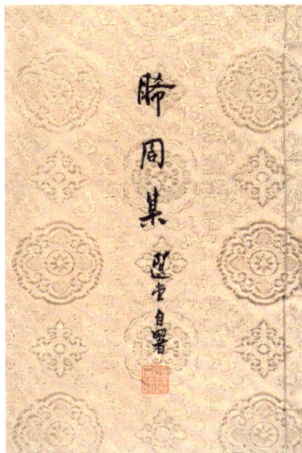

《睎周集》

在《人间词话评议》中，指出了王国维讥白石词如"雾里看花，终隔一层"的偏见。他以《文心雕龙·隐秀》之论移喻作词意内言外之妙，可见他对于姜夔的研究之深和服膺之勤。由127首词组成的《睎周集》，他仅用三个月时间就创作完成。罗慷烈在《序言》中曰："字字幽窈，句句洒脱，瘦蛟吟壑，冷翠弄春，换徵移宫，寻声协律。"《睎周集》是饶宗颐"形而上"词法的具体表现，他对"形而上"词法的理解是，西洋形上诗代表"形而上"，这是与"形而下"相对应的。"形而上"（Meta Physical）在上面，带有物以上的意思，这是看不见的。对此，中国人谓之为道，而"形而下"，则谓之为器。他所作形上词，就是从这里来的。重视道，重视讲道理，这是形上诗、形上词的特征。形上词就是用词体原型以再现"形而上"旨意的新词体。1971年3月于榆城作《后记》指出，北宋末周邦彦作《清真集》，南宋方千里、杨泽民、陈允平三人都无法做到遍和全集。《词律》《四库提要》都记载方千里和词无一字差错，但是，经细心研究却发现并非如此，其中和《塞翁吟》出错17个字，《玉烛新》出错20个字。最后，他从作词联系到清初"四王"（王时敏、王鉴、王原祁、王翚）作画，"四王"均称师倪、黄某卷，即学倪瓒、黄公望，他深入研究画作后，觉得他们重点学习倪、黄谋划书画格局，图中笔笔都有自己的面目。和词中的步韵之道，实属同理。没有一句话是自己讲出来的，即"猫扮老虎说创新"，也是自欺欺人。《睎周集》中有一组词——《六丑·睡》《蕙兰芳引·影》《玉烛新·神》，分别以睡、影、神立题，表现其向上之意，这组词正是饶宗颐形上词之代表作。

"阿买"抄诗

在耶鲁大学期间，饶宗颐住在大学研究院古塔十一层。每逢周末，为使身处异国他乡的饶宗颐减少寂寞，傅汉思（Hans Frankel，1916—2003）、张充和（1914—2015）夫妇经常请他到家中做客。在耶鲁大学美术学院讲授中国书法的女主人张充和，此时则成为烹饪高手，她一手操持家务，为大家做出丰盛的饭菜。饶宗颐、傅汉思则在书房作画、写诗。傅汉思是德裔美国籍犹太人，著名汉学家。张充和是苏州教育家张武龄的四女，出身官宦之家。张充和的三姐张兆和是沈从文的夫人，另一姐姐张允和是语言学家周有光的夫人。1949年张充和随夫君赴美后，在哈佛、耶鲁等20多所大学执教50多年，传授书法和昆曲。饶宗颐初来之时，其创作的《睎周集》由张充和用工整的小楷手抄录全卷。时人评价道："词既雄拔，字复秀润，号称双绝。"在刻版史上，清代的精抄本与南宋和清真词的写刻本，是最令人艳称的版本。同样让人羡慕并赞美的《睎周集》，全文手抄誊写影印出版，继承着精抄本和写刻本两个传统，该书成为书籍作为艺术品的典范。词集最后一页左下角有张充和落的款："壬子二月张充和书。"款后有一方张充和请周策纵刻的小

219

1971年除夕，饶宗颐（左一）在美国耶鲁大学傅汉思教授（右一）、张充和教授（右二）家中

印"今阿买"。"阿买"典出韩愈《醉赠张秘书》诗:"阿买不识字,颇知书八分。诗成使之写,亦足张吾军。"在这里,张充和幽默地把自己比作替人抄诗的"阿买"。1980年,饶宗颐在北京看望病中的钱锺书,两位学人相见甚欢,便将《睎周集》赠予钱锺书。此时,钱锺书的学术著作《管锥编》已刊行,他将珍藏的《管锥编》手稿回赠给饶宗颐。从互赠书籍一事看,钱锺书对《睎周集》十分推崇和钟爱。

1971年除夕,饶宗颐做客傅家,精于昆曲的张充和将饶宗颐所写之《六丑·睡》词缀谱,并以玉笛吹之,"声音谐婉,极缥缈之思"(《睎周集·一寸金》)。饶、张诗词书画皆造诣极深,他们之间时有唱和。饶宗颐擅古琴,能弹《塞上鸿》《水仙操》等曲,但这一次美国之行未曾携琴随行,张充和将珍藏多年的宋琴相借。饶宗颐则用张充和的宋琴"寒泉"弹奏古曲,其演奏的琴歌古朴典雅。后来,饶宗颐与琴友曲友聚会,每次都带上这张"寒泉"琴。"寒泉"留下了继云闲、查阜西、赵蔓薖、张充和、高罗佩、毕铿、饶宗颐等名家的匀泽。他们聚会时,经常提起赠琴人查阜西。当听闻83岁的查阜西离世时,为追忆故人,他们在客厅播放查阜西演奏的《潇

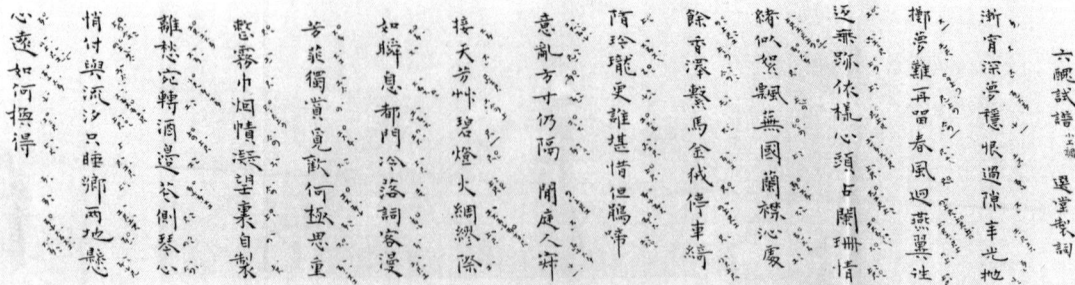

1971年,张充和为饶宗颐手录及谱《六丑·睡》昆曲

湘水云》《普庵咒》《梅花三弄》等古琴曲，深沉、细腻的琴曲萦绕在大家耳畔。在余韵袅袅的古曲声中，张充和赋《八声甘州》词，饶宗颐随即步韵和了一首《八声甘州·充和以寒泉名琴见假，复媵以词因和》。在《榆城乐章》40首词中，张充和曾和饶宗颐《浣溪沙》八章。饶、张最具友情的词章是《声声慢·冒雪至充和家中作画，和中仙催雪均，并邀同作》。而《浣溪沙·充和观余作画，赠诗逐觊胭脂以点霜林，赋此奉报》中的"流梦绿波声细细，牵衣红树话依依"，则是词翰之余，道出了千里知音难觅，这高雅而清丽的联句见证了饶宗颐与张充和的深情厚谊。《词榻赋》小序记载：

> 忆在榆城，宿耶鲁大学古塔第十一层，三月之中，遍和清真词160首。每文思之来也，嘿尔坐旧沙发上，以寸楮断续书之，或一日成十数首。友人傅汉思、张充和夫妇讶指是榻，云此果灵感之温床耶？为之失笑，摄影以纪之。

饶宗颐在《睎周集》中有多处提及张充和，如《兰陵王·初至榆城，听充和苤笛》《一寸金·充和家合肥，工度曲，向嗜白石词，手录成卷，检视半为鼠啮》《塞垣春·观充和离骚书卷，并谢其为余手录和周词》等。

1972年，张充和重录《睎周集》全帙，并将其寄到香港，饶宗颐收到后即以《蝶恋花》词报赠：

> 庚戌在美，三月之间，遍和清真集一百廿余首，南归迄无一词，只补渔家傲漏句七字而已。充和女士近为余重录睎周集全帙，既竣，以书抵予，谓一年来算是迫出一句，何文思迟速如是耶？报以此解，和竹垞。

221

流梦应教山海接。撇却诗书，归路云千叠。吟遍声声难妥贴。柘丝弹出庄生蝶。（琴弦以柘丝为上，见风宣玄品。）

感月吟风思去楫。湖水青青，又见飘芦叶。久悔终年抛语业，思量总负羊裙褶。

张充和特作和曰：

舟舟归云如有接。花近危楼，坐拥山千叠。翠羽慎将好梦贴。翩翩仍作钗头蝶。

闲事闲情随去楫。杨柳舒眉，细意稠芳叶。春去春来何所业。鸦雏翻过湘纹褶。

222

饶宗颐、张充和交往长达40多年，2011年，远在大洋彼岸的张充和托比尔·盖茨的母亲专程到香港探望饶宗颐并带来了问候信，信中字字珠玑，洋溢着词翰之谊和永恒的友情。

二 新加坡"望春"

新加坡国立大学中文系主任

《新加坡古事记·纪跋》中载明，1966年，饶宗颐在法国巴黎就收到新加坡国立大学校长林溪茂的邀请函，聘请他到该校任教。饶宗颐虽口头应许，但迟延至1968年8月28日才应聘前往。

1968年，饶宗颐被新加坡国立大学聘为第一任中文系主任

新加坡国立大学以英语为教学语言，采用英美教育模式。其与华人社团资助的南泽大学合并前，教学只注重实用性，不太重视中国文化的学习。

饶宗颐一直有一个想法，中国人有"两个国家"，一个是有土地的国家，一个是没土地的国家。后者就是中国人在海外的力量，由文字、历史凝聚起来。这些人团结起来，可以说是一个超越的国家，这个力量是不能被藐视的。他觉得应聘到新加坡，可以研究海外中华文化的传播发展情况，更好地诠释中华文明对世界的贡献。

前往新加坡一事，得到夫人陈若侬女士的支持，全家决定一同前往。陈若侬女士持家有道，一直在背后默默支持饶宗颐专心学术研究。饶宗颐能有今天的事业是离不开这位贤内助。专职照顾父亲并协助其处理事务的饶宗颐二女儿饶清芬曾说，

1969年，饶宗颐与夫人陈若侬在新加坡大学宿舍

父亲专注学问，从不让金钱过手，财政均由母亲打理，故母亲是家中的"财政大臣"。此刻，举家迁居新加坡的事情紧锣密鼓地进行着。他们整理物品，单是家内的藏书，都花了整整两天才整理完，满满的20多箱。书籍是饶宗颐的宝贝，他决定平常能够放在身边用的书就要尽量带着，况且是要长住新加坡。为欢送饶宗颐去新加坡，《饶宗颐教授南游赠别论文集》编辑委员会编印了《饶宗颐教授南游赠别论文

集》（中英文），内收严耕望、罗慷烈等8人的论文8篇，并由罗香林作序。《序》中云：

> 戊申八月，社燕已归，秋蝉在树，饶子方辞高馆，驾言南征，教授星洲大学。故旧门人，惜其逾迈，祖席既张，清尊未竭，远道劳思，尽言成集。

1968年，饶宗颐（左一）与家人在新加坡

　　8月立秋过后，气候宜人，饶宗颐举家到了新加坡。学校特地为饶宗颐一家安排了一间房间，作为临时住所。但由于所带的书籍以及其他物品太多，根本放不下。这时，校内的一个职员，待人很热情，他看到饶宗颐带来了这么多行李，房间又太小，马上找到自己认识的一个商人朋友，经其同意后将大箱小箱寄放在他家里。不久经友人帮助介绍，找到一处新居，饶宗颐夫妇终于放下心来。住所"借田园居"是一处独门独户并带有花园的大房子，称为Bungalow，是新加坡最稀罕的高级住宅，在武吉知马校区附近，步行片刻即到大学。武吉知马校区对面有一条University Road（大学道），往里面一两百米，左手面有一条垂直的小路，名为Ross Ave（罗斯道），他住在罗斯道左侧的8号。（当年故居已经被拆毁）那位帮助他们的友人，就是胡椒大王陈之初（1911—1983）。后来，陈之初成为饶宗颐的好朋友。饶宗颐一有空就到陈家里做客。陈之初性情

古怪，喜欢养金鱼，家里的墙壁用玻璃做装饰，大小金鱼全养在墙壁里面，目的是供自己和客人观赏。他喜欢书画收藏，他自己定下一个规则，中国任何书画家来新加坡办展览，他都要收购一幅书画。对宜兴紫砂壶他也情有独钟，饶宗颐曾为其收藏的一批壶特写了一篇《供春壶考略》的文章。

1970年12月，《欧美亚所见甲骨录存》在新加坡出版。书中收辑饶宗颐于欧洲、美洲、亚洲所见甲骨拓本，基本按原物大小摄影复制。"附录之一"是《各片重见略表》；"附录之二"是《李棪斋所藏甲骨简介》。饶宗颐在《序》中云：

> 本书收集的甲骨资料，可说是流落在海外的断玑零璧，同时，亦是我历年来旅读四方的雪泥鸿爪。我自1955年起，每到一地方，辄留意当地博物馆所度藏的甲骨情况。……金秋，将重游美洲之行，发箧得甲骨影本拓片若干，暇日稍为排比，辑成一册，题曰《欧美亚所见甲骨录存》。友人陈之初先生见之，助资促其印行。

新加坡于1965年摆脱马来西亚的管治，成立共和国。由于历史的原因，该国政府不重视华文，处处压制中国文化。新加坡国立大学作为唯一一所高等学府，也没有多少学术气氛。饶宗颐是该校中文系第一任系主任兼教授，感觉很不自在。处于这样一个大环境，没有发挥空间，饶宗颐只能默默忍耐，在文海书山里耕耘。不过在学校里，和青年学生在一起，他还是备感亲切。新加坡人大都说潮州话，学生喜欢向来自香港的，懂潮州话的饶宗颐提问题，大家经常坐在一起探讨学问，其乐融融。

域外金石考古

教学之外，饶宗颐游历了新加坡、马六甲、槟城，搜求当地华文碑刻。通过认真考证，撰写了《星马华文碑刻系年》。在"引言"里，他写道："有可据之史料，而后有翔实之史书。碑刻者，史料之最足征信者也。碑之为体，所以昭纪鸿懿，镌诸贞珉，小则封墓著姓，大则勒石赞勋。自东汉以来，碑碣云起（《文心雕龙·诔碑》篇），流风所被，广及域外。东南亚地区，华裔足迹殆遍。朱明而降，闽广之士，鼓棹扬帆，接踵以至。或列肆为蕃舶长，或被命为甲必丹。"他在文中提到巴达维亚（今雅加达）的苏鸣岗，马六甲的郑芳扬、李为经，并说"至今（他们的）墓石俱存。风烈流播，亦考史者所必取资矣"。

由此可见，饶宗颐对星马碑刻的研究，不仅在于金石的赏玩，更在于史料的价值。

在马来西亚13个联邦州之一的槟城，饶宗颐游历有感，作诗一首《槟城怀康南海四绝示黄晚香》，诗曰：

一

夏云筛月认前踪，王路仓皇比教宗。
莫道婆娑生意尽，移风尚有柳丝松。

二

大庇堂前日已斜，吻矶门巷有朱家。
可怜北阙三千牍，剩付南天一片霞。

三

繁碧依然到户庭，小红花好共谁登。
楼台梦后仍高锁，蔓草由来管废兴。

四

投止望门历大艰，鹤山留墨在人间。

风前忍讽绝交论，畸士徒思秦力山。

此诗借槟城游历所感，回顾了康有为为新民主主义思想而奋斗的一生。他认为康有为颇有曹操"老骥伏枥，志在千里；烈士暮年，壮心不已"之气。康有为生活虽然历经艰辛，但他为国寻求民主宪政道路的决心始终坚定。他的变法主张最终虽归于失败，但在他之后，追求民主平等的新风在中华大地遍地吹拂。饶宗颐漫步槟城，怀念康有为艰难而又伟大的一生，感慨颇深。

写《新加坡古事记》时，饶宗颐发现新加坡没有历史文献，只有碑铭。最丰富的碑刻文献就是马来西亚的那一批铭文材料。他亲自带学生去访碑、照相，把立碑的时间确定下来。《新加坡古事记》一书的出版，将民国以前有关新加坡各项史料全面加以总结，此书对后人研究新加坡"远古"史迹提供了帮助，他是第一个从

《新加坡古事记》

事新加坡历史研究的学者，借助对马来西亚碑刻材料的利用，开辟了金石学在国外的先河。此外，他发表多篇与东南亚历史、文化有关的论文，如《新加坡古地名辨正》《苏门答腊北部发现汉钱古物》《蒲甘国史事拾零》《论述中缅文化关系》《论述中越文化关系》等，为东南亚国别华人史研究增添了珍贵的资料。

一热复一寒

在新加坡期间，饶宗颐的心情一直消沉，为解忧愁作诗118首，并结集为《冰炭集》。新加坡生活待遇虽好，但新加坡政府压制中国文化，压抑的心情如冰如炭"一热复一寒"，十分难受。作为唯一的中文系教授，面对学校不提倡中国文化，只讲中国语，他深明这是新加坡政府害怕中国文化造成的。

《冰炭集》体现了饶宗颐一份深沉的文化忧患情怀，卷首中三首五律形象地揭示了饶宗颐对于中国文化遭际的深重忧患。

其一云："胸次罗冰炭，南北阻关山。我愁那可解，一热复一寒……"

其二云："乱绪托高林，寒自波心起……我衰更梦谁，幽忧此能理。"

其三云："游丝隔重帘，望春目欲断。漠漠疏林外，入画但荒远。流水自潺湲，中有今古怨。日暮忽飞花，闲愁起天半。"

胡晓明指出："这里的'望春'，分明是一份文化的乡愁；这里的'今古怨'，也分明是一种历史的大忧患。所以他说自己'虽无牧之后池之蕴藉，庶几表圣狂题之悲慨'，分明是一种文化生命人而非一般天涯沦落人的身份感了。"这一解读，无疑是深刻的。

1973年中秋节，饶宗颐举家返回香港。离开新加坡时，作《忆秦娥》词一首：

癸丑中秋，留别星马知交，次王叔明韵。王词见其林泉读书图云："花如雪。东风夜扫苏堤月。苏堤月。香销南国，几回圆缺。钱塘江上潮声歇。江边杨柳谁攀折。谁攀折。西陵渡口，古今离别。"

花疑雪。开门且纳中庭月。中庭月。云衣低护，有圆无缺。南溟道是清游歇。湛湛江水徒心折。徒心折。苍山难老，谩劳伤别。

"西陵渡口，古今离别""苍山难老，谩劳伤别"，诸句所抒发的漂泊感，一是作为天涯羁旅之人的"乡关之恋"，一是作为现代学人的"神州之忧"。饶宗颐为何主动解聘返港，他说："假如我不以中国文化为重，而以个人的生活为重，我就不会这样了，生活待遇那是不错的，所以我离开以后，反而做了许多事情。我是完全以中国文化做主体的。"以饶宗颐的学术观讲，只有在对中国文化的把握、诠释中，他的心灵才是安定的、充实的、愉悦的。

229

饶宗颐录旧作《雨中登岳阳楼》

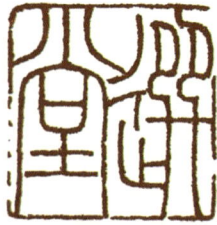

CHAPTER 10

第十章

学术通人　内地访古

1980年10月，饶宗颐（左一）与郑昌政（右二）、曾宪通（右一）在龙门石窟奉先寺

一　探古寻幽游神州

潮州镇全讲客家话

自1949年离开内地后，饶宗颐始终没有回过故乡。随着年纪增大，他对家乡思念越来越强烈。

1965年，饶宗颐在《潮州志汇编》的《序》中提到："久去乡关，累十余稔，山川乔木，望之畅然……"对祖国美好山河，他是非常向往的。

1979年以前，饶宗颐回家乡潮州没有成行，倒是在1948年去台湾的"潮州"。因编写《潮州志》需掌握潮州移民情况，他到台湾高雄潮州镇做实地调查。《潮州志》其中有一章"侨务移民志"，记载台湾有个潮州镇，日本侵占时期，潮州镇名为潮州郡。潮州镇地处屏东平原中部，土地肥沃，物产丰饶。该镇与大陆的潮州市同名，并同样有一处著名风景胜地韩文公祠。潮州镇距台南不远，饶宗颐独自到该镇考察。他发现潮州镇的居民全讲客家话，一句潮州话都不会说；进一步调查还发现，该镇住的全是客家人，而没有一个潮州人。为何安了一个"潮州"的镇名，而居民中却没有一个潮州人？这种情况让人觉得诧异，问现住居民也无人知晓。饶宗颐只好到"台湾中央图书馆"查找资料，想弄明白其中缘由，可怎么查找都没有答案。后来，他在新竹市图书馆看到一部《呜呼忠义亭》的日文图书，该书记载的是为忠于清朝而殉难的客家人，书中讲到："郑成功在台湾反清复明时，施琅是清朝派出的大将军，当时的潮州人帮助郑成功抗清，而客家人支持施琅打郑成功。客家人帮清政府打败郑成功而得势，而潮州人因郑成功失败被清除出潮州镇，最

233

后，只留下一个空白的地名，作为历史学家的索引。"

去台湾前，饶宗颐已完成《韩江流域史前遗址及其文化》初稿。为充实书稿内容，他顺道去台湾大学拜访了日人金关丈夫、国分直一两位教授，了解台湾新石器时代的彩陶文化。在台湾大学历史学系研究室，他们一起研究潮州新石器时代文物，发现台湾大学所藏的印纹陶片与潮州的完全一致。经过详细对比，认为台湾印纹陶片为较晚期之器物，可能非台湾本土文物，而是由浙、闽、粤传入。1950年《韩江流域史前遗址及其文化》以单行本发行，该书成为潮州考古的第一部专著。此书将韩江流域史前文化各阶段的内涵加以厘清，并总结这一地区史前文化自身发展规律。

汨罗吊屈原

1976年，神州大地迎来了春天。这一年，饶宗颐59岁，西方汉学界早已承认他为"世界汉学的导师""亚洲学术的骄傲"。

1979年9月，饶宗颐应中山大学之邀，在阔别内地30年之后首次赴广州参加中国古文字研究会第二届学术年会，终于可以实现遍游神州大地的夙愿。他作为第一位境外学者应邀赴会，时任中共广东省委书记的吴南生非常重视，特地在广东迎宾馆设宴款待饶宗颐，还找了一些跟他比较熟悉的学者作陪。席间，吴书记对他说："希望饶先生到内地各地走走，常回家乡看看！"饶宗颐非常激动，他说："我从小研究《楚辞》地理，读过许多地方志，对各地地名非常熟悉，可是内地很多地方都还没有去过。自1949年离开潮汕，到今年刚好三十年。三十年第一次回来，真的很想去各地走走，去看看！"吴书记当场指示广东省高教局派中山大学的曾宪通陪同饶宗颐在内地考察。

会议结束后，饶宗颐与五弟饶宗震（1931—2018）赴湖南长沙。一方面为了考察马王堆出土文物，一方面完成自己的心愿，赴汨罗吊屈原。饶宗颐研究《楚辞》多年，很大的原因就是被屈原这位伟大的爱国诗人的人格情操所吸引。为吊屈原在天之灵，他作骈文《汨罗吊屈子文》，其内容为：

> 去君之恒干，以就无垠兮，蹑彭咸于激流。
>
> 格烟叶以清商兮，叩巫咸乎久漱。
>
> 余此心之不朽兮，与元气而为侔。
>
> 亘千载犹号屈潭兮，莫怨浩荡之灵修。
>
> 拜忠洁之庙祀兮，共昭灵为列侯。
>
> 岂大夫死亦为水神兮，与湖水共悠悠。
>
> 惟公之魂无不在兮，何必求乎故宇。
>
> 觅天地之正气兮，惟夫子之高举。
>
> 采白菅以为席兮，荐稌米以为糈。
>
> 云霭霭而比飏兮，霰冥冥其兼雨。
>
> 虽遗迹之非昔兮，企前贤以踵武。
>
> 欸骚台之悲风兮，镇徘徊而不能去。

饶宗颐知道所凭吊的屈潭并不是历史上屈原怀沙自沉的地方，但屈原那种正气、那种忧国忧民的情怀使他感慨万千。他觉得这里英灵无所不在。吊祭时，天上乌云翻滚，风雨大作，气氛十分肃穆悲壮。 行走在古老的楚地上，他仿佛又看到一个孤独前行的身影，一个"路漫漫其修远兮，吾将上下而求索"的身影。作为第一位提出"楚文化"的人，他对屈原的"楚辞"文体有很多独到的见解。屈原《离骚》开首："帝高阳之苗裔兮，朕皇考曰伯庸。摄提贞于孟陬兮，惟庚寅吾以降。"其中"摄提"是什么？众说纷纭。饶宗颐考证帛书《刑德》四偶神名的西南"聂氏"，指出"氏"与"是"古文通用，"氏"与"提"经常借用；而"聂"与"摄"通假。结论是"聂氏"即"摄提"。他从《周易·坎卦》九五爻辞、《说文》、《公羊传》、《初学记》、《左传》等古籍中旁征博引，信手拈来，然后指出：

摄提星名，本随斗杓所指，《史记》索引引纬书《元命苞》云："摄提之为言提携也，言能提摄角。"《御览》星下引《天官六星占》："岁星一曰摄提"（"摄提贞于孟陬"，即岁星恰值孟陬正月时节），石氏(石申)有《摄提六星占》。聂氏之为摄提，既是星名，亦为神名。《淮南子·地形训》云：诸稽、摄提、条风之所生也。为八风神之一，摄提出现于考古材料，此为初次，原亦作"聂氏"，以往有人认为摄提为外来语，此可证其不确。

文章发表后，凡是研究帛书《刑德》的学者，无不认同饶宗颐的见解。

湖南长沙马王堆汉墓帛书《周易》是西汉初期文帝时的抄本，《周易》是中国最古老的文化典籍，也是特别珍贵的思想史资料，可以说是东方之《圣经》。早在1973年饶宗颐就关注长沙马王堆出土两汉帛书《周易》抄本，湘中之行，得长沙市博物馆馆长高志喜赠送马王堆帛书写本照片。回港后，他根据帛书写本之照片写出两篇具有重要学术价值的文章《略论马王堆〈易经〉写本》和《再谈马王堆帛书〈周易〉》。第一篇文章提出《周易》研究的六方面成果，其中指出马王堆帛书本的卦序与后世通行本的卦序不同。它以"乾"为首，继之以"艮"（通行本乾、坤、震、巽、坎、离、艮、兑），将其与

"京氏易"八宫卦乾、坎、艮、震、巽、离、坤、兑排序比较，认为马王堆写本开其先河，而通行本卦序与同时代燕人韩婴所传相同，与帛书本出于不同传本；又将帛书本与汉代"中古文本"相比较，认为二者相近，充分肯定了帛书本《易经》的文献价值。饶宗颐还将帛书本《周易》与西汉初年长沙王傅贾谊的《新书》中易说相比较，认为"墓中《易经》写本适当贾谊时代，谊在长沙所见之《易经》及传，当为此类，其时《系辞》与《说卦》尚未离析也"。这些至今都是不刊之论。1992年9月马王堆发掘20周年庆典之际，内地学术界出版了《马王堆汉墓文物》，全文发表了《刑德》乙篇。饶宗颐以最快速度写出《马王堆〈刑德〉乙本九宫图诸神释——兼论出土文献中的颛顼与摄提》一文，不但对帛书《刑德》九宫图进行了复原研究，而且对图中诸神进行了严谨的考证。

　　长沙之行，虽然时间短暂，但每天历览多方，尤以马王堆帛书能获畅读，遨游湘中，让饶宗颐下了一个大决心，就是要在晚岁畅游故国。过去几十年，他跑了世界很多地方，其中有一个很大好处，就是可以跟国外专家、学者进行交流。现在逐步实现遍游神州大地、饱览祖国山川名胜，除有一情感寄托外，还可以同内地的同人一起做研究。因为，学术就是靠交流的，互相启发才能进步。新朋老友，大家一起谈学问，论观点，彼此都收获不菲，并结下了不解之缘。

融会贯通

　　作为学术通人，饶宗颐能够做到多领域、多学科融会贯通，他曾说："我的学问很杂，从上古到明清，从西亚到东亚，都有涉猎。这当中有一个好处，就是视野开阔了，联想层面就多，作比较也就客观、亲切了。"1946年12月出版的《楚辞地理考》是对楚国历史地理的探索，在历史学、地理学的相互联系上，他以特有的视野跨越楚河汉界。在楚文化研究上，饶宗颐一开始就注重历史地理学的研究，这取决于他早期对潮州山川地理考证积累的功底。

1980年初，饶宗颐赴巴黎接受亚洲学会荣誉会员荣衔，并出席在巴黎召开的"文字——观念体系与实践经验国际会议"，提交了用法文撰写的《汉字与诗学》论文。在许多研讨会上，他经常使用"某某与某某"为标题。如《汉字与诗学》，这些"与"字句式表现了学术联想力与学术张力。《汉字与诗学》分十个部分，谈到了汉字的起源、演变中发展的各类用法和深化，出现了韵、单音字、复词、省略、叠字还有对偶声调等，最后对汉字实用性演变为如书法之类的艺术和诗词等作了详细的解释。文章指出："汉文学在语文结构上最特出的地方无如对偶与声调二者。对偶问题，六朝时刘勰已有《丽辞》篇，加以讨论。……对偶（Couple）与平行（Panallel）不同。对偶要避免字面的重复。汉文的对偶还要调协平仄，更为其他国家所无。"

汉字的韵律是声、韵、声调三位一体。每个字都具备这三个要素。由于一字一音，汉诗的构成，字句终是很有规律。由字数多少组成的诗，为体不一……汉诗中声文的重要性，表现于新体式的词、曲，更为严格，每一曲调有它的限定字数与平仄规定。

语言学在西方，目前几乎居于其他学术的领导地位。汉语与文字由于是处于游离状态之下，语言的重要性反不如文学。中国靠文字来统一，尽管方言繁多，而文字却是共同一致的。

这显示中国文化是以文字为领导。中国是以"文字→文学"为文化主力，和西方之以"语言=文字→文学"情形很不一样。这说明纯用语言学方法来处理分析中国文学，恐有扞格之处；尤其是诗学困难更多。至若轻易借用西方理论来衡量汉诗，有时不免有削足适履的毛病了。

遍游神州

1980年，是饶宗颐一生最宝贵的一年，他不知从哪来的体力，从欧洲到日本，再到中国内地，持续不停地飞。至此，他的人生游履生涯终于实现了"世界五洲已历其四，华夏九州已历其七，神州五岳已登其四"。

9月，饶宗颐在中山大学曾宪通陪同下，自广州飞抵成都，经兰州西入三危山麓敦煌考察。在火车上，饶宗颐挑了靠窗的座位，路上一直凝视窗外。曾宪通好奇地问他，这渺无人烟的荒漠有什么可看？饶宗颐说，自己正等待海市蜃楼的出现。其实，饶宗颐自1971年在法国撰写《敦煌白画》，至今仍还未到过莫高

曾侯乙墓编钟

窟，而眼下他已越来越接近心中的文化圣地。虽是第一次来到莫高窟，但饶宗颐对这里的数百个石窟已如数家珍。按照法国伯希和当年对应敦煌洞窟编号，他选择了50多个洞窟，考察不同时代敦煌绘画的特征及流变。在洞窟里，他将自己的著作《敦煌白画》的资料与现场的壁画作比对。饶宗颐告诉曾宪通敦煌壁画中不同年代的人物典故、动物植物场景经常重复出现，通过比对，可以辨别哪一种技法始于哪一个时代的哪位画师。

20世纪70年代是中国考古发现空前繁荣的黄金时代，饶宗颐在国内访古看到的文物，是国外所没有的。一路从兰州到敦煌，再到西安，又转洛阳，多是历代帝王建都之地，地下地上文物十分丰富。在他到达每个地方之前，香港新华社已通过国家文物局发文到各地的文化局、文物局或文管会，要求协助接待并安排参观事宜。在博物馆，饶宗颐从新石器时代的彩陶，先秦时代的甲骨、铜器、货币、玺印、竹简、帛书，到秦汉以后的石刻、碑帖、写本和各种书画、艺术品等，都一一目验记录，有的还亲自摩挲。常常是看过展室的展品仍不满足，还要到库房里去看藏品。他认为，很多东西过去只在书本上看到，现在有机会见到实物，就不要轻易放过；特别是新出土的文物是世人从未见过的，更要仔细琢磨。

10月18日，饶宗颐在湖北省博物馆考察随县曾侯乙墓出土的竹简和所有展出器物。其中最突出的是8种124件的古代乐器，包括一套64件的青铜编钟，还有编磬和鼓、琴、瑟、笙、排箫、横笛等，可以说是一个地下乐宫。在馆长谭维泗的陪同下，观看了专业人士用编钟演奏古典美曲。隔日，大家在馆内看到一对随县出土的漆衣箱，箱子上写有漆书铭文。其中一件书有二十八宿名，左下角有文6行20个字，尽是古文奇

1980年11月，饶宗颐在泰山经石峪

字。展厅上只有摹本，没有释文，不可通读。由于该箱的铭文一直无法破解，谭馆长遂请饶宗颐为之考释。当晚，饶宗颐研读了漆箱文字内容，推断其必与天象、乐律有关。再联系有关古文奇字的形体、意义与音读，反复推敲，终于写出"民祀隹坊（房），日辰于维，兴岁之四（驷），所尚若陈，经天尝（常）和"20个字。一份令人满意的答卷，为博物馆展厅填补了一项空白。更巧合的是，二、三句末字之"维"与"四"竟与馆长谭维泗的大名相应，听者无不称奇道绝。末句"经天"二字，根据新出楚简资料改释为"琴瑟"，整句读作"琴瑟常和"。后来撰写《曾侯乙墓匫器漆书文字初释》，详细考证并解决一个天书问题，1983年，该文章发表于《古文字研究》（第十辑）。第三天上午，饶宗颐根据照片和拓本在博物馆对照实物，细读编钟和编磬铭文，尤其注意钟体的大小和标音

所书《心经》铺满整个篮球场

铭、乐律铭之间的关系，颇有收获。

　　除参观博物馆外，饶宗颐游历许多名山大川。登泰山，游三峡，一路写生，为其后的艺术创作积累了大量的素材。泰山经石峪，成为创作《心经简林》的先声。经石峪，这里相传为晒经石，宋时称为经石谷，明代才叫经石峪，是在成片的石坪上，刻着《金刚经》的全文。字径在一尺以上，是历代大字的鼻祖。有人称它为榜书之宗，列为妙品。经石的书者是谁？饶宗颐认为北齐韦子琛写的可能性大些，因为韦氏在邹县也有刻经，字体大致相若。经石原有1000多字，因年久风化，现仅存数百字而已，且大多已模糊不清。他对经石峪情有独钟，除近距离仔细揣摩外，还留下多张照片拿回去继续观摩。十年后，在香港中文大学内饶宗颐花了两个月时间用大笔书写《心经》，写成的巨型书法铺满整整一个篮球场，其鸿篇巨制，可与经石峪之丰润恢宏相媲美，实有异曲同工之妙。

在长江三峡，饶宗颐和曾宪通一起登白帝庙观夔门峡，俯览赤甲、白盐两山所形成的峡谷如门的壮观。又写生，又摄影，始终忙个不停。当列车经过华山时，一则消息传来，山上铁索道发生悬空链断，造成伤及游人的事故，因而他决定取消攀登西岳华山的计划。饶宗颐非常崇拜韩愈，听说韩愈曾到过华山而"临崖号啕"，不敢下山，华阳县令只好将患恐高症的韩愈灌醉，命人将其扛下华山。这次为自己不获攀临，未识其险，没有机会到韩愈到过的地方看看而感到遗憾。

旅行中饶宗颐会见了许多学界名流，拜访老朋友，并结交近百位学界新朋友。饶宗颐对楚地的人文历史和出土文物情有独钟，当他看了楚地出土的许多文物后，萌发了一个研究课题叫"楚地出土文献研究"。课题涵盖三大内容：一是湖北云梦出土的秦简《日书》；二是湖北随县曾侯乙墓出土的编钟和编磬；三是湖南长沙

243

1980年10月，饶宗颐（左二）在风箱峡远眺悬棺葬

出土的《楚帛书》。回港后，他编制学术研究计划，邀请曾宪通到香港中文大学做访问学者，从事"楚地出土文献"的研究工作。

大师的人情味

据《选堂访古随行》一书记载，一路远足考古，曾宪通除了解到饶宗颐对学问的执着和严谨外，更感受到饶宗颐的幽默风趣和富有人情味。在西安参观完陕西省博物馆后，回宾馆的路上，该馆工作人

1980年10月，饶宗颐（右二）在郑州参观大河村新石器时代遗址

员薛铸急匆匆地跑来对饶宗颐说："我有个请求，不知先生能否帮忙？"饶宗颐关切地问："什么事？"薛铸说："我家需要一台缝纫机，但只有友谊商店才能买到。我们已备好买缝纫机的外汇券，想麻烦先生到店里帮我们买下。"饶宗颐表示同意说："商店离这里远不远。""不太远。""有车子吗？""有。"薛铸很快从路旁推来一辆自行车，来到饶宗颐跟前，用手拍拍自行车的后架说："请先生坐上来吧！"饶宗颐愕然。曾宪通连忙阻止道："这成何体统？先生从来就没有这样坐过，万一出事，你担当得起吗？"饶宗颐看着薛铸一副沮丧的神情，便又说道："走路来得及吗？"薛铸连声说："来得及、来得及，这要走快点就来得及。"就这样，薛铸推着自行车在前头快跑，饶宗颐和曾宪通在后面紧跟。来到友谊商店，只差一刻就九点钟了。当即凭饶宗颐的护照办了买缝纫机的手续，待把缝纫机搬上自行车，商店也就关门了。回到宾馆，薛铸挨了国家文物局郑昌证一顿严厉的批评。然而，饶宗颐急人所急、助人为乐的精神却深深感动着每个人。

二 楚地出土文献研究

《日书》研究

20世纪七八十年代，考古学和艺术史研究是饶宗颐在此期间的着力点。内地考古发掘日新月异，遍游祖国大地的饶宗颐收集到大量考古新材料。于是，后来便有了秦简《日书》、随县曾侯乙墓钟磬铭辞、马王堆帛书在内之楚地出土文献等研究课题。

秦简《日书》是1975年从一座秦始皇三十号的墓葬里发现的。所谓日书，就是选择时日宜忌，预测人事吉凶的"择日通书"。秦简的内容非常丰富，主要是有关秦国的法律文书，《日书》只是其中一部分。20世纪70年代时有人认为《日书》是属于封建迷信的。

就在学界对《日书》研究出现徘徊时，文物出版社社长王

245

1980年10月，饶宗颐（右一）与曾宪通在北京故宫太和殿前

仿子送来《云梦睡虎地秦墓》发掘报告。其中披露了过去尚未公布的秦简《日书》两个写本。饶宗颐如获至宝，认为它涉及古代数术的重要内容，这促使他加快研究秦简《日书》的步伐并很快取得成果。1982年5月，《云梦秦简日书研究》出版，这是饶宗颐和曾宪通系统研究秦简《日书》的第一部著作。饶宗颐对《日书》中二十多个项目进行了透辟的论

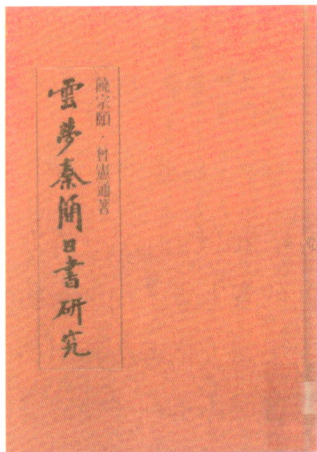

《云梦秦简日书研究》

述，揭开秦简《日书》神秘的面纱。"卷前语"阐明《日书》研究的意义，还特意推荐了曾宪通的《秦简日书岁篇讲疏》一文，说是在他提出"日夜分平"的基础上证明"分平"即春、秋分，并论秦简"日夕七式"与汉人七舍、七衡及十六所的关系，"研究更为深入"。美国匹兹堡大学许卓云在《亚洲研究学报》上对该书发表评论："饶宗颐和曾宪通坚持了中国学术的传统，值得赞扬。他们博大精深的评注涉及广大的领域，成功地展现了秦简《日书》隐而不露的意义。在这卷精练的书中，差不多所论述的每一个条目都会有助于历史学家们去探讨中国的宇宙观。"

乐律学的奠基之作

湖北随县曾侯乙墓编钟、编磬是1978年发现的，从墓中出土的一枚楚王钟标明，这些钟磬是在楚惠王五十六年（公元前433）下葬的，距今已有2400多年。这套编钟群共有8组65枚，上面刻有错金铭文2800多字，分别标记着曾国的音阶铭和列

国的乐律铭，伴出的编磬也刻有同类的铭辞。饶宗颐以大量史书结合金文铭辞考证了古钟律学，进而探讨了楚文化的问题。1985年，饶宗颐在香港中文大学出版《随县曾侯乙墓钟磬铭辞研究》，全书从文化史的角度对钟磬铭辞进行了深入的探讨，通过钟铭所记载的列国律名的歧异，来看乐律思想的演进，以及汉代乐律学的来龙去脉；进而根据编钟的音高体系，来阐释所有的标音铭和乐律铭的确切涵义，证明中国战国初期的乐律学已具有很高的水平。该书被誉为中国乐律学的奠基之作。

与曾宪通合作的《云梦秦简日书研究》《随县曾侯乙墓钟磬铭辞研究》《楚帛书》三本著作汇成《楚地出土文献三种研究》，由北京中华书局出版。在港大任教时，饶宗颐开始对楚文化做了全面地研究并发表相关文章：1954年有《长沙楚墓时占神物图卷考释》，是对楚文化中有关宗教学问题的考证；1957年有《楚简续记》，1965年有《楚缯书十二月名核论》，是对楚文化中律历学的研究；1969年有《荆楚文化》，系楚文化研究专论；1972年有《〈楚辞〉与古西南夷之故事画》，研究楚辞文化中与西南古代少数民族故事画艺术上的问题；1982年有《略论马王堆〈易经〉写本》，1983年有《马王堆医书所见〈陵阳子明经〉佚说——广雅补证之一》，对楚地出土的经籍、医籍与传世文献的关系做了系统而深入的考证研究。

从"三重证据法"到"五重证据法"

1982年5月，"香港夏文化探讨会"在香港中文大学中国文化研究所举行。饶宗颐在致辞中谈到研究夏文化的材料和方法时，首次提出了用"三重证据法"来研究夏文化。关于"夏礼"的问题，他认为，目前要细谈夏文化尚嫌太早。因为夏文化从广义说，可从文献记载上的夏礼结合出土资料加以探讨，并从天干命名和丧礼立主二事来考察殷人如何因袭夏礼的迹象。在探讨夏文化演讲中，把话锋一转，便转到"三重证据法"。他认为探索夏文化，必须将田野考古、文献记载和甲骨文的研究三方面结合起来，即用"三重证据法"（比王国维的"二重证据法"多了一种方法：甲骨文研究）进行研究，互相抉发和证明。这样，对夏文化情况的了解，才会更加具体而全面。从王国维在20世纪初提出以"地下之新材料"印证"纸上之材料"（指古书记载）的"二重证据法"以来，学术界通过对大量新出土文献的研究，在充分实践的基础上，已经出现了同以往大不相同的局面。"三重证据法"的创新之点，是把有文字的出土新材料同没文字的考古材料区隔开来，且特别强调"有文字材料"的重要性。他将甲骨文作为一重证据应用的学术论文有《谈"十干"与"立主"——殷因夏礼的一、二例证》，这是利用甲骨文和《礼记》《史记》《白虎通》《古史考》等古籍来研究夏朝文化。而艺术史方面有《敦煌琵琶谱》《虚白斋画录》《画𬤝——国画史论集》《法藏敦煌书苑精华》等著作。

后来，在《史溯》书中，有《谈三重证据法——十干与立主》一文，阐释了采用考古材料新内容：民族学、异邦古史资料，为重建古史找到新的突破口。在原三重证据基础上又增加了两项间接证据，成为"五重证据法"，比原来的"三重证据法"再进一步。运用古史五重证据方法，可以起到正本清源的作用，寻找古代历史的条理性、规律性。

第十一章

退而不休　硕果累累

2006年6月，饶宗颐书题《心经》

一 欧洲汉学界的老师

荣誉、聘书接踵而来

1973—1978年，饶宗颐在香港中文大学任中文系教授兼系主任，其间于1974年受聘为法国远东学院院士。这一时期，他以精进的学力、丰硕的成果，成为欧洲汉学界的老师。他创办刊物、开设学术讲座、进行国际学术交流，在亚洲、欧洲、北美洲建立起汉学的学术纽带。

1978年9月，香港中文大学文学院和新亚书院为饶宗颐荣休举办演讲会，会上他作了《楚辞学及其相关问题》的演讲，提出要把楚辞做成一个专门学问，配合新材料与新观念，把楚文化相关环节一层层打通。因为楚国时期的疆域出土了许多东西，出土的文物反映了这里先民的文化程度很高，楚学应该受到重视。他认为把楚地的学问贯穿起来，把楚学与其他学问进行比较研究，整个楚文化研究将有很大的拓展余地。

退休是人生一件大事，热爱教育事业的饶宗颐向大家宣告阶段性结束教学工作。友人和门人30多人成立了"选堂教授诗文编校委员会"，印行一部《选堂诗词集》。夏书枚说，选堂的诗"实兼采魏晋六朝唐宋诗人之长，随体而施，靡不尽其神趣，险峭森秀，清旷超迈，面目綦多，非琴瑟一者可同年而语"。选堂教授诗文编校委员会说其诗"诗中有史，其善一也；用韩、孟联句险韵，而文从字顺过之，其善二也；言人之所未尝言，有突过人境庐者，其善三也；古体盘空硬语，而绝句则虚灵摇曳，神理自足，其善四也。综兹四长，郁为巨擘，故和南山、石鼓诸作，力能扛鼎，识者无不拱手叹为不可

20世纪80年代，饶宗颐与赵朴初会长在一起

20世纪70年代，饶宗颐与钱穆教授（左一）于香港酒会

及"。可见饶宗颐的诗作所获评价之高。

1979年，饶宗颐被聘为香港中文大学中国文化研究所荣誉高级研究员。1982年，被香港大学授予荣誉文学博士、香港中文大学艺术系荣誉讲座教授并任中国文化研究所荣誉讲座教授。同年，受邀成为国务院古籍整理出版规划小组顾问。1984年，受聘担任敦煌研究院荣誉研究员、澳门东亚大学研究院中国文史学部主任、台湾"中央研究院"文哲研究所咨询委员。自1979年至1986年他先后担任50多个学术研究机构及高等院校的研究顾问、讲座教授。

教研不辍

退休后，饶宗颐能支配的时间更多，可以自由自在地到世界各地周游讲学。1978年，饶宗颐接到法国高等研究院发来的聘书，到院主讲中国古代宗教，这是继法国著名的中国学家亨利·马斯伯乐（Henri Maspero，1883—1945）后，在该院宗教部开讲"中国古代宗教"这一学科的外籍人士，课程内容是他利用甲骨、金文、佛道经典及其他史料编辑而成。1979年，应中山大学之邀赴广州参加中国古文字研究会第二届学术年会，会后，他取道湖南到长沙吊屈原，前往马王堆调研出土文物。1980年，他除了在内地访古三个多月，还走了两大洲、几个国家。去了欧洲的法国、意大利和德国。退休以后，他撰写不少论文和创作大量书画。

随着年龄增长，饶宗颐发表涉及佛教、道教及其他宗教论文较多。在考察广东新兴国恩寺及六祖故居后，发表《谈六祖出生地（新州）及其传法偈》，首次提出六祖出生地在新州，对六祖传法从佛道二家典籍中找到出处。在澳门举行的"慧能与岭南文化国际研讨会"上作《慧能及〈六祖坛经〉的一些问题》的演讲，指出："一直以来，人们都认同六祖是一个村野樵夫，没有文化，但他认为六祖的家世渊源不至于不识字。若六祖没有文化基础，何以听闻《金刚经》开悟。"

他特别指出："从我个人去新兴的感受来说，慧能不应是如《坛经》等禅籍所描述的那样目不识丁。国恩寺是慧能舍其故宅而建，面积很大。"

饶宗颐以其博洽周流的境界，给大家一个很明确的答案：六祖是一个有相当文化素养的人。

著作等身

20世纪90年代初，《饶宗颐二十世纪学术文集》开始进入编纂阶段，需要投入大量时间和精力，但饶宗颐仍不断提出新的问题、开拓新的研究领域，出版新的著作：

《中印文化关系史论集·语言篇——悉昙学绪论》、《词学秘笈——李卫公望江南》、《敦煌琵琶谱》（1990年）

《近东开辟史诗》、《老子想尔注校证》、《文辙——中国文学史论集》（上、下）（1991年）

《词集考——唐五代宋金元编》（1992年）

《梵学集》、《画𩄑——国画史论集》、《楚地出土文献三种研究》（与曾宪通合作）、《法藏敦煌书苑精华》、《饶宗颐史学论著选》（1993年）

《新加坡古事记》、《潮州艺文志》（1994年）

《新莽简辑证》、《敦煌汉简编年考证》（均与李均明合著）（1995年）

《殷代贞卜人物通考》（韩文译本）、《中国史学上之正统论》、《敦煌曲续论》（1996年）

《吐鲁番出土高昌文献编年》（饶宗颐主编，王素著）、《魏晋南北朝敦煌文献编年》（饶宗颐主编，王素、李方著）（1997年）

《清晖集》、《悉昙经传——赵宧光及其〈悉昙经传〉》（1999年）

《甲骨文通检》（饶宗颐主编，共五册，1989—1999年出版）（1998年）《文化之旅》（2000年）

此外，饶宗颐主编《华学》杂志，并主持从地下出土资料补《资治通鉴》史料之长篇系列研究及编撰工作。前者自1995年至2017年已出版12辑，后者也有多种《出土史料系年长篇》问世。辛苦春锄，换来累累硕果，其倾情奉献的著作有八大门类："敦煌学""甲骨学""词学""史学""目录学"

"楚辞学""考古学（含金石学）""书画"，各学系著作名
称如下：

敦煌学

《敦煌六朝写本张天师道陵著老子想尔注校笺》（1956年）

《敦煌曲》（1971年）

《敦煌白画》（1978年）

《敦煌书法丛刊》（1983—1986年）

《敦煌琵琶谱》（1990年）

《敦煌曲续论》（1996年）

甲骨学

《日本所见甲骨录》（1954年）

《巴黎所见甲骨录》（1956年）

《殷代贞卜人物通考》（1959年）

《欧美亚所见甲骨录存》（1970年）

《甲骨文通检》（1989—1999年）

词学

《词乐丛刊》（1958年）

《词籍考》（1963年）

《词集考——唐五代宋金元编》（1992年）

《全明词》（2004年）

史学

《九龙与宋季史料》（1959年）

《潮州志汇编》（1965年）

《中国史学上之正统论》（1977年）

《选堂集林·史林》（1982年）

《饶宗颐史学论著选》（1993年）

目录学

《潮州艺文志》（1935—1936年）

《香港大学冯平山图书馆善本书录》（1970年）

楚辞学

《楚辞地理考》（1946年）

《楚辞书录》（1956年）

《楚辞与词曲音乐》（1958年）

考古学（含金石学）

《韩江流域史前遗址及其文化》（1950年）

《星马华文碑刻系年》（1969年）

《云梦秦简日书研究》（1982年）

《随县曾侯乙墓钟磬铭辞研究》（1985年）

《楚帛书》（1985年）

书画

《黄公望及其富春山居图》（1977年）

《虚白斋藏书画选》（1983年）

《画颔——国画史论集》（1993年）

地方志书有1946—1949年总纂的《潮州志》。从列举著作中可以看到饶宗颐在学术、艺术研究领域的博大精深，饶学"通体"之美，堪称文化奇迹。

录写《韩木赞》

2009年初夏，饶宗颐在香港养和医院动了一次眼部手术，使困扰多年的白内障得到根除，93岁高龄老人动手术，按医生医嘱需住院康复半个月，但他只休息一周就出院，回到家中爱宾室，他开始着手为潮州八景之一题写"韩祠橡木"四字并录写《韩木赞》。宋代尚书王大宝（1094—1170）所作的《韩木赞》："潮东山有亭，唐韩文公游览所也。亭隅有木，虬干麟文，叶长而旁棱，遇春则华，或红或白，簇簇附枝，如桃状而小。耆老相传公所植也，人无识其名，故曰韩木。……"

自宋以来，韩祠橡木在历代潮人心中一直有着十分神圣的地位，民间更流传这样的传说：韩木开花的繁稀，预示着潮州士子登第人数的多寡。正如王大宝在赞中提到："绍圣四年（1097）丁丑开盛，倾城赏之。未几捷报三人，盖比前数多也。继是榜不乏人，繁稀如之。"

饶宗颐早年虽读过王大宝的《韩木赞》，考虑到年纪大，怕个别地方记错，托友人找来《永乐大典》中王大宝《韩木赞》原文，录写时感觉眼睛模糊，让二女儿饶清芬读给他听，他边听边写。开笔时用的是4尺宣纸，但感觉写起来字太小太密，不好看，又改用6尺的宣纸。写这样的巨幅书法，是要全身心投入，对刚出院的饶宗颐来说，非常挑战体力。家人提醒他书写时要控制动作幅度，以免对眼睛造成影响。但他却说："这是很重要的文章，是王大宝的，又是准备存放在韩文公祠的，无论如何，都要用力写好。"

《韩木赞》录写分两天共三次完成，落款处题了超长跋语："苍龙己丑春三月，木棉盛开之际，九十三叟选堂饶宗颐略拟苏公丰腴笔意，据永乐大典三阳志敬录。"该篇书体取自颜真卿、苏东坡厚重的气韵，行草书写，笔意安稳，堪称书法珍品。

一壶天地小于瓜

饶宗颐晚年仍保持着旺盛的创作力，他有时一天能写几千字文章，诗能创作好十几首。有人问饶宗颐：您已100岁，握手时您的手劲十分大，这个年纪握力充满力气，靠什么养生得到？他回答说："也许是有一颗'童心'吧，加上喜欢写书法，这对养生都很有益。"

饶宗颐一直对书法情有独钟，他躺在床上挥写"空中书法"炼笔和锻炼身体，像打太极拳一样运气，肢体松沉。如挥写时浑身紧张和拼命用力，则将劲力阻塞于肩、背或肩、肘之间，笔的运行就反而显得僵硬不灵了，更何来"龙跳天门，虎卧凤阁"的笔力。空力练笔一直是他入睡前坚持的健身方法。

饶宗颐健康长寿，得益于助人为乐、成人之美之心。具体表现为，当有后学晚辈向他请教学问时，他都表现得兴致勃勃，充满热情地给予答复。他的健康长寿更得益于自信，期颐之年他仍到世界各地传播中华文化，他说："这也是我不服老的表现。"一言一语都是满满的正能量。

2013年7月，《饶宗颐佛学文集》出版，在书中道出佛学的精髓："放下，看破。一切随缘，得大自在。""无我"和"无常"的佛教生死态度使其确立独特的生死观。饶宗颐所写的《金字塔外：死与蜜糖》一文中，大胆地道出Al-Hutuy'a

用天发神讖碑体书"随缘"

把死看作蜜糖，他凭此话题发出对人的生死问题的深层次思考。他认为《死书》原是一本天书，一部不易读懂的书。随后，他指出埃及人对于死后事情的关怀和研究，为人类文化掀开一新的页面。死，无疑是人类文明最重要的课题。死是无可避免的，亦不是渺茫的！一般认为死有如毒药，但闪族人却视死如蜜糖。死的智识的开垦与追求，曾经消耗过去无数诗人和宗教家的精力和脑汁。波斯诗人写下看待死亡的名句："那是新鲜、愉快。死呢？它亦是一种兴奋剂，或者是糖吗？"

饶宗颐从埃书《死书》、波斯诗人对死的看法，联想到中国人的生死观。他说："在中国，儒家撇开死而不谈，偷懒地说：'未知生，焉知死。'死给完全抹煞了！庄子的生死观是一种等生死的生死观，认为生与死是一个循环的过程，他把死看成'生的一条尾巴'而已。死在中国人心里没有重要的地位，造成过于看重现实、只顾眼前的极端可怕的流弊。南方人最忌讳'死'与'四'的谐音，不敢面对死的挑战。"

这种对于中国传统文化现象新的反思和诠释，是他感受各种文化差异之后，在中外文化相比照的语境中寻找出来的。这在国学研究上是一种全新的学术思路，有助于拓展人们对已有传统的新认知，在时代的发展中不断延伸民族的文化思维。他对生命的态度除吸收道家、释家和儒家思想这种中华文化的精华，亦吸纳了海巴夏、但丁、歌德、济慈、尼采、巴斯加等文化巨人的思想养分。他写下如下的诗句：

小我焉足存，众色分纤丽。著眼不妨高，内美事非细。瞩目无穷期，繁华瞬即逝。持尔向上心，帝所终安憩。

这首诗表现了他对生命终极"死"的意义的深刻感悟。在德国研读尼采著作后，作《读尼采萨天师语录》诗三首，表达了对尼采哲学思想中对人的存在、人的生命的短暂性、人的情感的相对性的理解和同情。古今中外的哲学与宗教，中西文化乃至中东阿拉伯文化都被饶宗颐融会贯通，使他的人生、社会、历史、宇宙的观念充满了睿智。

有人把饶宗颐与王国维、陈寅恪等作比较，认为饶宗颐的学艺成就和思想水平更接近于宋代的苏轼。苏轼不仅在文、史、诗、词都能"新天下之目"，而且在书法上成为宋四大家之首，绘画更是开文人画的先气。饶宗颐的绘画为书法之名声所掩，书法又为学术之光芒所盖。苏轼是一个"恨事不恨人"的人，饶宗颐亦是如此，能在逆境中坦然处之，有着"此心安处是吾乡"的豁达心境。

用"忍"去治学

在治学上，饶宗颐主张用"忍"的功夫，没有安忍，便不能精进。精进是不刻意，不勉强。逆境时，他积极面对，以勤奋用功的忘我精进精神去应对种种磨难。顺境时，他以平常心去对待，不骄不躁，安之若素。

在饶宗颐诗歌中，到处都可以看到他那种心无挂碍的品性。如《白山集》中的《向喜诵"空山多积雪，独立君始悟"句。面此穷谷，共赏初晴，慨然援笔·用石鼓山韵》：

> 去国日已久，神与遥山接。
> 每岁望中原，一发渺难涉。
> 积雪满江海，未辞远攀蹑。
> 独立知朝彻，于道尚有协。
> 苕发觉春宽，楼高惊梦狭。
> 百年几青儿，万壑皆白叠。
> 枯杨初生稊，苍松不凋叶。
> 爱憎已齐丧，阴阳聊可燮。
> 兹焉憺忘情，贞观自云惬。

"空山多积雪，独立君始悟"表现饶宗颐胸次清雅高旷，有宁静淡泊之想，契合了他那一份自昺而独立之人格追求。此诗借登山之意，表达他追求淡泊恬静的心境。如诗末所说的，这里已经无爱无憎，阴阳得到了调和。突然间感到内心平静恬淡，恢宏正道自然让人心里畅快。

又如《南海唱和集》的《下大屿山遇暴风雨涧水陡涨追记六首·三十三至三十八叠前韵》中第一首云：

一雨不肯休，凌晨终丧日。

登山吾久祷，佛龛且合十。

凤岭近失踪，未见樵人出。

空蒙迷百里，天海无寸隙。

草木多活意，华滋不异昔。

喧豗烟瀑外，挟我登艳席。

破胆怯闻雷，昨宵苦撼壁。

和友人下大屿山遭遇暴雨本是煞风景之事，饶宗颐却认为那是"势所难免"，他能从其中体悟乐趣。雨天山景更胜昔时，草木清新，山雨挟游，烟瀑顺耳，雷声惊心。直追当年苏东坡"一蓑烟雨任平生"之恬然心境。豁达的心态让他长寿，保持充沛精力。

二　永不言休

西泠印社社长

自2005年启功先生仙逝之后，西泠印社社长一职空缺6年之久，谁能成为第七任社长的人选在学界备受关注。创建于1904年的西泠印社，是中国成立最早的著名印学社团，以篆刻书画创作研究的卓越成就和丰富的艺术收藏蜚声海外，有着"天下第一名社"的美称。吴昌硕、马衡、张宗祥、沙孟海、赵朴初、启功等文艺翘楚先后担任社长。百余年间，西泠印社名家辈出。社员对新任社长有较大的期盼。经过多方推举，反复研究酝酿，一致认为由饶宗颐担任第七任社长最为合适。2011年12月13日，西泠印社八届六次理事会在杭州召开，全票通过了饶宗颐担任西泠印社社长。

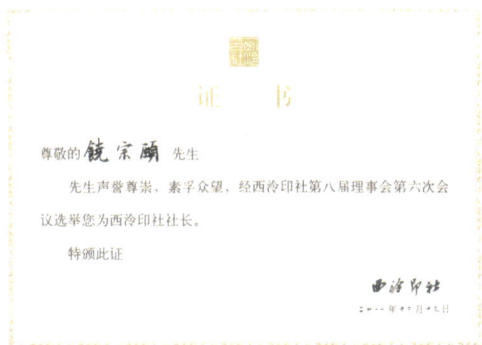

尊敬的 **饶宗颐** 先生

先生声誉尊崇，素孚众望，经西泠印社第八届理事会第六次会议选举您为西泠印社社长。

特颁此证

西泠印社

2011年饶宗颐被选为西泠印社社长

理事会成员一致认为，饶宗颐具有极高国际声望，其艺术功力深厚，才赋过人，担任西泠印社社长，实属众望所归。曾经是文化艺术重地的西泠印社在进入21世纪之后要重新鼓足"底气"，从这个意义上讲，当下的西泠印社需要饶宗颐甚于他需要社长的桂冠。

饶宗颐年事虽高，却一直对西泠印社十分牵挂。2012年春节，写了"大地春回、向上精进"八个字，勉励西泠印社全体同事向善向上，追求卓越。他指出，21世纪是中国文艺复兴的时代，是东学西渐的时代，东方的学术和艺术思想将对西方产生重大影响。他对此充满信心，身先力行，传承发扬"天下第一名社"的精神，让这个有一百多年历史的西泠金石不老。

2012年6月29日，饶宗颐亲临西泠印社孤山社址，成为继沙孟海之后20年来首位亲临孤山社址的社长。在西泠印社柏堂与印社社员代表见面，并挥毫泼墨，欣然题字。四个苍劲雄浑又飘逸洒脱的大字"播芳六合"一气呵成，如行云流水般流畅自然。六合即为天地、世界。饶宗颐早就是饮誉国际的当代中国文化大师，在柏堂题此隽句，表明他许愿要将西泠精神像花的芬芳一样播布到全世界各地。

早在1980年12月6日，饶宗颐来过孤山，在著名的"汉三

"播芳六合"

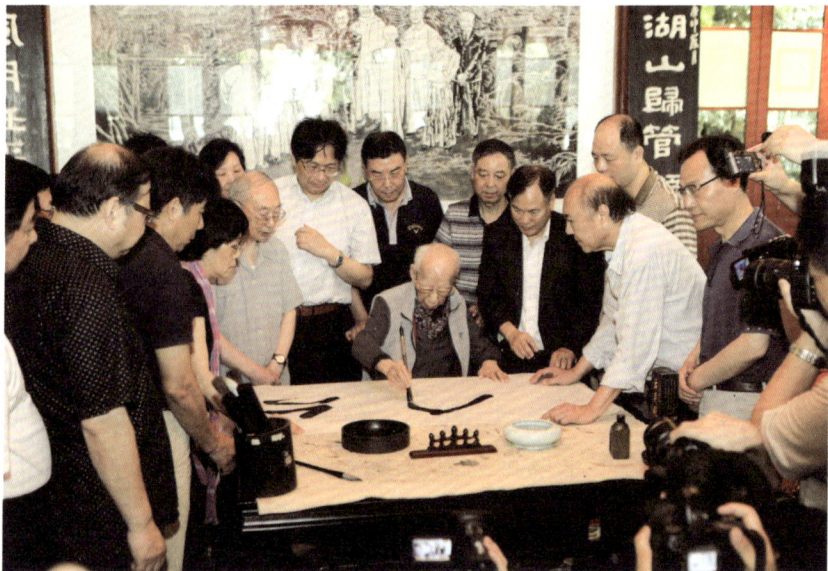

2012年6月29日，饶宗颐（右六）在西泠印社柏堂题写"播芳六合"

老石室"前留影；1990年，他创作了《西泠印社图卷》；2008年，他补题跋："观乐楼前水，掬泉且题襟，古藤如篆籀，珍重印人心。"2011年，他成为西泠印社的掌门人。2012年10月底，西泠印社举办"艺聚西泠·饶宗颐社长书画艺术特展"。展览开幕仪式结束后，重游孤山，老当益壮的饶宗颐动情地对大家说："我记得刘海粟以90多岁高寿上黄山，我

1980年12月，饶宗颐（右二）在汉三老石室前

希望步他后尘，再去黄山！我已经是95岁的老人，很快就96岁，实际上我不认老。"

2013年10月22日，西泠印社社庆活动在杭州举行。作为换届之年，近300名社员齐聚杭州，他们选举了新一届社长，96岁的饶宗颐再次胜出。当选后，饶宗颐为大会发来视频寄语，并写下了勉励同仁的"金坚石固"条幅。

万古不磨意

饶宗颐从小就有清高、安静、独立、专注的品质，这是人的精神气韵，一经养成以后，便一直沉淀在他的心中，并贯穿在他的一生。在《羁旅集》中《偶作示诸生》一首诗里面有这样一个截句："万古不磨意，中流自在心。"他是这样解释的："人要有万古不磨的意志，用有限的人生去追求无限中的精神；中流自在心就是不动不惊，如同佛经中的大自在。外界的变化对你没什么影响，逆来顺受，顺来就推进。这是大者，一种宇宙境界。"

此诗既为晚辈后学讲明做人、做学问的道理，也是他对自己一生的人格精神的高度概括。即做人、做学问要保持的坚定态度，学习古人"立功、立德、立言"三不朽精神，开创属于自己的独立精神天地。他常说，做人当先"立志、立德、立品"，治学要"求真、求是、求正"，方能立足于世，最后才能实现中华民族文化的伟大复兴。

266

2000年7月，出席庆祝敦煌百年纪念"敦煌学国际学术会议"

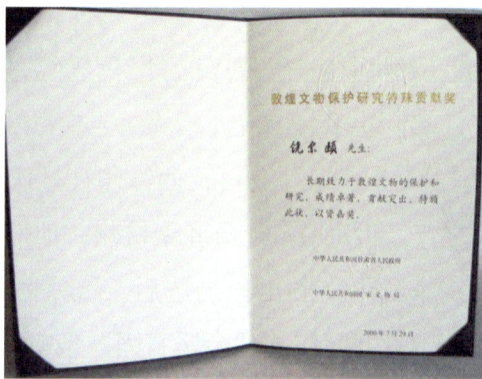

2000年获敦煌文物保护研究特殊贡献奖

CHAPTER 12

第十一章

学贯中西　博通古今

2000年8月，饶宗颐（左）与季羡林（右）于北京大学校园

一 亚洲文明的骄傲

东学西渐领路人

饶宗颐兼容百家、学贯中西，作为当代历史学家、考古学家、文学家、经学家、教育家、敦煌学家、翻译家和书画家，其涉及学术领域之广，为当世罕见。宗教、历史、考古、哲学、词学、文学、经学、书画……几乎都留下饶宗颐研究的足迹。从时间来看，饶宗颐治学所涉及的时代从上古史前到明清。史前有陶文，先秦有易卜、占卜、历算、音乐、楚文化，秦汉有五行、职官、道教、中外交通，魏晋六朝有文选学、批评史、梵学与中国文学关系等，隋唐有敦煌学、火祆教、韩愈文，宋元辽金有词学、音乐史、正统论等，明清有词学、碑刻、绘画史、书法史等。从地域来看，由于懂7国文字，他可以跳出中国而以其国际视野研究印度文字、梵学、西亚史诗、东南亚史、海外金石学等。在古今中外文化交汇中，饶宗颐最能发现问题和解决问题。作为东学西渐的领路人，他在域外汉学传播中取得惊人成就：

1956年，成为研究敦煌本《老子想尔注》之第一人；

1956—1957年，成为讲敦煌本《文选》、日本古钞《文选》五臣注残卷之第一人；

1956—1957年，成为讲巴黎所藏甲骨、日本所藏甲骨之第一人；

1958年，成为在美国治楚帛书之第一人；

1969年，成为讲有关越南历史的《日南传》之第一人；

1969年，首次编录星马华人碑刻，开海外金石学之先河；

1970年，成为辨明新加坡古地名以及翻译译名之第一人；

1975年，成为利用中国文献补缅甸史之第一人；

1976年，成为南国学人中，第一位翻译、介绍、研究《近东开辟史诗》的学者；

1980年，首次利用日本石刻证明中日书法交流源自唐代；

1983—1986年，第一次从敦煌卷子中选出书法精品编成《敦煌书法丛刊》在日本东京出版。

以上体现了他在学术研究上广阔的国际视野。

与饶宗颐并称"北季南饶"的季羡林曾说，饶宗颐在中国文、史、哲和艺术界，以至世界汉学界，都是一个极高的标尺，学界将他誉为"亚洲文明的骄傲"。与钱锺书合称"江南二钱"的钱仲联在《以古茂之笔，抒新纪之思》一文中称饶宗颐为九州百世之"东洲鸿儒"。

2006年12月14日，饶宗颐90华诞寿宴在香港会展中心举行，全国人大常委会副委员长许嘉璐称赞道：

1992年5月，饶宗颐（左）在季羡林（右）其北大书房

1997年4月，饶宗颐（右二）与任继愈（右一）、季羡林（左二）、周一良（左一）在北京大学第一届汤用彤学术讲座休息时合影

　　选堂先生治学70余载，这一过程对于个人而言是十分漫长的，而如果放眼人类文明发展的长河，又是短暂的一瞬。选堂先生正是以一个历史学家、哲学家的睿智法眼看待历史，参透个人和学术、个人和历史的关系，所以真正做到了"云在青天水在瓶""桃花随水到天涯"，真正体现了"大音希声，大象无形""无我""无法"的境界，充分显现了中华传统学人的优良传统，以儒为本，兼存释、道，"为天地立心，为生民立命，为往圣继绝学，为万世开太平"，把名、利、誉、毁视如敝屣的高贵品格。因而"桃李不言，下自成蹊"，受到多国学者的敬重和钦佩。

　　选堂先生是香港的骄傲，是中国的骄傲，是中华民族伟大文明和智慧的骄傲。我们从他的学术生涯或一部论著或一幅书画墨宝中都可以感受到中华民族五千年文明史所形成的优良学术传统，领悟到作为一位学人的生活真谛和生命价值。

香港《大公报》记者问许嘉璐："中华文化是什么样子？"许嘉璐直截了当地说："就是饶公这样！饶公是中华传统文化显现于20世纪的最好典型。我可说：50年之后，不会再出第二个饶宗颐！"

2007年春，《羊城晚报》记者再问及这个话题，许嘉璐补充说："50年之后，不会再出现第二个饶宗颐，我说50年还说短了。"许嘉璐道出了饶宗颐的不可复制性。

拥有做学术的精神世界

饶宗颐具有超强的记忆力和超人的天资。他10岁已能背诵《史记》，16岁写出《优昙花诗》，19岁任中山大学广东通志馆专任纂修，90岁仍能将1946年蒋石渠写给他的长诗一字不漏地背诵出来。

饶宗颐所拥有的环境与机缘与人不同。20岁前，靠家学、师承和自修。20岁之后，靠邹鲁、王云五、叶恭绰等伯乐的提携，方继仁的资助，并得益于香港的通达自由、交流频繁、资讯丰富、心态开放，还充分利用分布世界各地的中国文物。60岁后，得益于改革开放，有机会到内地33座博物馆，亲睹许多珍贵的出土文物，积累了大量的第一手材料。

饶宗颐对学问追求永不知足、永不疲倦。他的法国学生汪德迈曾经说："给我最深刻的印象是，饶先生有惊人的毅力，他无时无刻不在工作。可以一天工作20小时，超乎寻常，这是我比不上的。"

饶宗颐拥有耐得住孤寂的个性，其人生价值观做到"淡泊明志，自得自在"。胡晓明说："饶教授可以完全地沉浸在自己的知性世界之中，很自足、很满足、很享受，不会感到孤独，这是饶宗颐少年的时候就形成的个性。"

这种孤寂如影相随影响了他的一生，使他始终拥有属于自己做学术的精神世界，而不被尘俗所干扰。

《饶宗颐二十世纪学术文集》

《饶宗颐二十世纪学术文集》出版构思是在20世纪90年代初，当时香港的廖烈智支持部分出版经费，中山大学的曾宪通邀请有关文史专家编审文稿。1993年4月，广东人民出版社在中山大学召开《饶宗颐学术文集》编辑委员会首次会议。后因种种原因未能付梓。20多个大箱子的文稿运回香港。面对巨量文稿，如何选择合适的书名，几经讨论、商榷，与二女儿饶清芬确定文集名称为《饶宗颐二十世纪学术文集》。定此书名的重要性在于对大量文章设定一个收集的下限，即只收他在20世纪发表的学术论文520篇，其他文章包括赋与骈文、散文约400篇。文集初步分成十二类，其中"楚辞"原为独立一类，"中外关系史"则包含在"史学"之中，反复考虑之后，觉得"神话传说与比较古史学"的研究在其治学范围中更突出，故将其从"史学"中划出定为全集首卷。"中外关系史"因篇幅较多而独成一卷。"楚辞"则归入"文学"。诗词方面则开设"诗词学"一卷，这样形成十四卷的格局。

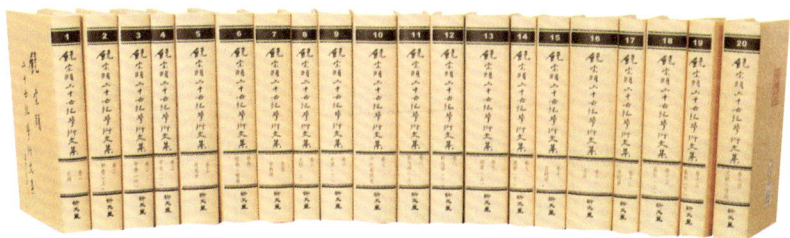

2003年10月，《饶宗颐二十世纪学术文集》出版

2001年12月，饶宗颐出席台湾"中央研究院"历史语言研究所傅斯年汉学讲座，与老朋友台北新文丰出版公司董事长高本钊同坐一围台，偶然的饭局让他俩不期而遇，高本钊曾帮助出版饶宗颐多种著作，自然而然问起来他有什么事需要帮忙，二女儿饶清芬接过话茬向高本钊谈起父亲文集出版之事，听到文集耽搁7年仍未出版，高本钊只考虑数秒即应诺出资1000万新台币，用两年时间将文集出版。为加快文集出版进程，他提出港、台两地合作分工的建议，即香港大学负责编校外，还须找到几位国际知名学者对文集作推介。台湾方面则负责将初稿打印出来供香港校对，做完四次校对后，将全集出版。香港这边，饶宗颐开始对所有学术论文进行分类编辑。家里成堆的学术论文，有些是他在国内外游学时完成的，有些是在香港撰写的。许多论文是用稿纸写成，一本一本叠加起来，就可装满九大箱。文稿整理结集，需将稿件逐篇审阅，此时，发现稿件存在不少的问题，有的纸张已经发黄、字迹模糊须用放大镜细检重作标注；有的文章因主观原因需再思索、再求证、再修改；有的论文因有新资料及出土文物发现需进一步充实证据，如《穆护歌考》一文，初步统计，需要参考近100多种古今中外文献；《天问文体的源流》一文，仅历代《天问》体的作品，自两晋至明代，引征达十数种以上。饶宗颐又用了近18个月时间对学术、艺术文章作了通盘的整理和总结，他以一个学人的严谨态度对文稿进行系统而全面的大量订正和补充，终将学术文集框定付梓。

2002年2月，二女儿饶清芬把两大箱书稿托运至台北，不出半年，新文丰出版公司将文集的打印稿寄回香港做一校。经统计，文集共1300万字，分为20册、14个门类，校对工作在李焯芬院士的支持下，由邓伟雄、郑伟明、郭伟川、何广棪及单周尧带领的20多位博士生负责，他们校对后，饶宗颐再看一遍。全集出版前后做了四校，他每校都看，一年多下来共审阅了4万多页的文章内容。

2003年11月，由于全身心投入校对工作，精神过度紧张使饶宗颐身体超负荷，86岁的他血压骤升，轻度中风偏瘫住进了香港玛丽医院。后来，二女儿饶清芬回忆父亲出版文集一事，伤心地流下了眼泪，她说："父亲太辛苦了！我们知道这套文集的分量，这是他一生的心血和智慧的总结。一开始文集出版又不是很顺利，当出版时机到来，他转而没日没夜地修改、校对。有时已是深夜，但房间的台灯仍亮着，他的作息一下子改变了，这对一个高龄老人来说是难以想象的。自从上了年纪之后，他每晚九点睡觉，从没有改变过，但这一次他自己把生活规律打乱了，我们只能不断地提醒他注意休息。没想到，他还是累倒了，并出现中风症状。"

年近九旬高龄的饶宗颐，用18个月时间亲自参与披览、校对文集全稿，积劳成疾，病倒在梨俱室书斋里。幸好医生及时医治护理，家人的悉心照顾，以及靠自己打坐练功打通经络，才得以康复如初。

2003年10月，香港大学饶宗颐学术馆开幕前夕，《饶宗颐二十世纪学术文集》终于出版，共14卷20册。各卷分别是：史溯、甲骨、简帛学、经术·礼乐、宗教学、史学、中外关系史、敦煌学、潮学、目录学、文学、诗词学、艺术、文录·诗词，计1万余页。收入著作80种，译著1种，还有520篇学术论文，其他文章包括赋、骈文、散文约400篇。文集是饶宗颐学术与艺术思想的精华，几乎涵盖国学研究的大部分领域。文集的问世，赢得了世界各地学者的点赞。哈佛大学东亚语言文明系

2003年，饶宗颐（中间站立者）出席《饶宗颐二十世纪学术文集》出版仪式

主任及东亚国家资源中心主任包弼德（Peter Bol）、牛津大学霍克思（David Hawkes）、法兰西学院院士谢和耐（Jacques Gernet）、北京大学副校长季羡林、日本东京大学池田温、哈佛大学宇文所安（Stephen Owen）、台湾"中央研究院"李亦园、新加坡国立大学东亚研究所王庚武等众名家向世人推介这套文集，中山大学姜伯勤认为文集出版有六方面标志性成果：

（1）确立学术的自尊心，以超越性大智慧与国际汉学家互动，掀开了西方汉学家向东方汉学家问学的新一页。

（2）利用全球中国文物及考古资源，直接参与并推进当代显学——甲骨学、敦煌学、简帛学的探究和创建。

（3）提出恢弘的"楚文化"，复兴赋学与文选学；在"礼"学研究上找到一个正本清源的切入点。

（4）宗教学研究从时间坐标上向早期宗教史开拓，另外对宗教与语言学、文学、画学的关系做横向探索。

（5）在梵学与禅学研究中，致力于印度之梵学的中国化；敦煌学研究中运用贯通的文化史方法。

（6）用新的数据和方法改造传统学科，创新国学研究。

总之，几经周折最后出版"文集"，它的面世圆了饶宗颐多年的文化梦，印证"不经风雨怎能见彩虹"的名言。至于文集为何命名为《饶宗颐二十世纪学术文集》，在文集《小引》有曰：

> 当代学术之显学，以甲骨、简帛、敦煌研究之者成就最高，收获丰富，影响至为深远，余皆有幸参预其事。他若楚辞与楚学之恢弘、滋大，而垂绝复兴之赋学与文选学，余皆曾致力，不无推动之绩。至余所开拓之新业，如潮学，比较史前文学与悉昙之学，则亦薄著微劳。本书为诸论文之结集，所以命名为《饶宗颐二十世纪学术文集》者，即以本世纪之新资料新路向为研究主要对象，盖纪其实也。

2009年11月3日，中国人民大学出版社、香港大学饶宗颐学术馆、香港天地图书有限公司在香港举办《饶宗颐二十世纪学术文集》简体字版本新书发布会，许家璐、纪宝成、冯其庸分别发来贺信，对其道德风范和学术贡献给予极高评价。饶宗颐亲临现场，他说自己作为一个文化研究者，希望通过这套书使更多人对他在文、史、哲、艺各方面所探讨的问题提出意见，并期盼更多的人投入到中华文化的复兴事业中去。

汉字树

1980年11月29日，饶宗颐游览苏州园林，参观拙政园、狮子林、留园、怡园、虎丘，游姑苏寒山寺，复又到始建于唐朝的紫金庵，寺院仅一殿一堂，还有一个文物陈列室，在展室看到澄湖出土的鱼篓形黑衣陶壶，器上有五个刻符，属于新石器时期的遗物，引起了他的关注，认为很有研究价值，遂详为考释，后收入《符号·初文与字母——汉字树》。该著作是饶宗颐晚年学术研究成果之一，讲述中国的古文字从符号、初文到甲骨文、金文乃至秦汉以后形成的汉字系统。

《符号·初文与字母——汉字树》

20世纪六七十年代，许多学者以新发现的史前陶器上所刻画和绘写的陶符为依据，来探索汉字的起源，所用的基本方法是拿陶符与商周时期的甲骨、金文作对比。可是史前陶器上的符号，其年代与最早的甲骨、金文相距每每有上千年，甚至几千年，两者之间究竟有没有联系，实在没法证明。作为一个古文字学家，饶宗颐也十分注意研究新发现的史前陶符，但他却没有把史前陶文简单地和甲骨文、金文作对比，而是将中国陶器符号同闪族字母、苏美尔楔形文字相比较。结果他发现，仰韶文化半坡类型陶器上的符号，同腓尼基字母比较，竟有20个以上完全同形，于是，他提出了"字母型符号"说。

这里就有一个问题，中国人既然很早就与异族有接触，且使用异族的字母，为什么中国文字不使用字母呢？对于这个问题，他进一步研究发现，由于古代万国林立，方音复杂。欲统一语言已不容易；至于进行语言化，用语言代替文字，更谈不上了。汉字无法走上字母道路，理由在此。而文化传统过于深厚，更无此必要。他引用美国古德玮所说："虽然西方传教人

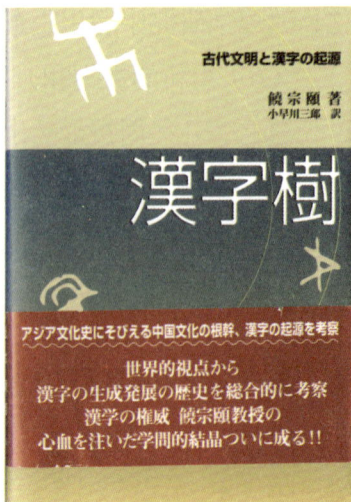

士很早已将字母传入华夏，但始终无法引导汉字纳入字母化的道路。"

他指出，"汉字传承精英文化，蕴积至为深厚，不受西方影响。汉字不走上使用字母的道路，在古代早已作出了明智的选择"。

总之，在世界性学术视野下，他并没有套用西方现存比较文字学的框架，而是别具匠心地提出"汉字树"这一创说，也是他倡说"古史五重证据"方法的最好说明。这部花30年工夫完成的著作，将外国人把我们的"树"放在印度"树"之下的情形给扳回来。

汉字具有超方言、超越古今的特性。汉字一形一声、形文与声文的对称美，构成了文学和书法的艺术。全世界文字只有汉字没有断层过，这在世界文字发展中是一个奇迹。

"中国这么大，只使用一种文字，几千年不变，中国文字是伟大的。我学了这么多文字才知道中国文字的了不起！"

饶宗颐说造成中华文化核心的是汉字，汉字成为中国精神。

二 渊博的知识来源

勉力求知

饶宗颐通晓多国语言，除母语潮州话外，世上通行的英、法、德、日、印度语、伊拉克语都懂，他还懂早已作古的梵文、巴比伦古楔形文字等"天书"。他在自述中提到："正如鲁迅先生所讲，近代学者往往受哪个国家、哪个学派影响，我则尽量多些接触各国、各学派的学者，包括在美国1年、日本4年、新加坡5年，英国、法国、西班牙、印度等几个月。在这些国家潜下心来研究当地的课题，决不一知半解就以为窥见全豹，自鸣得意。"

季羡林盛赞饶宗颐："由于懂得多种语言，饶先生走出一条外人无法重复的学术道路，广博的史识，使他能在东西方一些国家历史文化、古今中外文化的交汇处，不断地创新、创新、再创新。他还研究、翻译有关印度经典著作。"

当有人问及学习多门外语是不是十分辛苦，饶宗颐说："对，非常辛苦。"

他更指出，即使懂外语，但翻译时要保留原意是十分困难，这是由于被译与译出的两种文字在结构上基本不同，为传情达意，既要解决"信"的问题，又要解决"美"的问题。老子说："信言不美，美言不信。"二者形成的矛盾，怎样去解决，使其既"美"且"信"，是历来翻译家共同致力而不易做到的难题。成为翻译大师的译文必是金子，货真价实，没有因为改朝换代而被淘汰。

读史研经通百家

作为甲骨学的大家，学界将饶宗颐与罗振玉（雪堂）、王国维（观堂）、董作宾（彦堂）、郭沫若（鼎堂）合称为甲骨学史上的"五堂"。饶宗颐早年撰文《巴黎所见甲骨录》《日本所见甲骨录》《欧美亚所见甲骨录存》，他将分布国外的甲骨情况介绍给学界。1959年11月，在《殷代贞卜人物通考》书中提出考史与研经合为一辙的主张，认为"史"是事实的原本，"经"是事实中提炼出来的思想，从"史"到"经"就是从史实上升到理论的过程。中国古人既研究史，更研究经，这是因为经是史的理论总结，具有普遍性，因而，更有指导意义。中国文化思想主体是经学，所以饶宗颐对中国的古经史深怀敬意。他说："'经'的重要性自不待言。因为这讲的是常道，树立起真理的标准，去衡量行事的正确与否。故研究国学不能亵渎'国本'，要爱惜、敬重'古文'，顺着中国文化的经络本义阐发经史，求索古人的智慧，去开启和发扬光大中华传统文化的宝藏。"

在胡晓明《饶宗颐学记》中他又提到："现代人做学问是离经叛道。毁经灭道的时代，经义都没有人讲了，这是个很大的问题。我的《春秋中的'礼经'问题》就是讲微言大义。微言大义是存在的。沈文倬先生讲中国文化的主体是经学，我很赞同这个说法。现代人多立主义，有什么贡献？有什么价值？应'不负如来西来意'，应顺着中国文化的脉络讲清楚。我并不疑古，相反我很爱惜敬惜古义。"

为更系统地研究文化史问题，饶宗颐提出建立"楚辞学"，率先研究楚辞新资料唐勒及佚文，他谈到："中国文学的重要总集，如《诗经》和《文选》，都已有人著书成为专门之学，像'诗经学''文选学'之类，《楚辞》尚属阙如。本人认为今日治学方法的进步，如果配合新材料新观念，《楚辞》的研究，比《诗经》更重要。由于研究领域的开拓，《楚辞》学的建立，成为一种独立的学问，是极其重要而有意义的。"

《楚辞》是中国文学的重要源头之一，无形之中在精神上是统一着中国，"楚辞学"是探究传统文化、民族精神、思维模式的最佳路径。

关于《楚辞》研究方法，饶宗颐指出，西方人出了《圣经与考古学》，把很多文字上的资料和今天考古的发现互相印证，楚学也可以这样做。因为楚地出土文物极多，我们祖先的文化程度又那么高，楚学应受重视。一方面要把有关楚地的学问贯穿起来，另一方面把楚学与其他学问作比较研究，这种学问就有很大的扩展余地。

学问研究路径

饶宗颐作为史学家、考古学家的玄妙思想，我们可以从几部著作中得以管窥其学问研究的路径。

1959年11月，选堂丛书之六《九龙与宋季史料》由香港万有图书公司出版，全书分为6卷，对宋元人所记海上行朝史料进行研究，成为研究宋季香港历史重要的著作。他在《简序》中说："余相信此书将必大有贡献宋季史事之研究。兹就管见所及，试约为二大范畴以表出之：一曰难得罕见的史料之发现；一曰特殊重要的问题之提出。"

罗香林在《九龙与宋季史料·跋》中说：

《九龙与宋季史料》一书，于宋季帝昰帝昺等所驻硇洲地址问题，勾稽至富，厥功伟矣。其所引元黄溍《陆丞相传后叙》与自注等，为前此粤中修志诸君子未及举以参订史实者。饶先生于治甲骨文余暇，冒暑为此，而超迈已如是，欲不敬佩，讵可得耶！

学界对"硇洲"所在地一直有两种说法，一为大屿山，一为化州。饶宗颐认为硇洲在化州，他在书中列举多项证据，竭力批驳"硇洲即大屿山"说，指出"硇洲"在雷州半岛旁边，属化州，即今天的湛江市硇洲镇。像这样指出学术界存在的不正确观点，并加以论证反驳的，在《饶宗颐二十世纪学术文集》中就有三十多处。

1977年9月，中国史学观念探讨之一《中国史学上之正统论》由香港龙门书店出版，这是饶宗颐舍弃《新莽史》之后，确立正统论史学观的体现。《小引》系1976年4月饶宗颐于巴黎所作，1976年8月在第三次定稿时于《小引》中补句："中国史学观念，表现于史学之上，以'正统'之论点，历代讨论，最为热烈"。对正统这个关键问题他费时五年进行深入研究，足履三洲，纵观三千年，横比各个王朝，按照时间先后梳理历史上有影响的、不同形式的正统之论。该书编纂形式独具一格，既是史学专著，又是史料汇编。全书应用高超的研究方法上下求证，结合中国诸王朝，从正统观念的产生、汉人的正统说，一直讲到明清学人统纪之著作及正统观点。其间对邹衍的"五德转运说"、刘向父子的正闰说及释氏史书之正统争论等史学正统论的理论依据及变化作出精辟的论述，填补了史学上正统理论的不少空白。该书在国际史学界影响巨大，美国各大学现仍列为史学必修教材。

1981年5月，《唐宋墓志：远东学院藏拓片图录》由香港中文大学中国文化研究所与法国远东学院共同出版。在《引言》中曰：

> 向来谈文献学者，辄举甲骨、简牍、敦煌写卷、档案四者为新出史料之渊薮。余谓宜增入碑志为五大类。碑志之文，多与史传相表里，阐幽表微，补阙正误，前贤论之详矣。

香港中文大学中国文化研究所所长陈荆和在《弁言》中讲："1976年，本所现任名誉高级研究员饶宗颐教授赴法讲学，于法国远东学院书库发现由Maurice Courant先生搜集之中国唐、宋时代墓志拓本史料，爰加以整理，并依年代顺序编成目录，凡388件……每件均附有完整原拓影本及说明。"

《唐宋墓志：远东学院藏拓片图录》开拓金石目录学之先河，将墓志列入新史料之中的建议，得到中西汉学界人士的认可。

饶宗颐研究宗教，是从一个历史学家的角度来看待各个国家的信仰。他在印度从事研究，几乎走遍印度各地。印度之行，他道出"我到天竺非求法"，即以历史学家来对待印度文化。从佛教圣地出发，由佛学拓展至道学，遂提及庄子，并介绍了庄子在讲庖丁解牛的一段故事，即行行可以出状元。他十分重视实证，即佛家所讲的亲证——"自己见过、考验过、检查过"。

饶宗颐觉得任何社会都是极其复杂的，宗教作为上层建筑也是如此，有优点也有缺点。所以要细致地、客观地加以分析研究。对印度的宗教行为，他谈到："轮回说"牢不可破的信仰成为婆罗门、耆那、佛教的共同思想基础，形成后来崇拜湿婆的高度苦行文化。人们"入老林，忍饥饿，经寒热、冒风雨，受折磨"，极端地自我虐待，以换取绝对解脱，沉溺而不返；以极苦谋取极乐，不惜任何牺牲，自我摧残。这种心理诉求，我认为还是功利的，而不是道德的。

了解印度宗教信仰后，他提出中印关系的新问题、新见解。认为："中印关系友好很重要，新出土的材料表明，百越民族的人群很早在印度东部一带活动，许多出土文物都与中国人有关系，那时候，全部用禅宗斧头，我国百越的势力非常厉害，已去到印度东部，并对那里的经济发展起了很大作用。"

各个民族都是平等的，世界各族也是如此。为此，他不单对印度，还对日本、泰国等国家的历史进行深入的研究。

《文化之旅》

1998年3月，"书趣文丛第五辑"之一《文化之旅》由辽宁教育出版社出版。收入了散文、随笔38篇。文章是饶宗颐挤时间撰写完成。他每天四五点就起床看书做学问，这是从小养成的习惯。他喜欢同时进行多项工作，在写论文的缝隙里，往往触景生情，又写出了不少散文。《小引》中说道：

我平生喜欢写札记，零页寸笺，涂鸦满纸，这类不修篇幅的短文，不值得留下来的弃余谈吐，多半是在时间的夹缝中被人榨出来应景，过去"文化之旅"的小品，月草一篇，即属于这一类。……我这些短文，敢自诩有点随事而变化，抓问题偶尔亦可能会搔到痒处。我一向观世如史，保持着超于象外的心态，从高处向下看，不局促于一草一木，四维空间，还有上下。这是我个人的认识论。

《文化之旅》

这部蕴含文化之情的作品，将清雅鉴赏与深思探索结合在一起，给人以更大的精神享受和更高的思想追求。该书小中见大中饱含深意，具体表现为三方面：

（1）继承传统之精华，拓展文化之旅领域，追求更多学问，让人精神上得到安慰。

（2）学术性、知识性丰富多彩。

（3）展示了世界各地学者学术交流的思想风采。

2009年7月，《文化艺术之旅》由香港天地图书有限公司出版，饶宗颐、池田大作、孙立川三位学者以对话形式谈人生，谈学问。池田大作专谈了饶宗颐治学精神：

> 陶行知先生曾疾呼：做学问是一种长期的战斗工作，是"韧性的战斗"，所以必须有经久不衰的、始终不懈的韧性战斗的精神。饶先生一边伴随苦难风雨而战斗，一边则开拓学问，守护文化，振兴教育，为人们的幸福作出了莫大的贡献。饶先生的大半生，正好是一个把苦恼变为睿智，将困难转变为胜利的、人类伟大精神力量的真实证明。

《文化艺术之旅》

饶宗颐的学术成就引人注目，其求真务实、开放兼容的治学精神在当前社会极具重要的启示意义。

CHAPTER 13

第十三章

学艺双修　饶学管窥

2000年12月，饶宗颐参加法国远东学院100周年庆典后，在法国巴黎罗浮宫

一 学术研究

学术"拖磨"（潮州话）

早在20世纪30年代，饶宗颐就开始涉猎文学、史学，目录学是他众多学问的第一把钥匙。饶宗颐曾言："目录学有目录中的目录，由此及彼，进入问题。又由一个文献系统，到另一个文献系统的展开，一路一路地爬梳过去。这样就可以纵观全局，从上到下，或从下到上进行贯通，解决学问的具体问题。"

饶宗颐运用目录学方法使其治学得其法门，20世纪五六十年代以来他把目录学跟楚辞学结合起来研究，出版了一系列楚辞学论著：

《楚辞地理考》（1946年）

《楚辞书录》（1956年）

《楚辞与词曲音乐》（1958年）

《唐勒及其佚文——楚辞新资料》（1980年）

《道教与楚俗关系新证——楚文化的新认识》（1985年）

《楚帛书》（1985年）

从学术成果看，饶宗颐不断扩展楚辞与相关学科的研究方法，这是一个远比以典籍互证为方法的古典考据学，系更为复杂多样的学术研究方式，饶宗颐将其归结为文化还原模式，并称之为目录学方式。这一套学术研究方式基于具体历史文化事实的真实性还原，避免了繁杂而抽象的意义价值层面上的争议，以一种"求真"的精神沿着客观存在的线索追求着具体的是非曲直。总之，在解决学术问题时，他对所有问题的核心都做到有一个切实的了解，归纳分类，抓住要害，然后他才着手解决问题。

饶宗颐任中山大学广东通志馆艺文纂修时，读钱穆于1937年7月在《清华学报》上发表的《楚辞地名考》论文后，他借助通志馆所藏古代地理典籍，决定对钱穆文中所提的地理问题进行逐一考证，结果发现钱穆的论文出现疏漏、局限及曲解，于是撰写《楚辞地理考》加以纠正。该书从1935年动笔至1940年完稿，共用5年时间。编写时他巧妙地运用目录学方法找到问题突破口，还原《楚辞地名考》中所提到的真实地理位置。《楚辞地理考》直至1946年底交上海商务印书馆出版发行，前后刚好10年。恰好在这个年头，社会上刮起一阵讨论人生意义与价值之风，辩论文章在各大报刊刊登。饶宗颐看了，觉得这些东西空泛而没意思，与其参与辩论，还不如实实在在干几件事，写几篇论文，不随波逐流，这样一来，他就赢得时间做自己喜欢的学问。后来，他写《殷代贞卜人物通考》，从1949年开始撰写到1959年在香港大学出版社出版，前后也是10年时间。饶宗颐写文章有个特点，就是写出来的东西不马上发表，先压一压。他有许多文章是写好几年，有的甚至是十几年、二十几年或是更长时间，都不发表。20岁时写的《郭之奇年谱》，因认为文中尚有欠缺，需细加查实论证，等考据充实时，已时隔50年。饶宗颐写文章的材料靠长期积累而成，写文章的方法就是反复地"拖磨"原典原材料，他的文章不急于发表，搁置反复修改、考证是为了文章的质量。

慢工出细活，真功出精品。没有理据，观点站不住脚，经不起反驳的论文，宁可将其搁置抽屉决不发表。

1956年1月，《敦煌六朝写本张天师道陵著老子想尔注校笺》由香港东南书局出版。该书在学术界引起很大震动。陈世骧、杨联陞、严灵峰、陈文华，还有日本学者大渊忍尔等纷纷撰文参加讨论。在欧洲也引起道教研究的狂热，巴黎大学汉学系将该书定为研究班学生的必修课材。后来发现书中存在不足和欠缺，又作笺补附记再成一书，并于1991年在上海古籍出版社再版，此时离初版发行已过去35年。新书还加入了若干篇论文，丰富其内涵。对前著的补充修订，其实是对学术研究不断推进，也是学问要"接着做"的体现。补订与谨慎发表文章并不矛盾，因为有的学术领域还没人涉足，而且有些考古材料是第一次发现，对于这些方面他最有勇气首先探讨、当先行者，如果出现错误和不足之处，再改正再补订。

治学特点

饶宗颐从17岁走上学术道路，80多年治学生涯，大致可分为四个阶段：

第一阶段，早年主治地方史；

第二阶段，中年主治交通及出土文献；

第三阶段，壮年治学的重点由中国史扩大到印度、西亚以至人类文明史的研究；

第四阶段，晚年则致力于中国精神史的探求。

治学上三个特色：

第一是渊博。季羡林将饶宗颐的学术著作归纳为八大方面，敦煌学、甲骨学、词学、史学、目录学、楚辞学、考古与金石学、书画。然而，从台湾新文丰出版公司出版的《饶宗颐二十世纪学术文集》中可以看出，饶宗颐的学术著作已经超出上述8个方面，应包括：史溯、甲骨、简帛学、经术·礼乐、宗

饶学研究系列丛书

"选堂诗词评注"系列丛书

教学、史学、中外关系史、敦煌学、潮学、目录学、文学、诗词学、艺术、文录、诗词共14个方面，比季羡林概括的"八大类"超出不少，这可以看出后来饶学的新发展。

在语言天赋方面，饶宗颐除精通汉语之外，还精通英语、法语、德语、日语，以及梵文、希伯来文（也就是钉头字）。他是第一个把印度河谷的图形文字介绍到中国的学者。我国少数民族的古文字，如西夏文、女真文、蒙古语，他也熟悉。

在传统文献方面，全国人大常委会副委员长许嘉璐在饶宗颐90寿宴上讲到，饶宗颐是唯一一位能够精通"三藏"（儒藏、道藏、佛藏）的大学者。通"一藏"已经了不起，能够通"三藏"就更加了不起了。

第二是求精。他做学问的特点是动与静结合、文与物互证、史与神交融。小时候，父亲饶锷做《汉儒学案》，他也学着做《清儒学案》。由于接触原始材料，真切感受清人的治学特点与思想脉动。其中最重要的人物是清朝"开国儒师"顾炎武，其为学以经世致用的鲜明旨趣，治经重考证深深地烙印在少年饶宗颐的脑海。顾炎武朴实的归纳考据方法，独辟路径的探索精神，使他深受启发。后来，他到外面去游学，把读过的东西拿到实践中去验证、去拓展尽得其所。

"求精"是清人的治学精神，清代朴学"证据周遍"，是他年轻时治"清学"学到的治学方法。清代朴学"积微"的传统，正是"精"的表现。另外日本学界重视抓"小题目"的学风对他的影响很大，这也是"求精"的做法。从1977年完成的《中国史学上之正统论》一书中，可以看到饶宗颐科学地总结中国史学之精义，使中国传统史学之正统理论在新时代重放异彩。该书网罗从春秋至明清各朝代有关正统的材料，对中国历史上正统观念的产生、变化，各种正统观点之是非高下，他用"求精"的做法，去纷求简，揭示了史学正统精义的重要价值。

第三是新奇。表现在两个方面：首先，饶宗颐自始至终置身于20世纪学术潮流的前列。学术界归纳20世纪学术潮流经历了"信古—疑古—证古"三个阶段。少年时期，在"信古"的大环境中打下治学的根基，但他并不一味信古，青年时期，开始接受"疑古"思潮的影响，在顾颉刚的带动下，从事辨明古史与古书的时代和真伪的工作。20世纪70年代以来，内地相继出土了数以百计的战国至秦汉时期的古书，他不失时机地提出重建古史的工作，始终站在时代潮流的前沿。其次，是学术的创新，他的特点是从多个老学科的边缘处切入，开辟出一个新的支撑点，

293

产生一个新的学科。例如"潮学""比较史前文字学""悉昙学"等，就是这样形成的。对近代中国三大显学中的甲骨学、敦煌学的创建与发展，他都是这些学术领域的开拓者和重要推手。

搜集资料

饶宗颐认为，进行学术研究重点在于搜集资料，但搜集资料也要因人而异，它并没有一定之理。最重要的是要有吃苦精神，不怕孤独，用自己独特的触角，将大量与学术研究内容相关的资料详加收集，博采约取，对收集的资料再进行精细加工，而最终实现厚积薄发。

饶宗颐平时搜集到的材料都认真细心加以保存，并分门别类装入纸夹或放入纸袋。他对资料收集存放了如指掌，当使用资料时，他可信手拈来。另外，他把有关资料用眉批的办法，有空便写上一点，积久之后，把眉批移到纸上，加以整理综合就是一篇完整的文章。

饶宗颐搜集资料真正做到巨细无遗，甚至有刨根问底的精神。他从中发现问题，将问题加以分析，这是他与众不同的一点——他要选择最"精"部分。如果是处在急躁的状态之下，结论之不可靠将会显而易见。他常常提到，清代儒家对考据学的治学根本方法是实事求是，无证不信。这种方法对他一生影响十分巨大。在治学过程中，他觉得清代朴学"证据周遍"的路数很有道理，这是铁杵磨针的工夫，在掌握这样的文献资料基础上得到的学问才是扎实可靠的。

搜集资料是一门很大的学问，因饶宗颐一向具备耐心和爱心，故他从来不曾感到吃力，资料倒像是自己跃入饶宗颐的眼中。比方说，他写《近东开辟史诗》，写《符号·初文与字

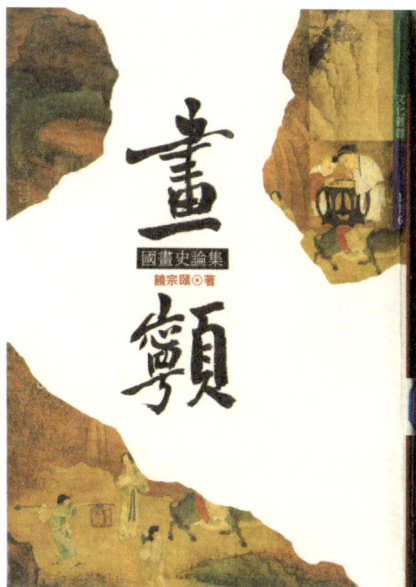

《画领——国画史论集》

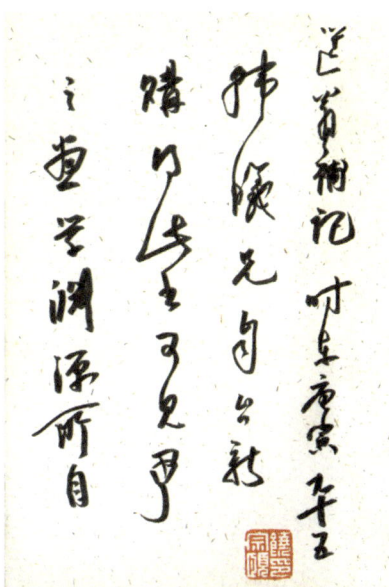

在《画领——国画史论集》上题签

母——汉字树》，写《画领——国画史论集》，还有《敦煌六
朝写本张天师道陵著老子想尔注校笺》等，都要翻阅有关资
料，查考出处，经常是超越了一目十行的极限。没有这样的方
法，单是查找资料将会花去很多时间和精力。他曾经就同一问
题收集各种材料，这些材料分别收藏于大英博物馆、剑桥大学
图书馆、瑞士巴塞尔人种学博物馆，他都亲自去读第一手材
料，亲自校勘，相互比对。这种扎实的做学问方法，至今仍为
学界所称颂。

饶宗颐认为学术研究，须讲究做学问的方法。做学问的
人，很多从点做起，而他是从面做起，先在上下左右来找连带
关系，用丰富的想象力，在别人看着没关系的地方探究出其中
的关系。要有丰富的想象力，就必须要有实力，而要拥有实
力，必须读书，即爱读书、读好书、善读书。对待每一本书，
他往往要重复看上很多遍，每次读完都有新的体会和发现。当

发现问题时，他用纸张赶紧写上。有时候拿一本书翻阅，忽然发现有用的材料，就用开会通知、信封、宣纸之类顺手记下来，总之能够拿到什么，便用什么做笔记，能记下来就是很好的资料。他搜集资料的方法，国内学人也有这样做的，如季羡林有时就把材料写在请柬或者是信封上面。

转益多师是我师

戴密微既是汉学家又是音乐家，他能弹得一手好钢琴，饶宗颐亦擅长弹奏古琴，音乐的共同爱好使他俩成忘年之交。戴密微在法兰西学院开讲谢灵运的课程，饶宗颐每次都到场旁听。1966年春天，戴密微邀请饶宗颐同游阿尔卑斯山，他的行李中几乎没有别的东西，只有一本《谢康乐集》。他们一路吟诗，一起讨论大谢小谢（"大榭"为谢灵运，"小谢"为其弟谢惠连），饶宗颐和谢"南楼"诗韵写《白山集》时，戴密微常为题解。戴密微十分重视文学，无独有偶，饶宗颐也沉湎于对文学的特别喜好，他们对中国博大精深的文化情有独钟，一起将将古人当成朋友，转益多师，饶宗颐赋写的诗词《白山集》是最好的见证。

1988年8月，饶宗颐为二弟饶宗栻（1921—2007）的孙子撰过一对联，内曰"渊明不求甚解，少陵转益多师"。他告诉年轻人做学问要从根本出发，做到"转益多师"是我师，以古人和大自然之物为老师。在成长中，学习的对象是没有固定的，要做到无所不师，即"道之所存、师之所存"，但在对待古人成果上的必须运用辩证思维，取其精华，去其糟粕，在批判又继承的基础上，进行自我创造，熔古今于一炉，创作有自己特点的佳作，这就是杜甫"转益多师"的精神所在。

　　1991年11月，在浙江温州"谢灵运与山水文学国际研讨会"上，饶宗颐述及谢灵运的山水诗佳作时话锋一转，指出谢灵运学识中最突出的是其对梵典、梵文的认识与学习精神，这是当时有关谢灵运研究中很少提到的问题，能注意到谢灵运在晋宋之间佛经的传译活动中所起的作用，主要是受戴密微的影响，戴密微是研究谢灵运的专家，对谢灵运的佛学著述研究早已走在许多学者的前面，饶宗颐在法国时，常主动向戴密微请教并一起探讨谢灵运的文学思想和对佛学贡献，饶宗颐于耶鲁大学任教时，仍特别关注戴密微发表的有关论谢灵运山水诗的文章，这种转益多师，不拘泥于一时、一地的一家之言向贤者学习，使饶宗颐在学术研究中常常做到左右逢源，且撰写的文章、著作能有首创性，其秘诀就是在于不断虚心学习，从别人成果中汲取经验，从而使自己在学术、艺术上的研究避开弯路勇猛精进。

　　1992年10月，法国法兰西远东学院成立90周年庆典在越南河内举行，76岁的饶宗颐应邀出席，会上第一个发言介绍了牙璋的分布范围。他说，越南已发现四个牙璋，中国的广东、香港也发现，在中国共发现25处。接着介绍国内牙璋发现的情况，引起了越南考古学界的兴趣。会前，越南考古专家凭着在自己国土上发现牙璋，判定其文化比中国人早。在会上，饶宗颐指出

1991年10月，饶宗颐（左二）在越南考察牙璋

做考古研究的根本问题，就是应将文化联系起来，不能切断历史的联系。凭其对甲骨等古文学研究的经验，他判断这些牙璋，都是商代的物件，认为是中国文化早在商代就从四川一路南下传到越南，他的论断理由充分，最后终于得到越南有关专家的认同。会后，他又发表《由牙璋略论汉土传入越南的遗物》一文，围绕牙璋出处进一步指出："此类当为典型早商之物，后来传至南方者。它是当地的制成品，抑从华夏传入的礼器？一时不易解决。我认为殷人的势力已远及东南亚群岛。"其用意是谓越南出土的四件牙璋是礼器，是由华夏传入的，能够作出上面论断，取决于他对中国古文明研究的多方面经验积累，也是他在学问中"转益多师"的一个事例。

持论要正

作为原生性宗教的萨满教，认为各种物类都有灵魂，自然界的变化给人们带来的祸福，都是各种精灵、鬼魂和神灵意志的表现。

一段时间，国内学界崇信西方人类学中的"萨满"观念，饶宗颐则指出，那是夸大和误读了中国古代的精神生活。饶宗颐用了正本清源的学术思想加以解答。春秋以来的学人无论是儒家还是其他学派，都用一个"礼"字来概括三代的典章制度。他提出要用旧观念的"礼"和有关制度去细心地探讨，来代替"巫"的看法。饶宗颐灵活运用了制度史观点来整理古史，这样比较合理，避免误入歧途。

在学术研究中，饶宗颐多次强调"持论要正"，这种做学问的态度，对学术、艺术研究有着重要指导意义。饶宗颐对刘勰的《文心雕龙》一文修正时，在刘勰"形文""声文""情文"

2012年4月2日，饶宗颐指导陈韩曦（右）做好编辑工作

的基础上增加了"理文"，这是他的独到之处。在齐梁时代，有些学人做表面功夫，重辞藻，缺"讲理"，饶宗颐认为"理文"是感天地的。《文心雕龙》的作者刘勰在寺院长大的，但他又没有很好理解佛学的精髓，却用儒家观点去看事物，直接影响到他的学问。特别是他捧儒家，捧孔子，却没有提出"理文"，是很可惜的。饶宗颐认为这给中国文学史上留下一大错误，会让外人将中国误解为是不讲理的一个国家。饶宗颐一针见血地指出："因为刘勰想入世相讨好，所以学问上就有一个地方偏离了正道，给后来的文学史造成了很大的遗憾。从讲真理的立场来讲，我觉得他有问题"。

饶宗颐指出《文心雕龙》的问题根源，富有学者之风，说到了要害，持论之正，令学界叹服。"文章千古事，风雨百年心"是他治学态度的写照。做学问持论不正，即使付出再大的努力，也定会走入弯路、无功而返。故曰"因地不真，果招迂曲"，"宁可千年不悟，不可一日着魔"。

二 饶学、华学发展

饶学

饶学是研究饶宗颐学术、艺术成就的一门新兴学科，涉及文、史、哲、艺，研究的内容包括饶宗颐的精神、思想、品格、情操，还有诗词、书画、古琴等。季羡林读《饶宗颐史学论著选》后，围绕饶宗颐精神，谈了自己的看法：

> 我们从事社会科学研究工作的人，再也不能因循守旧，只抓住旧典籍、旧材料不放。我们必须扫除积习，开阔视野，随时掌握新材料，随时吸收新观点，放眼世界，胸怀全球；前进，前进，再前进；创新，创新，再创新。

饶宗颐学术、艺术研究成果，对我们的启迪是多方面的，但归结到一点就是"创新"两字。如何不断"创新"，季羡林又谈到两点，一是"要跟上时代的步伐"，跟不上时代的步伐，"就会落伍，就会僵化，就会停滞就会倒退"；跟得上时代的步伐，"就能前进，就能创新，就能生动活泼，就能逸兴遄飞"。二是"掌握材料，越多越好。材料越多，在正确的观点和正确的方法的指导下，从中抽绎出来的结论便越可靠，越接近真理"。

李伯谦（1937—）认为，饶宗颐能够成为学术大师的一个重要原因，是注重研究方法，敢于推陈出新。对自己以往的研究结论，他敢于用新的研究成果加以修正，甚至否定；同时，他还敢于对别人，包括自己崇敬的学术大师的权威论断提出挑战。他之所以敢这样做，源于他对所有问题都要问为什么的钻研精神。李伯谦的说法，可从以下二事得到证明：一为饶宗颐发现早年写成的《新莽史》有违《正统论》的伦理道德时，立即将书稿压于柜下，不发表。这种具有自我审视的学术勇气，显示其内心的强大和善于自省的精神。二为钱穆的《楚辞地名考》发表后，他发现书中所涉及的地名与实际不符，为辨别钱穆所讲地名之真假，先后查看了一千多种志书，撰写《楚辞地理考》一文，明确地指出钱穆的错误。

饶宗颐之所以能成为季羡林等大师心目中的大师，可从欧明俊的《从饶宗颐先生阅历及成就看学术大师的条件》中找到答案：

> 饶先生坚持"吾爱吾师，吾更爱真理"的精神，对王国维提出批评。如认为王国维生活得太过实际，始终生活在人间，没有宗教的超越精神，故而想不通而自杀，有超越精神方可达到至境。王国维作为大师，少有人对其批评，饶先生却能够于人生哲理高度对王国维进行批评。饶先生还批评陈寅恪学习梵文方法不对。大师必定有追求真理的胆识，有挑战权威、颠覆定论的勇气，不以权威的是非为是非，不迷信权威，不盲从定论，质疑通行观念。

饶宗颐一直认为做学问宗旨必须坚持"求真、求是、求正"，而学问一定要接着做、不能照着做。他常挂嘴边说，就像潮州宋代建的广济桥，如照着隋朝赵州桥样子做，那么广济桥就没法成为中国四大古桥之一，只能算赵州桥第二。从1179年到1724年广济桥历经十四代莅潮官员，经过近545年不断接着做，最后这座桥才能成为世界桥梁史上的杰作。学问也同样，要接着做，接着便有所继承，照着仅沿袭而已。饶学发展就是将饶宗颐学术、艺术研究接着做下去，让"饶学"生根长叶开花结果。

1994年12月，《选堂文史论苑——饶宗颐先生任复旦大学顾问教授纪念文集》（复旦大学中文系编）由上海古籍出版社出版，书中选入施岳群、姜伯勤、钱仲联、荣新江、陈应时、李伟铭、单国霖等人研究"饶学"文章八篇，还有程千帆、王运熙、王水照等人的论文，系统论述饶宗颐在史学、考古学、古文字学、文学、书画艺术等贡献，指出"饶学"已成为学术界关注和研究的文化现象。

2013年7月，"饶学国际学术研讨会"在韩山师范学院举行，这是在潮州召开的第四场有关饶宗颐的国际学术研讨会，韩山师范学院成为国际上饶学研究的重点基地之一。学院专门成立了"饶学研究所"，出版《饶学研究》，设置10项饶学研究课题，创建了目前国内外唯一的饶学研究专业网站。自2012年春开始，学院还为中文系的本科生开设了一门"饶宗颐诗学研究"专业选修课。韩山师范学院此举促进饶学研究的学术化、系统化、国际化。

《华学》

20世纪80年代饶宗颐将国内考古作为学术重点，从而开拓了广阔的学术研究空间。几十年来，内地地不爱宝，古代文物大量出土，许多有学术价值的文物一经与纸质文献结合互证，很有可能推演出新的学术研究成果。面对层出不穷的新文物，他借助在内地访古时结识了众多学人的有利条件，大家相互交换文物资料，每当出席有关学术会议时，他一定带去论文和学者一起研讨。

1985年8月，他应邀出席在新疆乌鲁木齐召开的"第二届敦煌吐鲁番学会学术会议"，会议结束后，饶宗颐走遍古代丝路之道，考察交河故城遗址。他冒着43摄氏度的烈日高温，踏上戈

1997年4月，饶宗颐（右一）与季羡林一起出席在北京大学东方学院举行的《敦煌吐鲁番研究》编委会会议

壁，走过火焰山。他（忘却了自己已是退了休的68岁老人）风趣地说："自己身体还可以，不用借铁扇公主的芭蕉扇。"这给随行人员留下了难忘印象。内地考察活动，使他才思迸发，激情满怀，2000年7月29日，饶宗颐等7名中外人士获颁"敦煌文物保护研究特殊贡献奖"，他以"顺便研究"而与敦煌艺术研究大师常书鸿、段文杰比肩，实令人十分折服。

　　1995年8月，由饶宗颐创办和主编的大型学术刊物《华学》正式面世，这是饶宗颐对中华文化的又一大贡献。他题写了刊名和撰写发刊词，并在发刊词中称：

　　中华文明是屹立大地上一个从未间断的文化综合体，尽管历尽沧桑，经过无数纷扰、割据、分与合相寻的历史波折，却始终保持她的连续性，像一条浩浩荡荡的长河滚滚奔流，至于今日，和早已沉淀在历史断层中的巴比伦、埃及、希腊等古老文化完全不一样。中国何以能够维持上下五千年绵延不断的历史文化，光这一点，已是耐人寻味而不容易解答的问题。从

《华学》

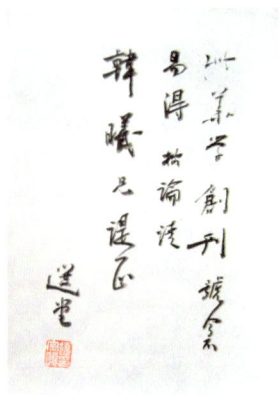

在《华学》创刊号
上题签

洋务运动以来，国人对自己的传统文化已失去信心，外来的冲击，使得许多知识分子不惜放弃本位文化，向外追逐驰骛，已深深动摇了国本。"知彼"的工作还没有做好，"知己"的功夫却甘自抛掷。现在，应该是反求诸己、回头是岸的时候了。近期国内涌起追求炎黄文化的热潮，在北京出现不少新刊物，朝着这一路向，企图找回自己的文献所遗留下来的传统文化的真义。亡羊补牢，似乎尚未为晚。

饶宗颐这番"坚守国本的原则"的话语，成醒世恒言，是匡救时弊最好的呐喊。他提出《华学》应面向全国、面向世界和有大的学问方向，其宗旨：

（1）纵的时间方面，探讨历史上重要的突出事件，寻求它的产生、衔接的先后层次，加以疏通整理。

（2）是横的空间方面，注意不同地区的文化单元，考察其交流、传播、互相挹注的历史事实。

（3）是在事物的交叉错综方面，找寻出它们的条理——因果关系。

《华学》刊出后，引起了学界同人、国内外高校及研究机构的高度关注，人们踊跃投稿各抒己见，一篇篇学术论文，一个个学术观点，在学术园地引起共鸣。为进一步办好《华学》这个刊物，饶宗颐认为应在北京、广州、香港三地建立起三角关系，结合南北、汇集东西的学界同仁，同心协力办一份拥有新材料、新看法且学术层次较高的研究刊物。让大家垦殖这块新辟园地，为华夏文化土壤培育新的种子，并精心栽培，使之开花结果。

《华学》自1995年创办，至今已出版了十多辑，这得益于饶宗颐的大力倡导，使海内外华人广泛认同中华思想和学术文化，共同迎接中华文明伟大复兴。

第十四章

学艺双携　播芳世界

2008年10月，"陶铸古今——饶宗颐学术·艺术展"在故宫举行，
饶宗颐在神武门前留影

一 学者、书法家、国画家

"饶家样"

"饶体书法"以不拘一格、自由挥洒为特色，有行草、隶篆、甲骨各体。饶宗颐将大量不同年代的碑体熟记于心，每每信手拈来，用精到的笔法，去传达"笔意"，成就"饶家样"书法。书法丛刊《雅言隽句·匾额》前言中有曰："饶宗颐教授的书法，是学者的书法，亦是书法家的书法。这在书法史上、甚至我国文化史上之一个罕见的例子。"

饶宗颐对前人书画艺术有特高观察力及转化能力，运用时就能创作出各种不同形象，又能保持强烈特殊风格。元代赵子昂说"用笔千古不易。"对张猛龙碑、龙门二十品等北碑，唐欧阳询化度寺碑，他通过深入研究笔法，其后再广泛阅览众碑之余，进而涉笔写其他北碑与唐碑，写得形神俱似。饶宗颐写金冬心漆书，掺入了爨宝子，汉简隶体，写得比金冬心还灵动。他的隶书，不拘守于两京碑碣，而广参汉镜铭、砖文、木简、帛书，以至清代郑谷口、伊汀州、桂未谷等人之意趣，写出一种沉稳静穆中带盎然生意之隶势。行草方面，早年即习唐代怀素上人的自序帖及宋苏东坡、黄山谷、米南宫诸家，故当他旁涉元人倪云林、杨铁崖，明人董其昌、张瑞图、黄道周、八大山人、陈老莲、丁元公、王觉斯等之书体时，下笔就能抓到这些人的神髓。他的篆书，略带天发神谶碑之方折笔法，又参入他喜好之悬针笔法，个人风格特强。临摹古人书法作品，他能一下子抓住主要特征，并在纸上加以表现。他一直主张，师法古人，一定要能抓住古人用笔用墨的规律与特点，而不必

20世纪80年代，饶宗颐父女与刘海粟父女在香港

步步跟随，唯恐不似，要有不似之似，这才是善取古人之长。

在工具使用上，饶宗颐主张发挥每一种工具的特点，使用不同的笔、墨、纸来创作，就必须发挥这些工具的特性。看到他示范使用各种工具书写的作品，尤其是在纸、笔、墨、砚的控制上，真是目送归鸿，手挥五弦，用物而不为物所拘。

广州美术学院原院长郭绍纲在《提高书艺有良方》一文中说："书道如琴理。行笔譬诸按弦，要能入木三分。轻重疾徐，转折起伏之间，正如吟猱进退往复之节奏，宜于此仔细体会。"郭说："饶老的论书第七要，节奏、律动、气韵是艺术表现的内在规律，只是形式的不同、空间与时间的不同。……法国作家雨果还曾将建筑比作凝固的音乐，可见艺理相通之广。"

中国书法家协会原副主席陈永正认为饶宗颐的书法是"哲人之书"。特别是对茅龙笔的使用，于白沙之外，更辟新境。书法最容易陷于书法技法程式化，"美观""单调"和境界的狭隘，风格的单一等毛病。"美观"好看仅于人以视觉的愉悦，不是书法最高境界。物无常形，字无常势，有法而无法，才是书法至境。饶宗颐书法作品形与神高度统一，其神品、逸品之书法，每每成为书法爱好者收藏的首选。

创立山水西北宗

饶宗颐创作的书画是集学者、文学家、诗人、词家、书法家于一体的大成。在学术研究这一阶段，他下了很多功夫。熟悉古典文学及贯通艺术史的良好基础成为书法和绘画的充足养分。诗词的创作，丰富了书画创作的内涵，以诗生画和以画生诗，二者相得益彰。

311

饶宗颐认为：对于画面的安排，完全出于画家运笔的习惯。每个画家到了相当造诣，他就有自己与众不同的手法。驾驭这种特殊手法去摹写，造化各种事物的出神入化，画家各自风格技艺的形成，即由此奠定。外界宇宙的客观形象，只是画材而已，主观部分是个人的宇宙，包括画家的个性、学养、心灵活动等等的总和。画家只懂得做"外师造化"一类写生旅途的工作，纵有收获，只是表面而已。传承古人，创作出自己书画的面目，是书画艺术的生命力所在。能传承古人，使书画艺术"自有源头活水来"，但更重要的是要对书画艺术有自己新的见解、有创新。

饶宗颐在耄耋之年仍不断追求新的发展，他数历敦煌，出入吐鲁番，观楼兰遗迹，涉龟兹残垒。触目所见，层山叠峰，荒草残垒，如"阴阳之割昏晓"，大辂椎轮仍在。他用皴法来表达经过的西北山水，却觉得无法尽显其美。因为他发现西北山径久经风化，形成层岩叠石，山势如剑如戟，有一种刚强坚劲之气，使人望之森然生畏。而树木榛莽，昂然挺立，不挠不屈，久经沙场，另呈一种光怪陆离之奇诡景象。经过多次实践，用乱柴、杂斧劈及长披麻皴，定西北山水轮廓山势，然后施以泼墨运色，以定阴阳。用刚健之笔取势，用雄浑之笔取意，或以金银和色，勾勒轮廓，用茅龙笔蘸墨辅助，创出西北宗画法来弥补上面的不足。饶宗颐指出西北地理形势的复杂，如龟兹国（库乐）山岳，必须采用"西北宗"的画法，才能使笔下的山水画耳目一新。他用一套新的笔墨语，圆满地表达中国这个独特地区的山水风情，创造出一种新的书画意境。《龟兹梦游图》是饶宗颐最具"西北宗"特色的画法，他用一种坚峭而疾速的笔法，糅合了披麻、鬼面、斧劈、乱柴等皴法，使观者如身临其境，并产生无限遐想。饶宗颐独树一帜的中国山水画"西北宗"论，弥补了明清以来传统绘画理论的不足，为中国传统山水画的现代转向开辟了一条新路向。

学术是艺术创作的源头活水

俗话说"三岁看大，七岁看老。"画家的成功往往源于幼年的兴趣。饶宗颐小时候就喜欢东涂西抹，自家莼园种的花花草草、养的鱼虫鸟兽，他都能凭自己的观察方式和表现手法，随意地将其描绘在书簿上或纸片上。由于无拘无束、天性自由发挥，常常画出天真拙朴的画作。父亲发现他喜欢画画的天性，开始在家中着手培养。10岁，家藏的石印本《芥子园画谱》让他开了眼界，临摹了多遍，初步掌握了树石、人物、屋宇的画法。12岁时，父亲付重金请金陵杨栻为师。从小得到父亲的艺术启蒙和熏陶，加上刻苦用功临摹，绘画童子功打得十分扎实。青年时期，饶宗颐对学术产生兴趣，开始全面转向学术研究。1952—1968

年，在港大任教，因学术交流需要，他经常奔走于世界各地，有时一年要换几个地方去工作，这样，也就少了许多心思去创作书画。当他重操画笔时，已是荣退以后的事情。荣退30多年来，饶宗颐有了更多时间可供创作书画，深厚的文学功底支撑他独特的画艺，成熟的思维使其创作新法迭出。身为中国传统文化巨匠，古体、律、绝，无一不精，词、骚、赋、骈、散，无一不晓，将这些学识与修养渗入丹青时，画作妙趣横生且意韵深远。饶宗颐学艺双修，艺术创作植根于深厚的学术土壤，其绘画特色是文学绘画、史学绘画、哲学绘画，他把诗、词、书法、音乐以及个人的性格、修养一并放进书画中，绘画作品成为其学术表现的一种载体，"书卷气"则直接地成为他个人的特质的"饶家样"。随着时间推移，饶宗颐的书法和绘画艺术渐渐被世人所熟知，其艺术取得的成就绝不在学术之下。

迄今为止，饶宗颐书画展览先后在日本、韩国、泰国、马来西亚、澳大利亚、新加坡等国家以及北京、天津、敦煌、广州、潮州、深圳、珠海、杭州、宁波、济南和香港、澳门等地举办，出版了大量个人书画集，主要有：

《选堂书画集》（1978年）

《选堂扇面册》（1985年）

《饶宗颐翰墨》（1992年）

《饶宗颐书画》（1993年）

《选堂书画》（1996年）

《澄心论萃》、《清凉世界》（1999年）

《选堂雅聚》、《古韵今情》（2001年）

《学艺双携》（2002年）

《古意今情》、《通会之际》（2003年）

《造化心源》、《象外环中》（2004年）

《岭海风韵》、《选堂书法丛刊》（4册）（2005年）

《普荷天地》、《饶宗颐艺术创作汇集》（12册）（2006年）

《心经简林》（2007年）

《长流不息》（2007年）

《陶铸古今》（2008年）

《我与敦煌》、《丹青不老》（2009年）

《天人互益》、《敦煌白画》（2010年）

《通会境界》、《岭南风韵》（2011年）

《饶宗颐书道创作汇集》（12册）、《意会中西》、《学艺双携》、《海上因缘》（2012年）

《禅心墨韵》、《艺会齐鲁》、《吃茶去》、《艺汇长安》、《益寿安宁》（2013年）

《饶荷盛放》（2014年）

1985年4月，饶宗颐出席在韩国利马美术馆举办的"选堂韩国书画展览"

《学艺融通——饶宗颐百岁艺术》（2015年）

以上画册全面系统地展示其书画精髓和艺术造诣。

书画同源

2001年11月2日，饶宗颐在北京大学曾对记者说："我认

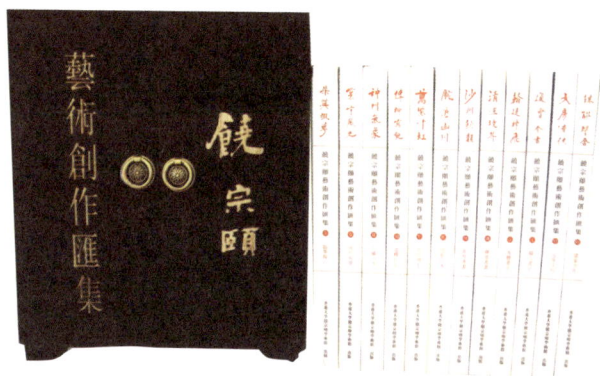

2006年12月，《饶宗颐艺术创作汇集》出版（共12册）

1996年，饶宗颐于澳洲悉尼家中后院作16尺山水画，该画由香港中文大学崇基学院收藏

为中国文化最有魅力的是文字，尤其是书法。"

唐朝张彦远在《历代名画记》提到："书画同源。"书法与绘画，相辅相成，书法处于绘画前面。饶宗颐认为："书法要有隶书作基础，还要有人格、学养作为背景。中国文化魅力最基本的一点是文字与文学的连带关系。汉字是一边形一边声，我们的文字有形文有声文，文学就是这样发展的。"

书法艺术是离不开汉字。汉字是书法艺术的精髓，汉字固有的艺术素质，其本身具有丰富的意象和可朔的规律性，使汉字书写成为一门独特的艺术。但是，社会上一些人认为书法已无须学习，随着网络时代的到来，大家都使用电脑，可以不用笔来写字。对于这种现象和说法，饶宗颐指出："这个根本是笑话嘛，中国文化精神一点也没有了，这件事犹如火车出轨，简直无从讲起。"饶宗颐又认为："张彦远论画，以为'得意深奇之作，观其潜蓄岚籁，遮藏洞泉，蛟根束鳞，危干凌碧，重质委地，青飙满堂，水石奇异，境与性会'。山水之胜，美即在兹。笔迹自以磊落为高，点画更取离披为美，神不可见其盼际，意正期极于周密，不滞于手，不凝于心，真宰在胸，生气满纸。观山则情辄满于山，用法则意不囿于法。固知书画、运笔，等是同源，道通为一。"

书法家、画家创作的源泉是大自然，是天地不言之大美所在。无以传其意，故有书；无以见其形，故有画。书法的用笔是中国画造型的语言，离开了书法的用笔，就很难言中国画，相应地中国画本身带上了强烈的书法趣味，处处充满抽象的美，这种美又烘托书法的体势。最早发现"书画同源"这个道理的是元代大画家兼书法家赵孟頫。他于一幅流传至今的名画上题诗道：

石如飞白木如籀，写竹还应八法通。

若也有人能会此，须知书画本来同。

赵孟頫指的是：中国绘画应以"写"代"描"，以书法的笔法画画。"书画同源"表现在"形、神、心"上的同源，它是中国书画家的独得之秘，其内涵幽远深邃，它使中国的书法和绘画自立于世界艺术之林。

二　艺术播芳

北京中国画研究院展

1994年9月，金秋的北京阳光明媚，中国美术家协会、中国书法家协会、中央美术学院、中国艺术研究院、中国画研究院于北京中国画研究院展览馆联合举办"饶宗颐书画展"。时任全国政协主席李瑞环出席开幕式，并和全国人大常委会前委员长万里在中南海会见饶宗颐，两位国家领导人高度评价了他的学艺成就。展览期间举办了"饶宗颐书画展览"座谈会，出席座谈会的专家学者有季羡林、金维诺、冯其庸、史树青、沈鹏等。座谈会气氛热烈，场面感人，饶宗颐在会上动情地说："我的本意是带一点不成熟的东西请大家指教，可是听到的全是赞誉，想听的批评没有听到，我很不敢当。我没有想到这个展览会引起文化问题的讨论，艺术与文化确实是不可分的，离开文化史就没有艺术史。日本著名的艺术评论家神田喜一郎反对只对'点'的研究，他认为不懂文学的人很难讲艺术。我们今天的艺术、文学都太讲究'点'，这样很难把握规律，研究的面应该再宽一些。"

"画中带有文人之性质，含有文人之趣味，不在画中考究艺上之工夫，必须于画外看出许多文人之感想"，这是陈师曾（1876—1923）为文人画下的定义，他认为文人画"个性优美，感想高尚者也，其平日之所以修养品格，迥出于庸众之上，故其于艺术也，所发表抒写者，自能引人入胜，悠然起澹远幽微之思，而脱离一切尖垢之念"。陈师曾言简意赅地表达出文人画的全部气质特征，言明文人画不仅有传统渊源，而且比一般画家的画更胜一筹。

作为硕学鸿儒介入绘画，饶宗颐把学术研究和艺术创作结合起来，表现为不仅精于绘画且有画论，工诗词而有诗论，一幅幅画作往往注入诗词、书法、画论、游记，此他把画作中的文化拉升到常人无法企及的高度，创造了一种富于魅力的审美新常态，就让观画者在"看得见"的画背后去追寻文化。他认为"一切之学必以文学植基，否则难以致弘深而通要妙。"学术研究使他能把深邃的文学意味，恰如其分地放到可视的空间中去，用来营造画中的千般意境和万种情怀，借此他又在画作中圆其文学的梦。绘画时，像文学创作一样对笔墨渲染不断寻找创新的路径、追求新高度，这位集诗词家、辞赋家、古文字学家、书法家、画家、音乐家于一身的大学者，打通了学术与艺术的边界，学与艺相济，最终创出学术艺术交融的新天地。

"古韵今情"中国历史博物馆展

2001年10月，中国历史博物馆举办"古韵今情——饶宗颐书画展览"，饶宗颐成为该馆首位举办书画个展的画家，季羡林、李嘉诚、庄世平等都到场祝贺。在开幕式上，他谈了感受："余正以治学之方治画，于画派则究源通变，于书法则穷高极深，以植基深厚为先务，而后转益多师。"

中国历史博物馆馆长朱逢派说："在饶教授身上，学者和艺术家这两种身份、两种气派完美地融合在一起，所以，他的绘画和书法作品在精湛的笔墨技法之中洋溢着浓郁诗意和超凡脱俗的文化内涵。"展览最引人注目是占满整整一面墙壁的一幅二十二尺《水墨荷花》，作品尽显其浩然大气如莲华在水，此巨幅荷花已捐赠给国家。

"东方的达·芬奇"

2007年10月3日至10月28日，日本神户兵库县关西国际文化中心举办"长流不息——饶宗颐之艺术世界"，展出了饶宗颐近二十余年来创作的100件书画作品，以山水画、人

20世纪70年代中访日时，饶宗颐（左四）在创价大学与池田大作会长等合影

物画、佛教题材绘画与书法作品为主，充分展现了其博采众家所长又另辟蹊径，笔墨丰润华滋，行笔自由放任的独特艺术魅力。显示90岁高龄的他依然能够开创出书画新路向，其治学精神——创新、创新、再创新也表现在艺术创作上。

早在1980年8月，饶宗颐在东京举行个人书画作品展，其书画作品在日本早已备受书画界专家学者所关注并获得高度的评价。此次展览体现的当时年已60多岁的饶宗颐至今仍不断勇猛精

进，作品表现其高尚品格和情操。自20世纪70年代访日后，日本创价学会名誉会长池田大作成为他的挚友，池田大作趁此次书画展特撰长诗颂赞饶宗颐的人生经历和特殊成就，称其为"真正的文艺复兴旗手，东方的达·芬奇"。

"陶铸古今"故宫展

2008年10月29日，故宫博物院举办的"陶铸古今——饶宗颐学术·艺术展"开幕，紫禁城的北大门——神武

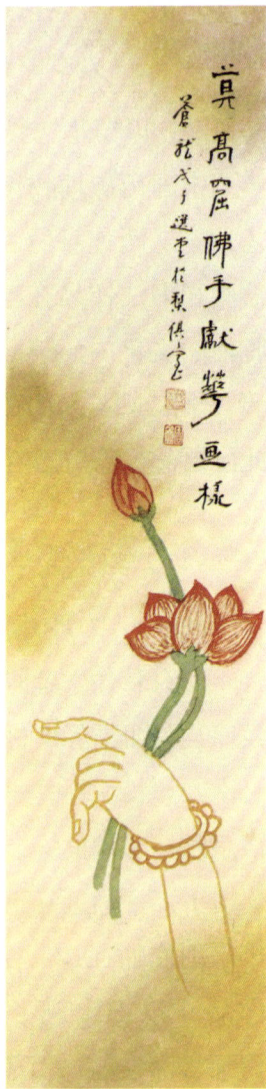

2008年，饶宗颐创作《莫高窟佛手献花画样》

饶宗颐、刘海粟、肖立声合作画

门城楼上人头攒动，专家、学者云集，气氛十分热烈。大家攒聚在一起，热切盼望一睹饶宗颐的风采、感受其艺术精神。这次展览是故宫博物院成立以来为在世画家举办的第四个名家个展，也是首位香港学者、艺术家的个展。展品有代表着各个时期独特风格的书画作品120幅，还有各种著作、文稿以及主编刊物约100种，这是他文、史、哲、艺的获得丰硕成果后于京城的首次集中亮相。下午三点半，饶宗颐满面春风，他神采奕奕地登上城楼，不断向在场的来宾揖手致意。神武门城楼上掌声阵阵，相机快门响个不停。在开幕典礼上，孙家正致辞说："本次展览是学术界乃至国家的一件幸事。面对饶宗颐先生的学术、艺术巨作，就像面对一座磅礴的高山一样，让人明显感觉到中国文化、民族精神和学术的气质和品格。"为配合此次展览，10月30日上午，在故宫博物院举行饶宗颐学术艺术研讨会。下午故宫博物院举办饶宗颐捐赠10幅书画作品交接，在仪式上，他感慨地讲到："学艺兼修是件很累的事，但越是累，越觉得有趣。因为里面的学问太多，我不怕累，一头钻进去，喜欢在历史中求真的东西，在艺术中可以想象丰富的意象。从小养成的这种习惯，是一种很好的享受，一种至今还一直在追求的享受。"

在故宫展览前的28日下午，饶宗颐专程到北京解放军总医院看望季羡林。"南饶北季"京城会的开场白是他称赞季羡林的一句话：

2008年10月28日，"南饶北季"世纪老人京城会

"您是全中国人民的老师。"季羡林双手合十迎接老朋友说："不敢当。"夸赞饶宗颐："您是多才多艺啊。"他将"松高唯岳"匾额、布画"荷花图"和《陶铸古今——饶宗颐书画集》赠给季羡林，并谦虚地指着画册说："这些只是些乱七八糟的东西，您有时间就翻一翻。"1993年，两人在泰国参加学术活动，一起创办《华学》杂志。季羡林每次去香港时一定到饶宗颐家拜访，季羡林回忆说："我曾去过饶先生家里，他家住在跑马地，家里有个很大的画室。我们两个的兴趣很广，在很多领域有相通。他最能发现问题，最能提出问题。每一个学问家必须提问，否则学术怎么进步？能提出问题，就证明钻进去了，提不出就是钻得不深。学问是没有止境的。"季羡林还忆道："正是因为研究领域广泛，两人的交叉就多了。主要集中在佛教史、语言学、中外文化交流史、敦煌学。"

谈到这里，季羡林还说："学问有两种，有人一辈子做很细的学问，也有人的范围很广。范围广的好处是研究的学问多了，就有比较，有比较了就能提出问题，没有比较就提不出问题。比较首先是中西比较，再是古今比较。"谈到中西比较，季羡林认为："好多问题，中西不一样。从根本上讲，思维有两种，一种是分析的，一种是综合的。西方偏于分析，而中国偏于综合，各有所长。文化也很不一样，从严复翻译的《天演论》我们就知道了，西方主张'物竞天择，适者生存'，所以研究学问也要跟上世界潮流，而中国讲究'天人合一'，所谓'礼之用，和为贵；先王之道，斯为美'。"10月29日，《光明日报》发表付小悦的文章：《谁知不染性一片好心田——饶宗颐探访季羡林小记》。《羊城晚报》报道：《饶宗颐季羡林世纪老人相会北京》。

2011年8月19日，国务院副总理李克强到香港大学探望饶宗颐，除关心饶宗颐身体状况和生活条件外，还关注其学术研究情况，询问现在是否还有继续做学术研究，饶宗颐回答说："我一直都在做研究，这是作为中国人的责任。"

李克强赞扬他不仅传承发扬中华文化，而且还促进中华文化走向世界。李克强带来的礼品是由戴月轩精制的一套5支装"仁、义、礼、智、信"毛笔，饶宗颐则回赠了一幅自己绘制的荷花画作，李克强高兴地说："饶教授画的荷花就是别有风采！"

国家博物馆百岁艺术展

2015年4月28日，由中国国家博物馆主办的《学艺融通——饶宗颐百岁艺术展》在北京开幕。这是历年来众多展览中最具规模及展品种类最为齐全的大展，作品涵盖饶宗颐超过80年的学术及艺术成就。学术方面的展品包括历年来近百种著作、学术论文、各种手稿、信札等。艺术方面主要是20世纪50年代至2015年各式绘画，如敦煌白画、禅画、西北宗山水、荷花、山水画手卷、山水画册页、山水扇面等。书法主要是甲骨、金文、简帛、

2015年4月28日，《学艺融通——饶宗颐百岁艺术展》在国家博物馆开幕

篆、隶、楷、行、草等各体书法，以及晋、唐、宋、元及明遗民诸家笔意的作品。早在2001年，中国国家博物馆的前身——中国历史博物馆就曾举办过他的书画展，并获捐赠巨幅《水墨荷花》，该作品也在此次展览中展出，是最大幅的绘画作品，在所有书画作品中独占鳌头。此次展览全方位展现饶宗颐"观自在"的人生境界，学艺融通取得之艺术成就。展览会上，饶宗颐将其创作的10件绘画精品捐给国家博物馆收藏。

在京期间，总理李克强又一次在中南海紫光阁接见了饶宗颐，祝贺他百岁华诞，称赞他是香港特别行政区的骄傲。饶宗颐作为一代宗师，一直备受党和国家的关怀和重视，2010年至2015年五年内，两任国务院总理三次会见。

"莲莲吉庆"国际巡回展

2016年6月初，香港大学饶宗颐学术馆出版《莲莲吉庆——饶宗颐教授荷花书画巡回展图录》，随后开始在各地巡回展，6月16日，在黑龙江大学博物馆；7月25日，在潮州饶宗颐学术馆；11月8日，在西泠印社中国印学博物馆；2017年2月18日，在湖北省美术院美术馆；3月15日，在山东大学中心校区；6月27日，在法国巴黎"彤阁"；8月18日，在澳门回归贺礼陈列馆；10月27日，在香港饶宗颐文化馆；11月18日，在中国美术馆。从2016年起，"莲莲吉

中华人民共和国国务院

饶宗颐先生大鉴：

先生百龄鸿庆，乃我国学界一大盛事。先生毕生致力学术研究和艺术创作，忘我物外，孜孜不倦，博学广识，蜚声中外，为传承和弘扬中华文化做出了卓越贡献，令人景仰。

值此百朋介寿之际，衷心祝愿先生椿年葵荣、鹤寿绵长，并望先生继续为国家的文化建设以及香港与内地、中国与世界的人文交流建言献策、贡献力量。

刘延东
二〇一五年十二月六日

2015年国务院贺函

庆"荷花作品经过两年巡展，最后在中国美术馆落幕。2017年6月23日下午，饶宗颐在家人等陪同下，于香港乘专机赴法国巴黎出席巡回展开幕式，百岁的饶宗颐亲自出席，成为艺坛一段佳话。6月26日，由学生汪德迈作陪，重游巴黎南边的皇港修道院（Abbeye du port Royal des Champs）。两位蜚声中法两国文化的"师生"，在"小学校"见证中法两国学者源长流远的友谊。

三　师古、师自然、得大自在

师古

作为书法、绘画的艺术大家，饶宗颐作品有强烈的个性色彩，是"学者之画、文人之画"。少年临摹《芥子园画谱》，再由杨栻指导临摹任伯年画作。由简到繁，由小到大，渐渐地掌握任伯年绘画技法，操起画笔开始感到得心应手。临写了任伯年作品无数遍后，有些古画经他一手临摹几可乱真，连杨栻都不敢相信眼前这个孩子的天赋如此之高。后来，杨栻有意传授站立作画绝技给饶宗颐，做法是将宣纸挂于墙壁上，练习线条。功夫不负有心人，比饶宗颐高出一半的3米长线条，他悬腕引臂，一蹴而成。随后，学习元代四大家（吴镇、黄公望、倪瓒、王蒙）的作品，领会其内涵，学习各家的笔法、用墨与构图；特别是对山水画中关于"疏"与"密"的关系，一再琢磨，使得笔墨的运用达到了酣畅。在处理疏淡的意境方面，饶宗颐赞赏清初画家朱耷的画作，认为朱耷的画作有一种笔力扛鼎的感觉。饶宗颐所师的古人甚多，但对他影响较深的有元代的黄公望、倪瓒，明代的徐渭和清初的张风、朱耷、弘仁以及石涛。后来，他创作的画作既深于黄公望、倪云林，又精于马远、夏圭，其落笔有南宗又有北宗混合的特色。饶宗颐先后临《摹唐韩滉五牛图》（1977年）、《摹宋五李公麟五马图卷》（1982年）、20世纪80年代摹宋代夏圭的《溪山清远图》，已可看出明显的南派浑厚华滋和北派的奇雄苍劲。1999年，他以草籀之法，摹黄公望的《富春山居图》，不仅端庄临写，而且还就此画之源流及影响出版专著。《富春山居图》卷，苍茫简远，气势雄秀，有一种峰峦浑厚，草木华滋之感。正如他所题："平生嗜富春山居图，考证临写，颇耗日力……图现藏浙江博物馆，余屡过杭州，必索观摩挲，历四度矣，友人曹锦炎兄嗤为黄迷……"

他像董其昌一样，用临摹的方式表达对黄公望崇敬之情。2003年，饶宗颐不拘张度，简括削劲地绘画《摹宋梁楷截竹、撕经对幅》，以回归六祖破竹的樵夫角色和传递撕经的不羁形象。

淡泊明志　宁静致远

1999年，饶宗颐绘写《诸葛孔明像》

师自然

饶宗颐除师古之外，更师自然。从20世纪50年代，游历亚、欧、北美、大洋洲各国，到20世纪70年代后期，游历祖国名山大川。每到一处则将所见所闻速记于写生簿，归来时据此付诸丹青。他以自然为师，崇尚精神与天地往来，并做到画中有"我"，"我"的追求和"我"的表现在笔墨交融中体现。史树青评价：

> 先生作画，首重运笔，尝谓："画理笔法，其天地之质欤！其山川之饰欤！"文质相依，皆以反映自然美为志旨，追求意境，必以天地之质与山川之饰而写出。画理笔法，自然相融，应是《六法》"骨法用笔""应物象形""随类赋彩"之发挥。

为实践古人的"外师造化，中得心源"的书画创作哲理，他除了画了大量域外山水写生，而画更多的是内地山水写生和回忆之作，其中域外有：

《星洲写生》（1969年）

《洛矶雪意册》（1985年）

《玖磨川》（2004年）

《黑湖览眺》（2005年）

《呵叻巨木》（2005年）

内地有：

《黄山图册》（1979年）

327

《泰山绝顶》（1980年）

《四天下四条屏》（1993年）

《五岳图》（2001年）

《屯门帆影》（2002年）

《龟兹大峡谷》（2005年）

《雾锁重关》（2005年）

《雨后太平山》（2010年）

饶宗颐一生为学问而行走天下，师古、师自然。他用笔墨记录眼前景色，而一幅幅山水画更成为得大自在的篇章。

以禅通艺

1993年6月，《画领——国画史论集》作为"中国精神史探求"之二由台北新文丰出版公司出版。饶宗颐从东方文化的角度，对当代艺术史的前沿课题阐发了对东方艺术智慧的独立见解，可以说是国画心理学。"画领"可理解为"画的头部"，书名本身就充满禅意。书中讲，昔圆悟禅师拈语略云："至简至易，往还千圣顶领额头。弹指圆成八万门，一超直入如来地。"严沧浪论诗，截断众流，亦云："此乃是从顶领上做来。"

饶宗颐说："熟读禅灯之文，于书画关捩，自能参透，得活用之妙。以禅通艺，开无数法门。""熟读禅灯之文"指出了此书、此画、此艺术不是单靠思量就能明了的。艺术的顶峰亦是佛法，"以禅通艺"表现其书画作品上呈现出"自我生命"，并且自然流露着天趣之美。他禅悟境界、绘画境界，用现代心理学来说，完全是一种心理的高峰体验，一种发自心灵深处的战栗、欣快、满足、超然的情绪体验。在特殊经历中，画家对高峰体验的把握，是书画的关捩。而关捩是至简至易的，犹如从头顶骨处对精神超越的把握。黄苗子在《饶宗颐书画》的《序》中写道：

> 以画入禅或以禅入画，并不是一件容易的事……选堂先生的画"落笔便高"，正是由于他平日禅学修养高，笔墨没有执着，把有、无、色、空融化在丹青里面，这种不去标榜禅而深有禅意的书画，在饶公的作品中，往往得之。

饶宗颐写过一绝句："水影山荣尽敛光，灵薪神火散余香，拈来别有惊人句，无鼓无钟作道场。"这首绝句体现饶宗颐在书画艺术上所追求的境界。"无鼓无钟，空所有"，然后才能无惧，才能"有"，饶宗颐常常谦虚地称其作画写字，只是搞笑，正是饶宗颐的公案禅语。

北周时期，"三圣"则为孔子、释迦牟尼、老子，分别代表儒、释、道三教，《三教图》是"三教合一"的图像化、诙谐化。2001年，饶宗颐绘制的《三教图》是梵学、禅学在艺术中的集中体现。饶宗颐曾研读梵文3年，又到印度班达伽东方研究所工作，其间向白春晖之父V. G. Paranjpe教授问学，因此对梵学研究甚深。对于梵学

1996年，作《观世音大士像》

（佛学）到禅学在书画艺术中的应用有独立见解，认为"画家有时亦可运用禅理去建立他的构图方案"。不论简单构图或复杂构图，要能通禅，必定跟禅宗的"顿悟"与"渐悟"系同一道理。借助诗、书、画三位一体去经营画面，再运用佛学之义理，使整幅画呈现出一片禅机，禅意勃发。禅画手法多以形象奇、布局新、笔墨洒脱、色彩特异、书法神飞去表现空灵和禅定的境界，作品往往予人以心灵触动，最后竟成人安心立命之精神归宿。

《写青原禅偈山水四屏》（2004年）以四联屏的方式表现惟信大师见山见水三段论，由"原我"到"通我"进而达"无我"的境界，从而体味"真我"。《禅偈山水六幅》（2006年）用纯水墨禅诗，以空旷的画面表现无的意义。为广州市绘制羊城八景：《西樵飞瀑》《珠江秋泠》《萝岗香雪》《东湖春晓》《鹅潭夜月》《白云旭月》《荔湾烟雨》《越秀松涛》。谙熟于胸中的羊城景观在他的笔下既不是既往之景，亦不是现实之貌，这是他怀古之思和文人之想。这组画的景色都各具异趣，他用设色丙烯在画布上形象地诠释了禅的境界。

饶氏白描

中国人物画，历经几千年，从粗放到细密，从工整到写意，从原始绘画的古朴、秦汉的沉雄到晋唐的绚丽，宋代的丰富，以及到元明清的文人气息，此起彼伏，层出不穷，不断发展。对于人物画，饶宗颐在孩提时已有基础。上小学时，他家钱庄对面有个画像馆，画师们经常在画白描画。他觉得好奇又羡慕，每次都站在一旁看得十分入神，有个老画师知道他是对面钱庄老板的儿子，看他这么爱画，就让他坐在边上学画佛像。每天放学，他就往画馆跑，跟着老画师画佛像，并乐此不疲，有时还忘记回家吃饭。少年时，他已尝试以宣纸直幅挂裱于墙板上，纵意挥写，这种练习方法对他的白描由拘谨变成洒脱大有帮助。

20世纪60年代，饶宗颐在法国游学，赏览藏在巴黎的众多敦煌白描画稿，以遒健古拙的线条进行临摹，作为《敦煌白画》一书中的插画。1978年该书作为"法国远东学院考古学专刊"在巴黎出版，他开创敦煌白画研究的新境界。饶宗颐认为，假如没有年少时对人物画的兴趣和素养，他是绝对不会注意到这项课题的。在《敦煌白画导论》中，他详细说明了敦煌白画的画风和有关技法，"白画"实际上就是画稿，也即是壁画的画稿（绘制壁画前所做的准备稿本），始见于敦煌经卷背面及卷末，线条出自历代特别是唐代大师级画家的手笔，故十分健劲优美。根据史料记述，唐代壁画质素如此奇特是取决于线条勾勒，而勾勒部分是由画师负责的，画工只负责设色部分。由此可以得知，白画实际上是人物画的最重要部分，是精华所在。饶宗颐在敦煌莫高窟考察时，走访了50多个窟，对每个窟的壁画他都能对应巴黎看过的经卷、文献的绘画进行比较。他在《选堂清谈录》中说：

> 这是我最大的乐趣，我在巴黎见到的唐代敦煌写卷，每一个写卷其实就是对应某个窟，我从写卷得知的东西，亲自到那个地方做了验证，我会高兴地说，原来如此；或者受了新启发，产生了新疑问，这时我又继续查书，将问题一直追下去。

饶宗颐以敦煌壁画和敦煌画稿为原始素材，选取入画对象作为独立单元，用其白描法再塑形象。其人物传神、精致，

331

与他临摹敦煌画稿中那些惊世的人物绘画关系最大。如绘制的《十六应真图》，从构图风格上可联想到陈老莲，但细品又有所不同，塑造上更似敦煌佛画，用笔飘逸产生一股仙气，可见他取舍高妙，笔墨灵通。另幅《观世音大士像》看似清代金廷标的《大士图轴》，他用铁线篆笔法渗入画中，整幅画充满雄劲浑厚的美。两幅观音像，金廷标严谨，饶宗颐飘逸，使人看到两幅风格不同的作品，和金廷标比较，他用的是变化无端的笔法来创新画作，观音像是最佳典范。张大千评价说："饶氏白描，当世可称独步。"张大千当年在敦煌临画，他的画大部分是色彩艳丽，精工绝伦，其风格与饶宗颐的绘画不一样。张大千画求"巧"，与饶宗颐求"拙"恰好相反，这样一幅画创作下来，张大千的画作不可避免地出现流滑且不耐看。

《饶宗颐艺术创作汇集·沙州余韵之敦煌书画》书中，有作于1980年的《硃描金刚》，画中有题跋曰：

> 法京所藏敦煌卷子金刚画样，敬以硃笔写之，普为法界苍

2010年12月，饶宗颐与陈韩曦一起欣赏"羊"的画作

生同沾此福。岁在庚申，选堂记。巴黎所藏金刚画样，以硃笔写之。愿共体悟生，普成正觉。乙丑，选堂识。

另一幅《复笔罗汉》作于1985年，设色绢本，题跋为：

此法京吉美博物馆藏伯希和取去比丘象。重设色，故拙著《敦煌白画》未采录。其侧有妻张一心供养。开元十七年题识，面部手掌多作复笔，世所罕观，贯休变形绘法，疑从出。选堂拟作并记，乙丑冬月。

又如《白描观音》水墨绢本，作于20世纪90年代，饶宗颐题识：

1985年，作《复笔罗汉》

身如芭蕉，心如莲花，百节疏通，万窍玲珑。来时一，去时八万四千，此义出楞严，世未有知之者。坡老偈，选堂书。

这些来自敦煌壁画、经卷的金刚、罗汉、观音，若没有学术支撑，它们将不可能有特别的意义。

饶荷

翻开饶宗颐众多画集，几乎都出现"饶荷"作品，不论巨幅，

333

还是尺幅，不管水墨，还是设色，总之，一股股"荷香"扑面而来。细细品读其荷花画，是诗、书、琴、画以及画论的融合。

饶宗颐从小师法宋五子之首周敦颐，特别喜欢诵读其《爱莲说》，荷花这个谦谦君子对"饶荷"创作影响最大，后来到印度研究梵学与佛学结缘也是他爱画荷花的原因。作为一位学者型画家，"饶荷"是建构在敦煌学、梵学、佛学、禅学、诗词学的融会贯通上，万般学问成为画荷的不尽文思，成为饶宗颐学术上的另一种表现形式。

荷花不仅要有"逸品"，更需有"逸气"。饶宗颐在《诗画通义》一文中论及"气韵"：

> 六法，其一曰气韵生动。韵本声律之事。刘勰云："同声相应谓之韵是也。"嵇康《琴赋》："改韵易调，奇音乃发"。改韵可得奇音，迅笔乃出异彩。文之韵，亦犹乐之韵也。魏晋以来，品藻人物，辄曰思韵，曰风韵。既取之喻画，亦举以论文。

2013年，饶宗颐绘制"如莲花在水"荷花图

"改韵易调"的变化方法，运用到荷花创作的变化改造上，使他"不滞于手，不碍于心，镇宰在胸，生气满纸"。营造"饶荷"画面的"气韵"，则结合自己撰写荷花的文章诗词之"声韵"，加之熟悉乐理上之"琴韵"，略其形迹，取其心同，这是"饶荷"创作上对"道通为一"的亲证阐发。

饶宗颐画荷在吸收八大山人、吴昌硕画法的基础上，随着敦煌学研究领域的拓展，他先后五次到敦煌莫高窟考察，大量吸收唐代

2011年，饶宗颐草篆五言联：鼎臣斟小学，嗣宗作酒人

敦煌石窟壁画和经卷绘画的特色，创出独具魅力的"饶荷"，着眼赞美荷花中通外直、冰清玉洁的神髓之美，他赋予笔下荷花以一颗心，并将自己的品性与荷花重叠在一起。敦煌莫高窟壁画色彩的种类丰富，有极高的感染力和表现力，受此影响，为使笔下荷花更具物理、物情、物态，他很少用墨，大胆使用黄金、朱砂、石绿，营造荷花的富丽堂皇；采用红、黄、绿、青、白、褐等颜色，让荷花气象万千，泼彩、泼金等技法使荷花五彩斑斓，题款加上佛语或吉语便成为敦煌"唐韵"的"饶荷"，这是饶宗颐为敦煌艺术天地植下自己心中的荷花。

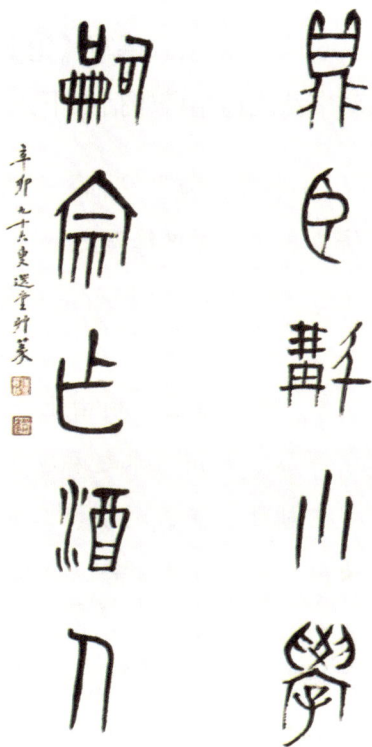

《论书十要》

1965年，饶宗颐撰写《论书十要》，将写书法经验进行总结，对书法之道精辟概括如下：

（1）书要"重""拙""大"，庶免轻佻、妩媚、纤巧之病。倚声尚然，何况锋颖之美，其可忽乎哉！

（2）主"留"，即行笔要停滀、迂徐，又须变熟为生，忌俗、忌滑。

（3）学书历程，须由上而下。不从先秦、汉、魏植基，则莫由浑厚。所谓"水之积也不厚，则扶大舟也无力"。"二王"（王献之、王羲之）、二爨（爨龙颜碑与爨宝子碑），可相资为用，入手最宜。若从唐人起步，则始终如矮人观场矣。

（4）险中求平。学书先求平直，复追险绝，最后人书俱老，再归平正。

（5）书丹之法，在于抵壁。书者能执笔题壁作字，则任何榜书可运诸掌。

（6）于古人书，不仅手摹，又当心追。故宜细读、深思。须看整幅气派，笔阵呼应。于碑板要观全拓成幅，当于别妍蚩上着力；至于辨点画、定真伪，乃考证家之务，书家不必沾沾于是。

（7）书道如琴理，行笔譬诸按弦，要能入木三分。轻重、疾徐、转折、起伏之间，正如吟猱、进退、往复之节奏。宜于此仔细体会。

（8）明代后期书风丕变，行草变化多辟新境，殊为卓绝，不可以其时代近而蔑视之。倘能揣摩功深，于行书定大有裨益。新出土秦汉简帛诸书，奇古悉如椎画，且皆是笔墨原状，无碑刻断烂、臃肿之失，最堪师法。触类旁通，无数新蹊径，正待吾人之开拓也。

（9）书道与画通，贵以线条挥写，淋漓痛快。笔欲饱，其锋方能开展，然后肆焉，可以纵意所如，故以羊毫为长。

（10）作书运腕行笔，与气功无殊。精神所至，真如飘风涌泉，人天凑泊。尺幅之内，将磅礴万物而为一，其真乐不啻逍遥游，何可交臂失之。

仅400多字的文章，各个要义相互关联，既有针对性，也有操作性。其中："大"是指书法上表现的雄大气魄，不是字体、字形大小的问题；"主留"是指"无垂不缩，无往不复"，"变熟为生"讲用笔、造型、结构要避免公式化，"生"是思考与世俗不同的表达方式；主张学习书法需顺着篆、隶、楷、行、草的次序来开展，在"二王"中求流派，在"二爨"中求古拙；当进入"人书俱老"的境界时，书法就变成一种自然而然的表达；选择自己喜欢的书体来多加临摹，从一画做起，反复练习，以养其力，以培其势。一画分横笔、竖笔、方圆。由此，一生二，二生三，故篆法为一切书之母。不从此入门者，笔不能举，力不能贯，气不能行。"石涛论画，起于一画，书法之理，切不可忽。"总之，书法是人的一种修养，什么样的人写出什么样的书体。书法又是人的性格、学养以及世界观的综合表现。

饶宗颐的书法集行草、隶篆、甲骨、简帛各种书体兼具。从书楚缯书笔意联、书冬心七言联、书庄子《逍遥游》再到隶书七言述怀巨联，最后行草书董其昌述怀韵语，都可感受到他的书法主张。他还从艺术修养的广度提出"书道如琴理"，即书法相通到音乐领域。此新观点也说明画、艺之理皆相通的奥义。早年研究楚文化，对楚缯书中的文字之形、义精熟周详后，他能把古代一些不是书法家所写的字，变成自己风格的古文字去书写作品。"以古人为朋曹"使他经常将古人当成朋友，向古人学习，抓住古人作品特征、规律，准确判断其用笔、用墨的方法，领悟后写出有自己面目的书体。对于明代书法，他认为："明代后期书风丕变，行草变化多辟新境，殊为卓绝，不可以其时代近而蔑视之，徜能揣摩功深，于行书定大有裨益。"他对明末清初的黄道周、倪云璐、张瑞图、陈老莲，以及八大山人等人的书法，都着力吸取其字势精神，一一融入自己的行草书中。观其行草书法，在自我面貌中又能见到晚明书风的迹象。

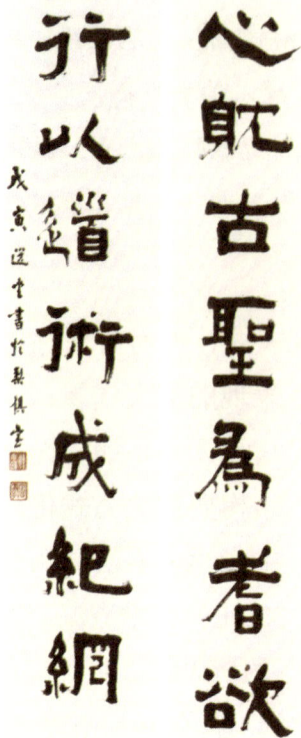

1998年，饶宗颐隶七言联

饶宗颐擅长书法诸体，尤精隶书。其隶书书法作品最为精彩，时人称之为"饶隶"。他既是考古学家又是文字学家，对汉简书体浸淫不少岁月，尽藏于胸。如一幅漆书七言大联："心耽古圣为耆欲，行以道术成纪纲。"该对联有隶的书势，又参入汉简等书体，甚为生动。又如书法作品《书冬心绿脂研铭》《书朱竹垞词》等参以诸碑刻，融会贯通，尤其是张迁、华山诸碑，吸收汉隶的真貌。在他笔下，隶书浑厚古朴，皆能于古人笔意上发展。

饶宗颐的书法作品，不论是对联、匾额、条幅还是手卷，细细品读，可以看出极其重书法艺术的形象美。这种美也就是字要有骨格，要讲究字与字之间的和谐。写书法怎样才能做到入木三分，他认为："以线条为主体的书法艺术，便是这样地建立它的散点透视，以不齐整而打破焦点的审美观，使书家摒弃算子式的呆板序列去寻求纵横驰骋、奔走龙蛇的笔势；否则过于齐整板滞，便成为'奴书'了。"

饶宗颐所说的散点空间，书法以其特有的提、顿、疾、徐等手法加

2001年，饶宗颐在香港大屿山今心经简林之地，结跏趺坐

上浓淡干湿诸墨色，在线条上刚劲有力加以表现，使人感受到散点的空间美中的无限愉悦。

创作大字《心经》

1980年10月，饶宗颐在河南孟津看到清代书法家王铎俊美大字，很有感触，认为王铎书法顶天立地，有民族精神。后来，他写大字书法是受到王铎的影响。

在泰安，从三官庙翻过小岭，就是经石峪，这里刻着《金刚经》的全文。相传此处为晒经石，明代才称为经石峪。《金刚经》刻于石上，每字足有一尺以上，可称为历代大字的鼻祖，也有人称它为榜书之宗。饶宗颐坐在石上，细细端详。

2001年，饶宗颐在香港中文大学体育馆篮球场内，以如椽大笔抄录《般若波罗蜜多心经》，他取意古代之竹简，尺余大字以八分体书写，字大一尺以上，每个字都峭拔古腴，遒劲苍老，充满无限的生机，可与泰山经石峪金刚经相媲美。2002年，眼见香港经济低迷、人心涣散，他决定赠送《心经》予香港市民，借以鼓励大家恢复信心。后来，为让全港市民可以欣赏，香港特区政府决定在大屿山上建全球最大木刻"心经简林"，将其墨宝转化为户外大型展览。

2005年5月20日，宝莲禅寺对面半山腰上，由38根高8米至10米的花梨木组成木刻佛经群开幕，《心经》内文分别刻在每根锯平的原木上，连同经名、落款和两个印章，总共284字，最后一根原木上，刻着"岁在壬午、选堂敬书心经、愿令阖境安康、时雍物阜、长浴斯福"24个字，表达对香港市民大众的衷心祝福。"心经简林"的布局成无限符号，呈现一个"∞"字，意为"生生不息，无穷无尽"。坐落于"∞"最高点的木桩（编号2）并没有任何刻字，象征《心经》"空"的要义，现在"心经简林"已经是香港市民寻求心灵慰藉的一个重要去处。

CHAPTER 15

第十五章

首创潮学　弘扬乡邦

2008年6月2日，饶宗颐于爱宾室挥毫书写"大爱无疆"

一 潮州学

起步乡邦文化

潮州学是以全球潮人为研究对象，涵括历史、地理、文化、哲学、经济、人物、社会等潮汕人文的一门学问。从文化视觉讲，潮州话、潮州民居、潮州菜、潮州工艺、潮州工夫茶、潮剧等也是潮州学的研究范围。20世纪90年代，"潮州学"由饶宗颐首先提出，成为一门以潮州地区历史文化研究为中心的深具地方特色的学问。

饶宗颐治学受到父亲的直接影响，其国学研究是从潮州学起步。6岁那年，以潮州特产"姑苏香腐"答谜底"吴宫花草埋幽径"；13岁，在父亲辅导下，研读家中所藏潮汕历史文献，进入研究潮州学的领域；16岁，作《优昙花诗》一鸣惊人；18岁，续成《潮州艺文志》，于志内加笺注245条。该志内容涵盖了千百年来潮州的文学、史学、哲学、诗词、评注等。该志书成为潮州文化学术史的重要文献，潮汕地方志第一次有了完备的版本。19岁，受聘于中山大学广东通志馆，撰《韩山志》

2005年，重刊《潮州志》封面

（已佚，仅存《韩山志序》），又作《补陈经籍志·序》；20岁，考证潮州湘子桥史料，撰《广济桥志》；21岁，承中山大学罗香林之嘱，撰成《潮州丛著初编》一书，列为"广州市立中山图书馆丛书"之三。

入仕从政

1938年，广州沦陷，暂返潮州，其间对古代潮州土著畲族进行深入研究，后用英文发表《韩江流域之畲民》（The She Settlements in the Han River Basin Kwang tung）；1939年6月，潮州沦陷，民不聊生，第一次用马粪作赋，用《马矢赋》记下日军犯下的滔天罪行。1941年12月25日，日寇占领香港。在日军进港前，他将叶恭绰《全清词钞》最后部分完成，避战回到揭阳县（当时揭阳是潮汕抗日的后方，并未沦陷）。在揭阳居留两年，为支持抗战大业，接受陈暑木将军聘任，任揭阳县文献委员会主任，主编地方文史刊物《文献》。后与石铭吾同时被委任为揭阳民众教育馆正、副馆长。主要任务是振兴中华文化，并发掘潮州的文物和文化遗产，巩固潮州人作为中华民族一分子的文化自尊心，教育民众，宣传抗日。刚好此时，长女饶清绮出生，女儿出生既给家庭增添许多快乐，也带来生活困难，但是，不管碰到什么难事都没法削弱他抗战的决心与学术研究的热情。

在揭阳期间，他结交了不少文化教育界的好朋友，也是在这段时间里，撰写了《揭阳方志考》，刊于1943年揭阳《文献》上。

一次偶然机会，饶宗颐在好友处发现了以唐代大颠禅师为首的20多位潮州先贤遗像，他立即搜集先贤历史资料，编撰潮州先贤像传30篇，以纪念潮州先贤之令德节概，目的是使先贤之魂、乡邦之光得以发扬光大。《潮州先贤像传》将潮州前代巨人德望，通过像与传的结合，此书以"虽不能至，心向往之"去启迪后代向先贤看齐，爱国爱乡。接着，为表彰明代揭阳薛中离、郭之奇两位志士，专为他们撰写年谱，每谱皆5万余字之多。

1943年1月初，为了照顾家庭，饶宗颐同妻子陈若侬带着女儿回乡，因潮州是敌占地，只好转到饶平避难。在前往凤凰山区金山中学任高中国文教员的过程中，曾在归湖仙洋村教书三个月。而从政的小插曲发生在该年春、夏之间，时任两广监察使的刘侯武（1894—1975）到潮汕赈灾，因灾情紧急，他急需一得力的主任秘书负责日常事务。刘侯武曾为报人，且是秘书出身，所以对主任秘书人选要求十分严格。这时，当年文名甚高的揭阳县民众教育馆副馆长饶宗颐自然进入刘侯武的视线，成为主任秘书的唯一人选。一向对政治不感兴趣的饶宗颐，为了赈灾工作，他接受了任命，积极地投入到募款救灾工作中去。这是他一生唯一的一次从政经历。

1943年秋，刘侯武回广西桂林使署所在地工作，饶宗颐作为主任秘书随其同前行。不久之后，他征得刘侯武同意，由郑师许向校长冯振心推荐，被聘为无锡国专国文教授，终丁重回学界。

台湾调研

1946年，饶宗颐从桂林返回广州，被聘为广东省立文理学院教授。是年夏季，广东省第五区行政督察专员郑绍玄倡导重修《潮州志》，饶宗颐出任总纂。扎根故土的思想，使他积极地投入到修志工作上。《潮州志》修成部分志稿，其篇目内容、卷帙规模，大大超越清代的《潮州府志》。其中有《沿革志》《疆域志》《大事志》《地质志》《气候志》《水文志》《物产志三·药用植物》《物产志四·矿物》《交通志》《实业志》《兵防志》《户口志》《教育志》《职官志》《艺文志》《丛谈志》等。1949年夏，《潮州志》交汕头艺文印务局印行，但只出版发行15门20册（按：全部为30门类）。

韩江流域从1941年起已发现有陶片、石器出土的遗物散布点，一向具有敏锐学术眼光的饶宗颐投入到潮汕史前文化研究中去。1947年1月，他到揭阳县五经富、富美崇、黄岐山、崇光岩、石马山、犀牛山勘查出土的新石器时代遗物。饶宗颐翻山越岭，沿着山路跃过草丛，艰难前行，每到一处史前文化遗址都详细查看有关出土遗物，将之逐一记录下来。春节刚过，他又顾不上休息，马不停蹄地赶到兴宁县水口镇及普宁县大坝镇的后山、铁山、大棚山、洪山，再到丰顺县汤坑镇。他边走边看，访问当地长者，最后到达潮安县登塘镇、饶平县黄冈镇等地。一路寻来，想不到竟有这么多收获。饶宗颐将在各地收集记录下的资料进行研究考证，厘清各种资料的内在联系以及相应的出处，用两个多月时间完成了《韩江流域史前遗址及其文化》的初稿，1948年冬，为充实稿件，与刘侯武乘飞机赴台湾。是时台湾仍较混乱，日本人还没完全撤走。在台北、台中、高雄等地，考察与潮州相关新石器时代的遗物，到台湾大学拜访日本学者金关丈夫教授。金关丈夫是文物鉴定专家，饶宗颐将此行的目的告诉他。金关丈夫热情带着他们参观了台湾大学先史学研究室有关出土文物。在观看库房文物时，饶宗颐发现其中一件印纹土器和潮属文物完全一致，他在《韩江流域史前遗址及其文化》一书中谈道："台湾印纹陶片，与潮州似不无关系。据日人国分直一教授语予：台湾印纹文化不止一时期，自社寮岛（基隆）起，环绕东海岸之印纹陶，为较晚期之物，可能非台湾本土文化，而系由浙闽粤传播而来。"又前往屏东以南，调查潮州镇及潮人旅台资料。游日月潭等地有《鲲岛欸乃》。

在台湾，饶宗颐考察台湾潮州镇，他在新竹市图书馆看到一部日本书籍《呼吁忠义亭》，书中所记载的全部是殉清的客属人物，提到施琅入台，继而助清兵平定朱一贵的多是客属人，而说潮语、从郑成功，来自海阳、潮阳、饶平的人们在清代后期几乎全被视为反动而归于淘汰。

《南澳——台湾与大陆间的跳板》一书成为研究台湾历史的第一手资料，而《韩江流域史前遗址及其文化》是首本纪录潮州地区新石器考古情况的专用书籍，饶宗颐以人类学方法作考古调查，以实为据，用大陆、台湾的裙带关系求实证，该书为日后考古工作提供了新方法。历经10年的多次论证、修改，再论证、再修改，1950年在香港出版（书名由叶恭绰题签），如同十年磨一剑，该书的精细详实为同类书籍无法比拟。

2004年，在潮州市委、市政府的高度重视下，《潮州志》重刊工作正式启动，2005年8月《潮州志》终于刊印发行，但仍缺"古迹""金石""人物""宦绩""方言"等五帙志稿。2009年春，饶宗颐在香港寓所整理手稿时发现这些缺失的志稿，这些志稿随他到过新加坡、美国、日本，也到过悉尼，如今得以找到，他欣喜之情，溢于言表。随后，在自家的爱宾室，为《潮州志补编》作《序》，其中曰：

是上苍终肯眷顾以玉成余之夙愿也……噫！一志之成，竟迁延六十五载，洵修志史上罕有之苦乐传奇也。其至足憾者，当年志馆诸同仁皆归道山，而余以九秩晋六之年，犹及见证其艰辛过程，抚今追昔，能无百感交集、戚然于心者耶？

找到志稿，他随即决定把这弥足珍贵的文献资料奉献给家乡，定名为《潮州志补编》。2011年4月23日，饶宗颐亲自回潮州审定《潮州志补编》整理稿，并签署"同意付印"，他终于完成了总纂《潮州志》的历史使命。

《潮州志补编》

潮剧

随着潮汕地区考古工作的深入发展，许多沉睡于地下的潮剧戏文陆续出土，这是潮学研究的一个重要项目。早在1949年，饶宗颐开始对潮剧做追本溯源探究，他借助文献资料、出土戏文和地方方言作论证，先后考察域外牛津大学藏本《荔镜记》、奥地利万历本《荔枝记》《重补摘锦潮调金花女大全》等写本，一一进行比对，发表《潮剧溯源》《抄本刘龙图戏文跋》《南戏戏神咒啰哩哒问题》等有关潮剧源流及演变的文章。

1958年1月，在潮剧理论研究的权威之作《〈明本潮州戏文五种〉说略》一文中，他指出宣德本的潮剧《刘希必金钗记》，早于成化本《白兔记》30余年，为目前所见最早的戏文写本。用元明戏曲史证明了潮剧与南戏的关系，指出潮剧正字戏出自南戏，渊源甚早。对潮剧唱腔所运用的"正字"，他认为：

> （潮剧）最可注意的是"正字"一名称的使用。潮州戏称正字，亦称为正音，意思是表示其不用当地土音而用读书的正音念词。元本《三阳志》风俗条有云："或曰韩公出刺之时，以正音为郡人诲。"韩愈为潮州刺史不到一年，这一说法并不准确，但可以理解"正音"是与本地乡音相对立的雅言。潮州语每一字多数有两个音，至今尚然。一是方音，另一是读书的正音，……正音即是正字，与白字（潮音）分为二类。以前不知"正音戏"起始于何时，现在从宣德抄本的正字刘希必（文龙）一名称，可以看出南戏传入潮州之早，正音戏分明是受到南戏的影响。虽然宾白仍不免杂掺一些土音，但从曲牌和文辞看来，应算是南戏的支流，所以当时曰"正字"，以示别于完全有潮音演唱的白字戏。

早在明代，潮汕地区已将地方故事编写成戏文并由戏班演出，许多实例证明潮剧源远流长的古老历史，他推证潮剧是从南戏逐渐演变成地方剧种。

早年总纂《潮州志》时，曾设《戏剧志》《音乐志》二门篇目，系前志书所未有，这对保护潮剧文献资料起到很大作用，后来，饶宗颐为潮剧网站题名"潮剧大观园"，为《潮剧志》题签。1994年1月，为《潮剧志》题诗三首：

梨园往事自堪夸，一帙丽情纪岁华。

鳄渚风谣随去水，教坊依旧唱桃花。

哄堂摘耳闻啰哩，待溯郰峰粉蝶儿。

正字菱花南戏在，三更听唱水心词。

轻三重六咏弦诗，拍板来源未易知。

斟酌半音成律准，由来丝竹是宗师。

　　饶宗颐用绝句盛赞潮剧声华，实是出于对家乡戏剧文化的钟爱。潮剧是用潮州方言演唱的地方戏曲剧种，已有440年的历史，以其优美动听的唱腔音乐和独特的表演形式，融合成极富地方特色的戏曲而享誉海内外。潮剧流行在广东东部潮汕地区、福建南部、雷州、海南、台湾、香港、上海，域外为东南亚、美国、加拿大、法国、澳大利亚等讲潮州方言的华侨、华裔聚居地区。

编著乡邦文献

　　饶宗颐学问起步于编著乡邦文献，1931年，14岁，开始发表对潮州山川地理考证的文章：

《金山志序》（1931年）

《广济桥志》（1936年）

《海阳山辨》《恶溪考》《潮州府韩文公祠沿革（上）》《韩山名称辨异》（1937年）

　　《潮州滨海地带之冲积》《清初潮州地界考》《韩山志》《论金中建校与保存古物——致金中建校委员会书》（1947年）

　　《揭岭揭阳山辨》《汕头之地质》《湘桥考》《海宁考》（1948年）

《潮州的天然富源》（1949年）

1934年，17岁，开始发表潮州旧方志历史考证文章：

《广东潮州旧志考》（1934年）

《韩山志自序》（1936年）

《〈三阳志〉考》《清初潮州迁界考》（1947年）

《潮州畲民之历史及其传说》《旧方志言篇辨证·书后》（1948年）

1935年，18岁，开始发表潮州文化研究文章、著作：

《潮州艺文志》（1935年）

《潮州志》（1949年）

《韩江流域史前遗址及其文化》（1950年）

《潮州志汇编》（1965年）

《潮剧溯源》（1973年）

《梦香先生遗集引》（1977年）

《赵德及其〈昌黎文录〉编选溯源》（1981年）

《〈明本潮州戏文五种〉说略》（1985年）

《宋代潮州之韩学》（1986年）

《潮州出土文物小识》（1989年）

《〈三阳志〉小考》《潮州开元寺志·序》（1992年）

《广济桥史料汇编》（与张树人合著）《潮中杂记》（1993年）

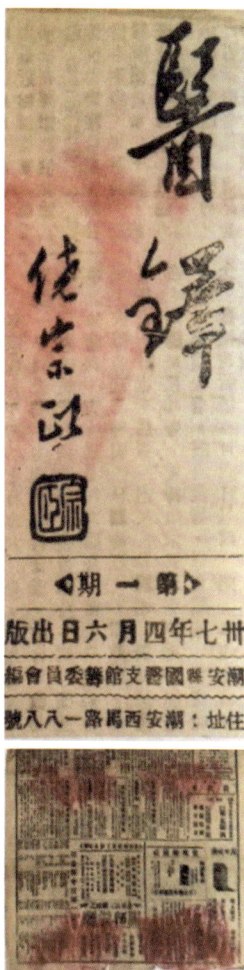

1948年4月6日，饶宗颐为《医铎》创刊题写报头

《潮州三山志》（2006年）

饶宗颐曾言：

念平生为学，喜以文化史方法，钩沉探赜，原始要终，上下求索，而力图其贯通，即文学方面，赏鉴评骘之余，亦以治史之法处理之。

对于编著乡邦文献，饶宗颐的做法用足忍的功夫，16岁为编撰父亲未完成的《潮州艺文志》，他专心扑在文献材料搜集上，追古溯今，遍录唐代潮人赵德《昌黎文录》到20世纪40年代潮人知名人士文著，搜集涉及书目近千种之多。《潮州艺文志》之续成，使其成为潮州历代文献的里程碑著作。至1996年8月，《饶宗颐潮汕地方史论集》出版，收录了他撰写有关潮学研究论文61篇，足见他对地方史之重大贡献。

饶宗颐对乡邦文献研究涉及志、史、论、考、序、传、谱等，门类繁多，文字已达几百万字，这些论文、著作对潮州历史文化研究起到重要作用。

二 潮学研究

潮学

潮学需要研究的项目非常多，有的放矢才能开展研究。饶宗颐对潮学研究采取的方法与众不同，大胆地选择一些大而难的课题切入，表现在似是似非，既困且惑等不为人注意但又很重要的问题，而这些问题几乎囊括了潮文化发展的各个时期。

涉及文物考古、民族历史、华侨与海外拓殖史、戏剧、方言、潮瓷、地理人物、地方志、商埠重镇、韩学等。

饶宗颐早年发表有关潮学的文章、著作，从乡邦文化研究一路走来，其成果自然而然成为潮学的重要组成部分。他对潮文化之弘扬，不仅形诸文字，而是每到一处必动员潮籍人士共建潮学，并在全国性和国际性会议上多次发出呼吁加强对潮学研究，这种热爱乡邦文化的拳拳之心令人感动。

潮州文化传统十分悠久，潮州文化若干特殊现象，成为文化史的重要组成部分，和整个国家的文化历史是分不开的。潮学属于地方史，是国史的组成部分，更是"国学"中不可或缺的要件。

在内地移民和海外拓殖史上，潮人一向占极重要的篇章；潮人在中国以外各个地区孕育出无数繁荣美丽的奇葩，为中外经济史写下独具特色的一页。潮学研究，将使潮人传统文化有更加灿烂的成果。饶宗颐指出："潮汕地区侨批应作为潮州学

2003年7月5日，陈韩曦与饶宗颐在汕头大学

2004年12月，饶宗颐（左二）获澳门大学荣誉人文科学博士学位

研究的内容。潮汕侨批，不单是华侨的汇款凭证，侨批内容包罗万象，涉及离愁别绪、家国情怀。"他进一步指出，徽州特殊的是有契据、契约等经济文件，而且保存很好；潮州可以和它媲美的是侨批，侨批等于徽州的契约，价值相等。它的价值不是用钱来衡量的，而是反映了当时永今的整个历史情况。

作为最早研究侨批的学者，饶宗颐对侨批挖掘和研究十分重视，提出了"侨批的价值与徽州文书相等"的观点，大力推动社会各界对侨批的征集、保护，积极支持侨批申遗工作，使侨批成功入选《世界记忆遗产名录》。

饶宗颐用将近半个世纪的时间研究潮州文化，不少论著填补潮州志文的空白并成为后人探索潮州文化学术的重要文献。

潮学研究兴起

1990年11月15日至19日，"中国历史文献研究会第十一届年会暨潮汕历史文献与文化学术讨论会"在汕头大学举行，中国历史文献研究会会长、北京师范大学教授刘乃和在大会上特别指出：

> 这次会议，有海内外著名学者饶宗颐老专家、老学者参加。饶老的学术研究面广：古代史、敦煌学、方志学、目录学等等，我也数不清了，尤其是自青年时期就钻研潮汕文化写出多种撰著，可以说是著作等身，我们非常佩服。饶老的莅临，为会议增添了光彩，提高了质量。我们谨向饶老致意，表示我们崇敬之情。

大会上，饶宗颐发言讲到："从潮州文化历史的角度来说，像此次集全国各地许多专家学者于一堂，以潮州历史文献与文化学术作为专题进行讨论，从而将潮州历史文献与文化学术的研究提升至全国性的层次，这可说是潮州文化历史上的空前盛事。"他指出："有关潮汕历史文献和文化学术问题，我认为海外与内地一样，都要进行研究。"

饶宗颐擅长做调查研究，看问题往往能从全国性和世界性的角度加以定位。对于潮汕历史文化地位问题，他站得高，看得远，对如何在海外弘扬乡邦文化，他能从比较广阔的层面去加以拓展。他再次提出"海上丝绸之路"这一概念，他强调说："参与潮州瓷器的研究，我认为那是古代潮州历史文化的一个很重要的部分。""有关汉唐中国对外贸易的途径，我在拙作《蜀布与Cinapatta——论早期中、印、缅之交通》一文中曾有论及，我认为西北新疆一带之交通贸易是通过陆上丝路，南方交广一带，则由海上丝路，故文中专立一章附论《海道之丝路与昆仑舶》。潮州历来是海上陶瓷之路一重要站。"

他明确指出古代潮州是海上丝绸之路的重要节点和门户。自从习近平总书记提出建设21世纪海上丝绸之路的战略构想之后，"海上丝绸之路"这个概念几乎是家喻户晓。然而，是谁最早提出"海上丝绸之路"这一名称却鲜为人知。查考1991年10月9日《人民日报》（海外版）发表的王翔《谁最早提出"海上丝绸之路"？》一文，文中说：

是谁最早提出"海上丝绸之路"这一名称，以往学界多认为，这一名称始见于日本学者三杉隆敏1979年版的《海上的丝绸之路》一书，其后，中国学者方开始见此名。但是，早在1974年6月的中国台湾《历史评议研究所集刊》45本4分册上，饶宗颐就发表《海道之丝路与昆仑舶》一文，提出了"海上丝路"的名称，比三杉隆敏早了五年，明显他是"海上丝路"名称的最早提出者。

现在，丝绸之路经济带、21世纪海上丝绸之路（简称"一带一路"）又被列入国家对外开放的战略思想，确实具有十分重大和深远的意义。

饶宗颐对家乡山水和一草一木一直念念不忘，他曾说："我是潮州人，潮语是我的母语，不论走到什么地方，我的根永远在潮州。"

1993年12月，饶宗颐（左七）在香港中文大学与参加首届潮州学国际研讨会代表合影

1993年12月20日至22日，由饶宗颐发起的"首届潮州学国际研究会"在香港中文大学举行。自此以后，潮学逐渐受到海内外学术界的瞩目，成为一门以潮汕地区历史文化研究为中心的深具地方特色的学问。

1994年4月27日，汕头潮汕历史文化研究中心授予饶宗颐"潮学研究荣誉特别奖"，潮汕历史文化研究中心名誉理事长吴南生亲自为饶宗颐颁发奖杯。

1997年11月，第二届国际潮学研讨会在汕头大学举行，81岁高龄的饶宗颐应邀在会上作了题为《记康熙林杭学修之〈潮州府志〉》的演讲。

1999年10月28日至31日，82岁的饶宗颐出席在韩山师范学院召开的第三届国际潮学研讨会。会上提交《论元祥迈注〈韩文公别传〉》一文，同时作题为《关于建立潮州学》的演讲，其观点如下：

我在1993年开始提倡潮学研究，是由于个人认为国家的历史研究应该从地区性做起。外国历史学家也一样，他们什么题目都研究完了，所以都从地区的、个别的，甚至一个建筑物都可作为一个博士论文的题目，对于我们也一样。我们的国家更广大、历史更悠久，假如不从地区做起，就没有办法写成比较可靠而且可以传之永久的全国性历史。通史实际上都是很"普通"的，碰到一个专题，往往都会出毛病，从微观的方法看，应该从地区做起。这是我提倡潮学的理由。

2005年，当得知潮州文化研究中心将出版《潮州文化研究》刊物，饶宗颐欣然题写刊名。之前，为潮州出版书刊题签有：《潮学研究》《潮剧剧目汇考》《潮州三山志》《潮汕文化大观》《潮汕先民与先贤》《宋代笔架山潮州窑》《翁万达集》《潮汕历史图册》《明清实录潮州事辑》《潮州侨批萃编》《潮州纪事》《重修潮州牌坊》等。

饶宗颐从事学术研究80多年来，"饶学"中有关潮学的论文118篇、专著10部，各占他的学术论文和著作的十分之一和七分之一。

2018年1月，饶宗颐在家中题写"笔架山潮州窑遗址公园"后留影

饶宗颐扎根故土的爱国爱乡的人文情怀，促进了潮学的建立和发展。到目前，国际潮州学研讨会先后在香港、汕头、潮州、揭阳、澳门等地举行，随着潮学的影响和研究的不断深入，饶宗颐期望的潮汕文化研究将结出更加丰硕的成果。

潮商潮团

1989年11月18日，第五届国际潮团联谊年会在澳门召开，饶宗颐作"潮人文化的传统和发扬"专题讲座，阐述潮州历史文化的源流和演变，并进一步强调国际潮团在联谊之外，应该做出一些有建设性的行动。例如设置某些有计划、有意义的学术性基金和奖金，来鼓励人们去寻求新的知识，发展某些学术研究，这样才能使潮人传统文化有更加灿烂的成果。

1991年9月2日，第六届国际潮团联谊年会在巴黎隆重举行，来自泰国、马来西亚、新加坡、菲律宾、印度尼西亚、比利时、荷兰、瑞士、丹麦、美国、加拿大、德国、英国、法国、澳大利亚和中国等国家及港澳地区的32个代表团，共1000多位代表参加。在巴黎拉德坊大会堂，法国政府内阁部长出席会议，他对国际潮团联谊年会的宗旨和潮人表现出来的凝聚力赞赏备至。饶宗颐在大会上发言，他认为："第六届国际潮团联谊年会在巴黎召开，这是海外潮人国际大团结的一件盛事。此次年会首次跨出亚洲，迈向欧洲，是前所未有的创举，具有十分深远的意义。它为中国华侨史写下了新的一页，也为亚欧文化的交流作出了有益的贡献。"

他赞扬了法国潮州乡亲在短短数年之间，事业拓展十分迅速，使潮人善于经营的美誉在巴黎被传为佳话。同时指出，海外潮人整体经济实力十分强大，这是有口皆碑，十分了不起的事。饶宗颐认为强大的经济实力应该对文化有所作为，故他最后仍然向大会发出了十分恳切和重要的倡议。他说：

不久前我在香港与杨振宁博士谈及如何以财力去开发智力的问题。我们都认为，这是一个十分重要的问题，因为财力与智力的结合，将会产生无穷无尽的力量。我们海外潮人创业有成，财力雄厚，如果能重视智力的开发，以财力去培养智力，那么对乡邦民族将会作出更大的贡献。记得在澳门召开的第五届国际潮团联谊年会上，我曾提出成立"中华潮州文化研究基金"的问题，已经引起我潮有识之士的重视和响应……如果这一基金能够真正成立，其对潮州文化的推动和贡献，将是无可限量的。我在这里再次呼吁大家鼎力支持，共襄盛举，使潮汕文化能够借助各位的力量，更加发扬光大。

饶宗颐的讲话赢得了与会者的热烈掌声。

1992年11月，饶宗颐应邀参加在汕头举行的"潮汕历史文化研究中心第二届理事会"和"翁万达国际学术研讨会"。他在会上指出：

潮州文化的研究，到今天还没有被肯定为一种独立的学问，说明我们的努力还做得不够。我们潮州人一向对经济重于学术，把发展经济赚来的钱用在学术文化上的比例，我们同上海人、福建人相比，是有落差的。潮州文化可研究的东西很多，应该成为一门独立的"潮州学"。

潮汕文化，我们在研究，外国人也在研究，潮汕文化为什么受到尊重，"海滨邹鲁"也许是原因之一，现在如何发扬潮州文化，已成为国际性问题，而不仅是地方性的。

他指出，应将潮学研究提升至全国性层次，围绕这个观点，他提出了许多富有启发性的意见，并建议在香港举办"国际潮州学研讨会"。他对涉及潮学的若干重要学术问题，对如何物色学有专长的学者参会和负责论题主讲的人员都做了系统安排。

1992年11月，国内成立了首个潮汕历史文化研究中心，吴南生为总顾问，饶宗颐、庄世平、陈伟南等14位被聘请为顾问，出版了《潮汕文库》系列文献丛书。

三　潮学发展

潮文化出海口柘林

1993年春，76岁饶宗颐赴饶平柘林考察。柘林这个小镇在明清时期是海防要地，与南澳对峙，和黄冈、大埕形成犄角之状，形势险要。明时设柘林寨，为海上门户，其他一带成为柘林澳。在柘林，他不顾辛劳，风尘仆仆，考察这里的村寨和海防遗址，收集不少历史资料，2月初，开始撰写《柘林在海外交通史上的地位》，3月3日，应邀在澳门"东西方文化交流国际学术研讨会"宣读。11月，主编的《潮学研究》创刊号出版，他发表了《潮州学在中国文化史上的重要性——何以要建立"潮州学"》，其中曰：

> 潮州人文现象和整个国家的文化历史是分不开的。先以民族而论，潮州土著的畲族，从唐代以来，即著称于史册。……

饶宗颐主编的《潮学研究》

近十余年来潮汕地区的考古工作，成绩斐然可观。饶平浮滨类型的文化遗存之发现，震烁中外。例如该地出土重要文物带有"王"字符号的大口陶尊，……凡此种种，俱见潮州文化若干特殊现象，已不仅是地方性那样简单，事实上已是吾国文化史上的重要环节与项目。

粤东考古中心

2006年7月13日下午，位于香港跑马地的饶宗颐寓所充满了欢声笑语，潮州市党政领导专程前往祝贺饶宗颐90大寿，赠送了潮州木雕精品《寿而康》摆件。见到从家乡来的客人，他备感欣喜，并寄语乡官："潮州还有许多文化值得研究，特别是浮滨文化和唐宋窑址。"

在谈及浮滨文化的历史价值时，他坚信浮滨文化将在粤东地区闪耀中原商周文化的光彩。他说："浮滨文化的考证这件事不能太着急，首先做个普查……我有生之年一定要促成这件事。"

饶宗颐以前见过浮滨大口尊，口沿每见"王"字，说明古代"王"字的指事意义，以及浮滨在古代是一个王国的可能性。那时候浮滨一带的古人对天象已有某种信仰，但这只是推想，有待深入论证。他认为，考察浮滨文化遗存，恢复文物符号原状，十分重要。他希望以后考古学家发表有关符号时，勿采取摹写方法，多用准确照片，以免误导。

1993年9月1日，开始撰写《从浮滨遗物论其周遭史地与南海国》论文，用大量出土的浮滨遗物做证据，论述了南海国存在的可能性。他说："现在我们研究浮滨文化遗存分布于粤东与闽西，恰巧是闽南方言的区域，要寻找汉初南海王国所在，此中正可以透露出一点消息。"

浮滨文化的陶器、石器与商周文化有着千丝万缕的联系，而在凹石、印纹陶、条纹褐釉灰硬陶系、有段铜锛等方面则反映出浮滨人所具有的土著特征，是"潮汕文化"积淀的底层及其渊源。

1999年，饶宗颐在《岭南学报》（新第一期）发表《浮滨文化的石璋、符号及相关问题》一文，其中讲到："本年（1999）农历正月初八日

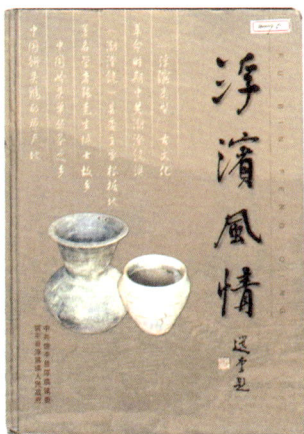

363

（即2月23日），我去广东省揭阳县博物馆……当我在揭馆看到三件陶片原物以后，始恍然发觉曾文（指《仙桥石璋》一文，曾骐、邱立诚等著）所摹绘，有点失真，有重新仔细讨论的必要。"

2011年4月23日，饶宗颐回潮州参加"粤东考古中心"揭牌仪式。粤东考古屡有重大发现，出土了牙璋及古窑群，特别是在饶平浮滨镇的21座古墓葬中出土了一批商周时期的器物，考古部门将同类型的文化形态命名为"浮滨文化"，这揭示了"潮汕文化"的源头活水。他曾查阅文献，认为揭阳应为"汉初南海国"（汉时建于闽粤赣三省交界。后因谋反被汉王朝剿灭。存在37年）的古城遗址所在。他认为，通过地下考古发掘，可能会找到不亚于广州南越王墓这样规模的"东越王墓"或"闽越王墓"。

潮州韩学

1986年11月30日，由饶宗颐首倡，汕头大学、韩山师范专

科学校、潮州韩愈研究会联合主办的"韩愈国际学术研讨会"在汕头召开。会上，饶宗颐作了题为《宋代潮州之韩学》的演讲。他用了将近40分钟时间，论述了韩愈在潮州的功绩，提出了建立"韩学"这门学科。

韩愈是文学家、散文家、哲学家、思想家，也是政治家。提出"文以载道"和"文道结合"主张，坚持以儒家正统的道德修养理念，德化潮州，成为潮州人民世代尊崇的百代文宗。潮州的山水因韩愈而改姓，有了韩江、韩山、韩山师范学院、韩文公祠。韩愈于公元819年因谏迎佛骨被贬任潮州刺史，正月出发，3月到任，10月改授袁州刺史，前后在潮州时间约8个月，从他在潮州的五篇祭神文中，可以看出他关心农业生产及百姓疾苦，把以儒学为主的中原文化带来潮州，传授给潮人。饶宗颐为继承韩文公之志，将潮州文化发扬光大，在20世纪90年代，只要是关于潮州的学术会议，他都一定参加。他说，我是潮州人，在力所能及的时候，我都要出一点力，发表一点意见。

嘉峪关内看潮州

多年来，饶宗颐不仅倡导了潮学研究，还对潮州古城复建提出许多宝贵的意见。2001年8月6日，下午，冒着炎热天气，他从古城下水门街徒步至广济门，并登上城楼，他说："当地政府眼光卓识，这样改造后，荆州古城、端州古城乃至曲阜古城均不如潮州，平遥也不一定有潮州古城之壮美。广济城楼与古城墙修复后可以说，塞外有嘉峪关，内地有潮州城了。"

饶宗颐常常对友人讲自己家乡的山川形胜。站在笔架山上远眺，韩江就如宋代德安公主所说：千里龙潭，映百里韩山。古城潮州远有凤凰山、桑浦山、岚武山，近有笔架山、葫芦山、金山，水源丰满，东临广江、北濒大湖、南连濠池、西绕长溪、城北有韩江小支流穿过，注入西湖，城中池塘星罗棋布，这天然美造就了一处得天独厚的水乡世界。潮州代表着山水园林宋城特色，城中心落在郡北子城，主体区包揽了广江、大湖、金山，金山自唐代常衮开辟、韩愈建凤山楼、朱熹留"拙窝"、米芾书"第一山"、俞大猷刻"伏虎石"、王汉大兴土木，均为景观胜地。山上岩洞奇石，层叠交织，有亭台十九座、牌坊四座，有宋代城堞、参天古树、巨井汇通韩江……主体区内文物丰富，自晋、唐、宋、元、明、清、民国各个年代俱全，还有其他城市少见的府县衙署、府县孔庙、府县城隍庙、宋太平桥、黄埔军校分校。

母校金山中学

金山中学是岭东最高学府，前身是创建于1877年（光绪三年）的清代金山书院。饶宗颐14岁那年考进金山中学，只读了为期一年的初中一年级课程，弱冠时他曾在金山中学教书几

2003年，在潮州金山中学即席挥毫书写"情系金中"

选堂书廊

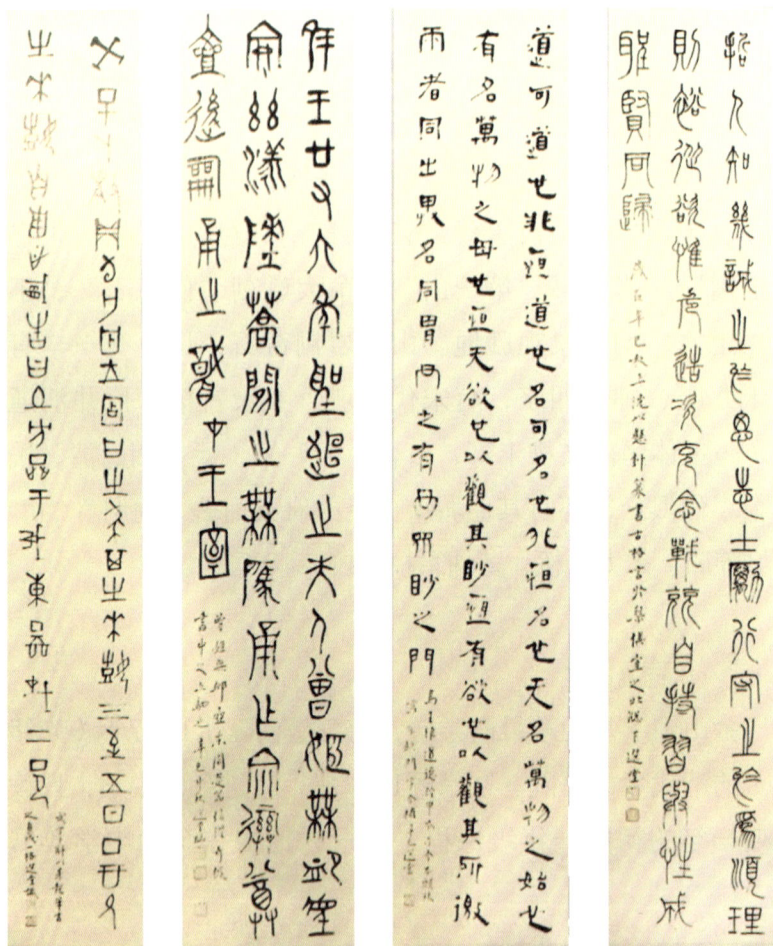

选堂书廊书法作品

个月。这个早年读书和工作过的地方，一直让他情有独钟，念念不忘。

1999年10月30日，饶宗颐应邀出席了金山中学新建图书馆落成揭幕仪式，席上挥毫题写了北宋潮州前八贤之一刘允的一首诗，用行草书势题写，诗曰：

惆怅昌黎去不还，亭小牢落古松间。

月明夜静神游处，三十二峰江上山。

饶宗颐借这首清真而雅丽的诗词，抒发自己对金山中学的感情。2003年，他又为母校题写"情系金中"四个大字。

2002年，在旅泰侨胞王侨生、李基智、郭国英等校友支持下，于金山顶上辟建了"选堂书廊"，勒刻饶宗颐为该校创作的各体书法作品16幅，为古城增添了一道人文风景线。

选堂创价小学

作为从事教研逾80年的教育工作者，饶宗颐十分关心家乡的教育事业。1939年，日军占领潮州，他逃难到意溪仙洋村任教三个月，山区小孩在破烂祠堂里头读书的情景，一直牵挂在他心头。到港后，他暗下决心，当自己筹到钱款时，一定要为山区小孩建造一座学校。2002年7月，香港国际创价学会举办"饶宗颐书画展"，展览作品得到香港各界热心人士踊跃认购，筹到款项70多万元。上世纪50年代，饶家因经济十分困难，为养家糊口将老宅变卖给新加坡华侨黄景云。此时，亲友建议用几十万元来赎回潮州"莼园"老宅。饶宗颐认为赎回老宅只解决一家人的问题，建造一座学校是解决山区小孩读书的众人问题，钱用在建校会比赎回老宅更有意义，随后便将70万元全部划给归湖镇政府。2003年7月，"选堂创价小学"在潮州归湖镇落成，贫困山区儿童终于有了一座自己的校园。

CHAPTER 16

第十六章

诗词清晖　蜚声海宇

2010年9月20日，在香港云晖大厦梨俱室，饶宗颐对陈韩曦讲述养生中如何运用五代杨凝式《神仙起居法》里面的精髓

一　腹有诗书惊诸老宿

诗赋"神童"

1922年10月5日，中秋节，潮州城内文坛老宿组织谜语爱好者于太平街摆台搞猜谜活动。这一天，6岁饶宗颐随着父亲到大街名食店"胡荣泉"买月饼拜月娘，父子看见不远处的谜台，于是凑起热闹加入猜谜人群。饶宗颐看到"潮州特产：姑苏香腐。猜唐诗一句"的谜面，便对父亲说："爸，我已知谜底。"饶锷很惊讶问："真的知道？"饶宗颐不慌不忙对众人大声说："'吴宫花草埋幽径'。出自唐朝诗人李白的《登金陵凤凰台》。"语惊四座，一时名扬凤城。

《选堂诗词集》

饶宗颐11岁时，曾作题为《作诗》的诗一首：

> 灯尽目眵倦欲眠，一行一字尚流连。
>
> 睡时积欠以千计，诗境独游垂十年。
>
> 不学后山卧草盖，颇思张籍啖焚笺。
>
> 为诗终似为文苦，月肋天心费出穿。

"后山"即是宋朝诗人陈师道（1053—1102），"苏门六君子"之一，号后山居士。一生安贫乐道、闭门苦吟，喜欢在草丛里写诗。他有个癖好就是效仿唐代诗人张籍，把写完的诗稿烧掉后再冲水服下。饶宗颐的诗句中表明无意学陈师道的做法，但他知道写诗、写文章需要下一番功夫，因为作文章要穿天心，出月胁。少年的他已懂得读书很辛苦，是苦行，作诗更苦，是苦吟。

在10岁前，饶宗颐非常喜欢对对子，在《选堂清谈录》中，他回忆曾有友人出对子求对，其上句曰："下白下，上上海，海上游兴，下白下"，意思是在上海旅游，没有在南京好玩，几个上字几个下字，文中很有趣，同一个字里有名词和动词，他对了下句："来飞来，回回雁。雁回还思，来飞来。"（飞来峰和回雁峰）他说自己写此句的年龄应该是8岁，这个时期他已写了不少对子。

饶宗颐16岁的时候，父亲饶锷不幸去世，给身为长子的他留下两副担子：钱庄生意和没有做完的学问。他在自述中悲痛回忆："每入内室睹青灯荧荧，几案间积尘累寸，而往时读书笑乐已邈焉难迫。"看着父亲生前亲手种植的两盆昙花，睹物思人，却总是物是人非。在昏暗的烛光下，他含泪作了一首追忆父亲的《优昙花诗》。该诗在中山大学中文系《文学杂志》第十一期上发表，惊诸老宿，竟与唱和，饶宗颐的"神童"名起于此。中山大学中文系的古直看到饶宗颐的诗，拍手称好，他用西晋文学家、书法家陆机来比喻饶宗颐，认为假以时日，饶宗颐必能像陆机一样文章贯世、名满天下。

抗战史诗《瑶山集》

饶宗颐早年写了多部诗集，可惜都在战乱年代丢失，他在《选堂清谈录》中说："我20岁时，已写有一本诗集，叫《弱冠集》，现在遗失了。我在金山中学教书时，写有几十首诗。当时金中迁校于凤凰山，我只教了一年，写了一本诗集，叫《千仞集》，用贾谊《吊屈原赋》中'凤凰翔于千仞兮，览德辉而下之；见细德之险征兮，遥曾击而去之'的词语，后来该集换名为《凤顶集》，我还用了一个叫'凤凰山瑶'的号，但这些都因战乱而丢失了。"

在战乱时期，饶宗颐因避难两度入大瑶山，后来他将战乱时期写的诗作合为一集，称《瑶山集》。郭伟川在《略论〈瑶山集〉之时代精神与风骨》一文中说：

> 《瑶山》一集，乃先生与民族共呼吸、与大众共患难的抗战诗篇，是时代精神的反映，因此具有高度的思想性。在艺术成就方面，由于抗战的历史背景，大瑶山的雄奇兀拔，开阔了这些诗篇的境界与内容；而先生纳万山于胸次，览风物于峰巅，放眼河山，忧国感时，情动乎中；复以其千钧之笔力，为我们留下了这一卷动人的史诗。

在抗战的艰难岁月里，犹屈原之放沅、湘，杜甫之逃安史之乱。饶宗颐历尽艰苦，饱经忧患，生活的磨难激发他谱写出激越而悲壮的爱国诗章。创作《瑶山集》体现青年饶宗颐深沉博大的爱国情怀和卓越人格，其重要的价值在于鼓励后代珍惜当下生活，学好本领，报效祖国。

和《南山诗》贺大千寿

早在20世纪50年代初，饶宗颐与张大千（1899—1983）已有交往，两人相谈甚欢。饶宗颐居住于香港岛半山区的西摩道，张大千和家眷居住于香港九龙亚皆老街。张大千的儿女很多，他曾不讳言说有时连自己也记不清子女名字。有一天，饶宗颐上门拜访，张大千十分高兴，他立即交代家中的专职厨师做了几道风味菜，专门款待饶宗颐。席间张大千十分赞赏饶宗颐的白描人物画，他们一同探讨山水画的用墨、构图与意境。临别时，张大千拉着饶宗颐一起在寓所里合影留念。

1958年5月19日（农历四月初一）是张大千60大寿，饶宗颐为表达自己对张大千的仰慕，在半日之内用《南山诗》的韵脚写成《和韩昌黎南山诗》。"此诗复多摭千师事迹以言"，是自清代以来敢和《南山诗》的

20世纪50年代，饶宗颐与张大千于香港

唯一今人之作，钱仲联赞此作"使人洞精骇瞩"，能见"选堂之大"。后来，饶宗颐对友人说："我与大千居士结缘的见证是这一篇《和韩昌黎南山诗》，当时，我有一个学生也是他的学生，非常聪明，他说老师送您画，您要准备一点纪念性东西送给老师。于是，我写诗给他祝寿，用韩愈的《南山诗》韵，最难做的，要步120个韵。"

张大千读诗后，十分高兴，大加称颂，作画赋诗回赠。梨俱室现挂有张大千所赠《大吉岭》风景图。题识：

董巨呼能起，荆关看愈奇。

云中青见顶，天外萃盈眉。

气象轮围壮，遮迎日月迟。

吾身忍芥子，纳影入殊尼。

固庵道兄，游五天，嘱归为写大吉岭一角也，乞教正，弟，张爰。

张大千还附上一幅《蜀江图长卷》，请饶宗颐在卷上题下《南山诗》。1983年，张大千在台湾病逝，饶宗颐怀着十分悲痛的心情写下挽联：

廿五年前颂眉寿南山，附骥千言，三峡云屏偕题句；
十二州共悼画坛北斗，久要一面，重溟烟水永难忘！

挽联回忆25年前赠《和韩昌黎南山诗》友谊，道出饶宗颐对逝者的悼念之情。

二 千首诗词

饶宗颐家学渊源深厚，传承了"儒、释、道"的精髓，他学习儒家的入世处事，取其大中至正，在诗词创作上坚守正道。用释家的"慈悲喜舍"的忍与舍及精进安顿身心，涵养诗趣。至于道家的道法自然则为其提供了创造力的源泉，有所不为才是真的"求真"路数濡润其诗作，儒释道最高境界"拿得起、想得开、放得下"构建其人生观，顺其自然使《清晖集》诗词创作得大自在，最后成为卓识、智慧之结集。

《长洲集》

1960年至1985年是饶宗颐创作诗词的黄金时期，许多诗词系在内地考古、学术交流时的有感而作，还有在国外讲学、旅行时的随心之作。

年宵花市是香港农历新年节庆的传统项目。不少香港人喜欢逛一逛人山人海的花市，赏一赏具有吉祥寓意的各类应季花卉和盆栽，为新年添上浓厚的喜气。

1959年除夕，饶宗颐偕夫人和两个女儿到香港摊位最多、最热闹的维多利亚公园花市。他们在一家花卉摊位前驻足，与摊主谈价后花280港元买走了一盆气质高雅的蝴蝶兰和一盆金桔。与家人逛完花市后，写下《虞美人·己亥除夕花市》词一首：

2011年，饶宗颐书《长洲集》和阮第四十二首诗

雨丝又带东风起，
更惹灯花喜。

薄寒似恋小桃唇，
为问明朝多少惜花人。

尚怜花事今宵尽，
休负寻花讯。

花花叶叶总关情，
可忆去年花底伴君行。

1960年除夕，与1959年过的除夕不一样，饶宗颐独自一人携古琴一把，坐船到香港西南面的长洲岛旅行，客住长洲小学校长李超

虞美人

雨丝又带东风起，更惹灯花喜。薄寒似恋小桃唇，为问明朝多少惜花人。尚怜花事今宵尽，休负寻花讯。花花叶叶总关情，可忆去年花底伴君行。

己亥除夕花市，选堂录旧作

1959年（己亥），饶宗颐录旧作
《虞美人》

1960年春节，饶宗颐于香港长洲岛勺瀛楼用五天五夜和阮诗
82首

人勺瀛楼家中，除夕夜，边弹古琴边听涛望海，他无意中发现双玉簃案上有一本阮籍诗词，随手一翻顿时诗兴大发，几天时间遍和阮籍82首咏怀诗，后编成《长洲集》。集中有描述当时的情景："赤柱绿波别墅，临流植援，旷地筑台，天风入座，令人神观飞越。余与文镜徐翁、德允女史，鼓琴期间。数峰江上，足移我情。"遍和阮诗后，他用二十二叠前韵，赋《自题长洲集》诗一首：

> 阮公在竹林，青眼送白日。
> 飞鸿号外野，赋篇遂八十。
> 江山助凄婉，代有才人出。
> 东坡谪惠州，和陶饱饫隙。
> 归趣终难求，兴咏敢攀昔。
> 独有幼安床，坐久已穿席。
> 望古意云遥，旧尘空污壁。

阮籍肆意酣畅，用青眼送白日，寄情于山林，竹林之游耳闻外野鸿雁哀号，剧增他忧患之心。咏怀诗是用不同的写作技巧创作出来，其"悲愤哀怨，隐晦曲折"的诗风，引起饶宗颐深深的共鸣。他忆想苏东坡早年谪居惠州，饭饱之余和陶公诗作，雅趣难以言表。抚今追昔，是诗人所宣泄的胸中蕴积，也是"对花作长揖，心共春风颠"的生命情怀。魏晋诗人，唯阮籍能尽其情，陶渊明能尽其性。饶宗颐尤爱阮诗，姜伯勤评价说："《长洲集》是《选堂诗词集》中诗心与琴心交响的一组抒情诗，抒写了作者有如'江上看云起'一般的诗情。诗心与画心的交相生发，也是审美上的一种通感。"

《题画诗》

自古以来，高明的画家在绘写画作时，都懂得以诗生画，以画喻诗，诗画交融。饶宗颐在许多山水画作中巧妙地配上一首七绝，让"诗"与"画"有机结合，融合出一种新的艺术境界，这样，有限的画面随之呈现更深刻、更丰富的艺术底蕴，即"像外之美"，"韵外之旨"。因饶宗颐从小能诗赋善书画，在世界几个大洲游学时，他除了用写生录下当地山水景色之外，还用诗词来记录所见所想。游历归来时，"规山模水"的创作就靠"画外工夫"诗词来帮助追忆当时的感受。郭熙曾曰"诗是无形画，画是有形诗"，这道出了诗画相生之渊源。擅长题画诗创作的饶宗颐在《清晖集》专设《题画诗》一集，内有81首诗。作为诗人兼画家的他又用"俯仰自得"的书法入画。用其诗、书、画来表达对超越宇宙的智慧追求。1971年饶宗颐在新加坡任教时，作画颇多，屡有题句，《题画诗》最后三首诗为：

> 画史常将画喻诗，以诗生画自添姿。
> 荒城远驿烟岚际，下笔心随云起时。

这首诗阐述了自古以来诗画同源之说，将画比作诗，用诗意创作画境，历来为人称道。惟有"心随云起"般天人合一才能以诗心驱遣画笔，化腐朽为神奇。

> 画家或苦不能诗，嫫母西施各异姿。
> 物论何曾齐不得，且看一画氤氲时。

石涛在《画语录》的《氤氲章》云："笔与墨会，是为氤氲；氤氲不分，是为混沌……""一画氤氲"是指笔与墨融合致万物化淳，一画之法使混沌分出层次，呈现变化，即化氤氲混沌为神奇，妙笔丹青就是将写实与象征、具象与寓意相结合，形成氤氲迷离、凝重磅礴的视觉效果。上诗道出以诗生画有其可能性和必然性，即具备诗书画印等多方面才能的画家能集其大成绘制出佳作。画家若不能诗，所作必如嫫母。诗中有画，画中有诗，如天地阴阳之聚合，方臻妙境。

> 何当得画便忘诗，搔首无须更弄姿。
> 惟有祖师弹指顷，神来笔笔华严时。

这首诗以"艺术换位"论如何以诗生画。诗与画是相对独立之艺术门类，画可取诗之美，把诗意化为画境，不矫揉造作才能将对方之美，自然过渡到自己的美。至于诗之素养，则如平常参禅一样修炼，厚积薄发。当达到如祖师之修为，作画下笔自然信手拈来，化用自如，描绘出华严大乘境界。

欧洲记游诗

欧洲是饶宗颐学术活动的重要区域，其敦煌学、甲骨学以及楚帛书等著作于此刊行，在欧洲汉学界产生了极大影响，并取得了丰硕的成果。他与欧洲一些著名汉学家，如戴密微、汪德迈、雷威安等交往甚笃，经常获邀到法国、德国、西班牙、意大利、瑞士等国参加学术研讨会。异域山川风物和古迹景点，激发了饶宗颐极具深厚学养的诗情，由此他创作了大量欧洲记游诗。《西海集》中的《飞越阿尔卑斯（Alpes）山》《罗马圆剧场（Colosseo）废址》《拿破仑墓》《沙维尔尼行宫（Chateau de Cheverny）晚宴》等15首诗都为此时期意境奇妙的作品。

1966年8月，饶宗颐应戴密微之邀去他故乡Mont-la-ville,

这是古罗马时代的村落。他俩在那里流连一周，沿途饶宗颐得绝句30余首，编成《黑湖集》。集中的"黑湖"不是指位于孚日山脉的"黑湖"，而是马特洪峰脚下的小湖泊。饶宗颐取名"黑湖"，实系与《白山集》的"白山"对应。冬天，戴密微将《黑湖集》译成法文，于1968年刊登在瑞士的《亚洲研究》第22期，诗集被瑞士诗坛传为佳话。

在欧洲各地游览，饶宗颐每到一处都将所观、所感、所思以诗的形式记录下来，如《车中望白牙山（Dent du Midi）》，七绝一首：

> 浊浪滔滔识所归，轮蹄终日踏晴晖。
> 开帘雪巘仍招手，为约重来叩翠微。

到Gornergrat峰顶，创作诗两首：

> 雪壑冰崖起异军，山山雾雪了难分。
> 龙沙便有千堆白，未比兹山一段云。

> 苍山负雪烛天门，叠嶂晴时带雨痕。
> 绝壁翻空入无地，遥遥又见两三村。

这是戴密微、饶宗颐同攀阿尔卑斯山之巅勃朗峰的记实。这个以白色命名的山峰，激发饶宗颐的创作灵感，他一口气写了好几首绝句，用来描写夏日在瑞士一侧的阿尔卑斯山。戴密微翻译诗句后，他发现在中国文学中，山水诗旁通于绘画，优美绝伦。饶宗颐十分倾慕法国诗人兰波（Rimbaud），他读兰波《醉舟》诗后，感慨不已，创作了36首和大谢绝句，其中有《读Rimbaud诗·用庐陵王墓下韵》。以上诗作结集为《白山集》，它对应《黑湖集》，描绘的是冬日法国一侧的阿尔卑斯山。

《佛国集》《冰炭集》

1963年，饶宗颐曾任印度班达伽东方研究所研究员。在前往天竺古梵文研究中心作学术研究期间，他所游历的山川风土，多数是法显、玄奘、义净所未经过，他将游学期间所作诗整理为《佛国集》。任新加坡国立大学中文系主任、讲座教授期间，创作、出版《冰炭集》和《南征集》两诗集。

《冰炭集》卷首有云：

> 平生所作诗，懒不收拾，行箧存者犹近千首。友人颇爱余绝句，而刊行仅有瑞士黑湖诸作。爰以暇暑，裒录成帙。漏雨苍苔，浮萍绿锦，虽无牧之后池之蕴藉，庶几表圣狂题之悲慨。舟车所至，五洲已历其四。祁寒酷暑，发为吟哦，往往不能自已。念世敦相知定吾文者，遂奋笔删订，颜曰《冰炭集》，并系五古三首，鸣蛩哀鼍，聊助鼓吹云尔。

定名为"冰炭"，实际是寄托了他在新加坡有一份深沉的文化忧患情怀。他曾说："我在新加坡时心情不好。那个时候新加坡压中国文化……我是那里唯一的中文系教授，而那里却又根本不提倡中国文化，只提倡中国语，没有'文'，学华语就够了。他们那时害怕中国文化。所以我的诗集取名为《冰炭集》，这跟当时的心情有关。"此时，正值内地"文革"如火如荼，他又在卷首作三首五律表达对中国文化遭遇的忧虑，其中第三首写道：

> 游丝隔重帘，望春目欲断。
>
> 漠漠疏林外，入画但荒远。

流水自潺湲，中有今古怨。

日暮忽飞花，闲愁起天半。

在《饶宗颐学记》中，胡晓明对上诗寓意进行分析，他指出："这里的'望春'，分明是一份文化的乡愁；这里的'古今怨'，也分明是一种历史的大忧患。所以他说自己'虽无牧之后池之蕴藉，庶几表圣狂题之悲慨'，分明是一种文化生命人而非一般天涯沦落人的身份感了。"

《羁旅集》

《羁旅集》是饶宗颐在1977年编定，其中包括游历日本、美国、加拿大之作，还有在香港赋作的抒情诗。何为"羁旅"？在《羁旅集·小引》中有说明：

洪北江云："羁旅之期，逾晋文公之在外。"（见《伤知己赋序》）余年未而立，屡去乡国，久历乱离，不遑启处，炉峰寄迹，及今亦过廿余载矣。古之诗人，往往羁旅忧伤，独谣孤叹，意有郁结，发为篇章；余虽数废诗，何独能无感？然感而后思，思而后积，契阔死生，纯情增怅（《楞严》云："纯想即飞，纯情即堕。"）；驾言出游，辄写我忧。中间数历扶桑，三莅北美，朋侪唱叹，气类不孤。聊因暇日，削而存之，用俟重删。其海西之作，别为专帙以行。自忖情寄有孚，言庶遥契，千里相应，存乎其人。造化给须，取之在我。（薛瑄《敬轩读书录》云："唐人诗曰：足知造化力，不给使君须。吾有取焉。"按此为李长吉句，见《感讽》五首之一。）

1974年春季，饶宗颐出席在日本江户召开的"东南亚考古学术研讨会"，并游赏华严泷，同去的还有日本友人白岛芳郎教授。也许是上天的安排，这一天，华严泷景色甚为壮观，短时间内出现了一年四季的景色，饶宗颐兴奋不已。奇观难遇，回到住地，饶宗颐铺开宣纸，挥毫作画，并步李白《将进酒》韵，写成《华严泷放歌次青莲将进酒韵》一首。在诗引中他描述了当时所看到四季景象："初入谷大雾，红叶满山，经雨有向荣之意。既陟岭，潭水漻然，冲涛旋濑，悄怆幽邃，寒入肌骨。至中禅寺而北风飘雪。一日之中而四时具。"壮美之风景、浪漫之诗情在诗中表露无遗。

三　新词体"形上词"

从诗人到真人

"形上词"是饶宗颐任教美国耶鲁大学时提出来，是面向21世纪对词艺术的创新，目的是创造新词体。饶宗颐认为西洋形上诗代表形而上，带有物以上的意思，这是看不见的，这些中国人谓之为道，它为词的写作、审美增加了一层哲学内蕴。中国诗歌以情为主，理文未受重视。西洋说理诗，基础是神学，哲学家、宗教家、神学家三者合为诗人。诗人心中都有个神，即上帝。他们的诗歌有很高的哲理，即形而上旨意在，能够指出向上一路。而中国人没有上帝，只有各自的崇拜。纵然有说理诗，但不受重视，其中的问题就是大家都离开神这个岗位，不尊重神的存在，对于神的力量理解不够，造成中国诗与西洋诗的差异。实际上，中国人的"上帝"就是天，而西洋上帝乃比天高，因为天有形有迹，而上帝却是无法捉摸的。中国人不迷信，而西洋人反倒很迷信，也正因为这一缘故。饶宗颐指出，中国诗歌中的形而上部分，实在太缺乏。不但言情的词如此，而且言志的诗亦如此。他由西洋之形上诗尝试创造形上词，其目的就在于弥补这一缺陷，创制用词体原型以表现形而上旨意的新词体。在耶鲁大学期间，饶宗颐精研但丁、歌德、济慈、尼采、巴斯加等巨人的哲学思想后，遍和清真词，创作出三首形上词《六丑·睡》《蕙兰芳引·影》《玉烛新·神》。

六丑·睡

济慈云：祛睡使其不来，思之又思之，以养我慧焰。(见Sleep and Poetry)夫诗人玮篇，每成于无眠之际，人类文明，消耗于美睡者，殆居其半，而心心不易相印，亦因睡有以间隔之；惟诗人补其缺而通其意焉。

渐宵深梦稳，恨过隙、年光抛掷。梦难再留，春风回燕翼，往返无迹。依样心头占，阑珊情绪，似絮飘芜国。兰襟沁处馀香泽。系马金狨，停车绮陌，玲珑更谁堪惜。但鹃啼意乱，方寸仍隔。

闲庭人寂。接天芳草碧。灯火绸缪际，如瞬息。都门冷落词客。漫芳菲独赏，觅欢何极。思重整、雾巾烟帻。凝望里、自制离愁宛转，酒边花侧。琴心悄、付与流汐。只睡乡两地悬心远，如何换得。

蕙兰芳引·影

尼采论避纷之义，谓此际人正如影，日愈西下，则其影愈大，惟其谦下如日之食，而能守黑，盖惧光之扰之也。The Genealogy of Morals Ⅷ与庄子葆光之说略近，兹演其意。

清吹峭烟，拂明镜、耻随鸡鹜。看夕照西斜，林陈照人更绿。水平雁散，又镇日相随金屋。自憩阴别后，悄倚无言修竹。

火日相屯，阴宵互代（庄子寓言），可异凉燠。况露电飞花，难写暂乖款曲。江山寥落，白云满目。但永秋遥夜，伴余幽独。

玉烛新·神

陶公神释之作，暂遣悲悦，但涉眼前，斗酒消忧，行权而已。夫能量永存，塞乎天地，腐草为萤，事仅暂化。故神之去形，将复有托，非犹光之在烛，烛尽而光穷也，光离此烛，复燃彼烛。（北齐书杜弼语）神为形帅，而与物相刃相劘于无穷，如是行尽如驰，而人莫之能悟，不亦哀乎！以词喻之。

中宵人醒后。似几点梅花，嫩苞新就。一时悟彻，灵明处、浑把春心催漏。红蕣尚仁，有浩荡光风相候。绀缕在、香送阆风，馀芬满携罗袖。

从知大块无私，尽幻化同归，惟神知否。好花似旧。应只惜、玉蕊未谙人瘦。琼枝乍秀。又转眼、飞蓬盈首。信理乱难道无凭，春箫又奏。

上词中有三句话体现了三种境界，即诗人境界、学人境界、真人境界。"漫芳菲独赏，觅欢何极"是第一境界，诗人因为孤独，则上下求索，寻觅来实现此境界。"日愈西下，则其影愈大"是第二种境界，即人要耐得寂寞，要肯让光彩受到掩盖。只注重外面的风光、而不注重内在修养的人是看不见林隙间的"绿"，无法追求远离世俗的美好境界。"红蕣尚仁，有浩荡光风相候"是第三种境界，是时空问题，无有穷尽。它是从"人间"世界中超脱出来，升华到宇宙天地境界。

饶宗颐词学方面专著，至今已有6种，论文30多篇。他从20世纪30年代开始协助叶恭绰编《全清词钞》，将原130册的词钞重新整理，精编为30册。后来又主持《全清词》和《全明词》的汇辑。1963年，饶宗颐的《词籍考》由香港大学出版社出版，日本京都大学吉川幸次郎和香港大学赵尊岳分别作了《序言》，吉川幸次郎在《序言》中说：

教授之书，以考为名，犹谢氏之《小学》，近人之《许学》《老子》，体裁有承乎钓师，而非勤勤录序跋，如吏胥之写官牍已也。有疏证，有品骘，考词人之生平，叙词流之升降，字句异同，亦举其要，词之史、之话、之平议寓焉。

吉川还将《词籍考》比美朱彝尊的《词综》，称"自此以后，读词者必发轫于此"。

1971年3月，饶宗颐将历年创作和清真词51首和近期的76首，合共127首，整理为《睎周集》，在《后记》中他云：

和词忌滞于词句字面，宜以气行，腾挪流转，可望臻浑成之境。此则尤所向往，而未敢必其能至。间取材于西方诗句，但借以起兴。计前后和章，只三月有余，未遑细辨毫芒，其不中骈括，宜也。或疑和词非创作之方，余谓四王作画，每题曰师倪黄某卷，模其格局，而笔笔皆自己出，何尝是倪黄耶？和韵之道，何以异是。盖创新在意在笔，而不在乎形式；无一笔是自家，纵云能出新型，不免英雄欺人语耳。

《睎周集》遍和周邦彦《片玉词》，和韵构成了饶宗颐词创作另一特色，也是词学的创新。另外，饶宗颐与戴密微合著的《敦煌曲》，是他在词学方面的又一贡献。全书以中法两种文字在巴黎出版，为后来者提供了丰富的原始材料。

1979年4月，饶宗颐漫游瑞士苏黎世、日内瓦以及意大利米兰等地。一个月后，从意大利返回巴黎，此期间写了13首词，结集《古村词》。钱仲联这样评价："《古村词》一帙，以白石空灵瘦劲之笔，状瑞士天外之观，追摄神光，缠绵本事，传掩抑之声，赴坠抗之节，缥渺千生，温凉一念。"

《清晖集》

1999年，一部全面记录饶宗颐韵文、骈文、诗词创作合集《清晖集》，由深圳海天出版社出版。季羡林在《序》中曰："……先生又为性情中人，有感于怀，必发之为诗词，以最纯正之古典形式，表最真挚之今人感情，水乳交融，天衣无缝，先生自谓欲为诗人开拓境界，一新天下耳目，能臻此境界者，并世实无第二人。……"

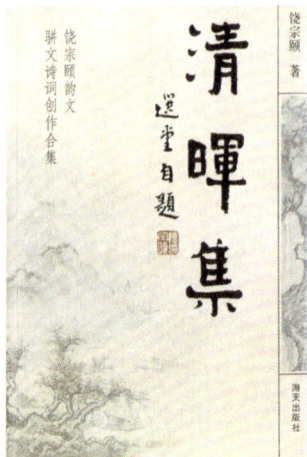

《清晖集》

每读饶宗颐的诗词，人们都有相同的感觉，诗如其人，永远拥有一股清气。在《清晖集》的跋语中，他尝言："余半生行役，五洲已历其四。所到之地，多模山范水之篇，既寄心于无垠，聊密尔以自适。所作赋、诗、词三类，皆韵文之属……拙作固无足观，异地风光，古诗人履齿未履及者，新题旧貌，或可益人神智。"《清晖集》可以说是饶宗颐的一部人生日记，只不过以诗词歌赋形式来表达，其格律韵文再现了饶宗颐的人生平仄。

四 琴以载道

琴人

《南海唱和集》中的《赠琴师容翁心言·十六叠前韵》，

饶宗颐写道:

> 泠泠七弦琴,薰风拂夏日。
> 至乐忘年义,不觉垂八十。
> 莫谓蓬户间,清歌金石出。
> 宗派溯广陵,沾溉遍遐陬。
> 心逐徐青山,疏淡惟师昔。
> 三复廿四况,寝馈共枕席。
> 希声孰知音,白云时挂壁。

20世纪60年代,饶宗颐在港大任教,课余时间,他常常带一群学生到郊外树林里面弹奏古琴,轻拢慢捻,七弦琴音悠扬

20世纪60年代,饶宗颐与港大学生到青山禅院

动听，如夏日东南之暖风吹拂。饶宗颐曾曰：

容心言先生，70多岁，祖父容庆瑞，原籍为黑龙江，著有《琴瑟合谱》。容庆瑞为李澄宇弟子，李澄宇又受传于徐越千、周子安之徒，是为《五知斋》一派。容庆瑞教的学生张瑞珊为大兴人，著有《十一弦馆琴谱》，其徒弟刘铁云为之出版该书。书中刘氏在《广陵散新谱·后记》详细地记叙了他们传授的渊源，足以弥补琴史的缺陷。我曾经向容心言先生学习指法有一年多时间，但因自己性格懒惰且愚拙，惭愧无法从他那里学到万分之一。

饶宗颐研究音乐史的初衷出自对古琴音乐的挚爱，1952年，他向容心言先生学习指法，开始对古琴艺术渐渐入迷，成为名副其实的"琴人"。

琴学

2005年，古琴家吴钊在《绝世清音·琴人篇》中写道："岭南琴学据传始自宋元，明清两代琴家辈出……清末以来，则有《琴瑟合谱》的编者容庆瑞等擅名于世。容氏的后人有其孙容心言等，均以琴擅名。容心言的学生有其自容思泽及卢家柄、饶宗颐等……"

文中又指饶宗颐"早年曾从师容心言学琴，得其所授《搔首问天》《塞上鸿》《潇湘水云》等曲。早年在《清华学报》曾发表著名琴学论文《宋季金元琴史考述》，能见其琴学研究的深厚功力"，此文系中国近现代第一部系统论述古琴艺术发展的断代史。

列入世界非物质文化遗产的中国古琴艺术已有3000多年

历史，饶宗颐被列名于琴史中的琴人与琴学研究者。学习古琴后，他对古琴学有了全面的了解，且逐渐形成自己独特的研究方法。他将古琴学同中国的文史哲打通，从而开拓了古琴学研究的广阔前景。饶宗颐围绕古琴这个载道之器，发表了不少论文，如琴与文学有《楚辞与古琴曲》，琴史有《宋季金元琴史考述》，琴与思想有《古琴的哲学》，琴与先秦音乐有《随县曾侯乙墓钟磬铭辞研究》，琴与书法有《书法艺术的形象性与韵律性》。

南宋理宗淳祐间，杨守斋神于琴，他为查找"琴学宗匠"之事实，则从《袁桷文集》得知："袁氏《琴述》于杨谱，源流端绪，指陈甚备，诚宋季琴史最重要之文献矣。"由袁桷《琴述》得知，南宋盛行之琴谱，有"阁谱"及"江西谱"。"阁谱为大晟府厘定之官谱，江西谱则所谓别谱也。"

宋季金元时期，琴道在汉族、契丹族、女真族、蒙古贵族中的琴人间流传，从而促进了各族人民音乐的交流。

1971年，饶宗颐为唐健垣作《琴府〈序〉》；1974年，作《古琴的哲学》；1976年，为琴师徐文镜作《镜斋山水画册引》；1985年，出席扬州"古琴打谱学术会议"；1986年，为学生叶明媚《古琴音乐艺术》作《序》。

琴心

2000年，饶宗颐作《涓子〈琴心〉考——由郭店雅琴谈老子门人的琴学》，讨论乐教"和谐来历"。他在《选堂清谈录》中说：

古人很喜欢说"琴心"。精于琴者，闻琴声便可以明对方的心理。琴心有悲心、思心、怨心、慕心之别。善琴者，闻声有如窥镜，可以照见内心隐微之处，可由琴音以反映人心。以琴治心，古人谓之"琴心"。道书以琴代表和谐境界。

《饶宗颐二十世纪学术文集》（卷十四）中有《琴台铭》，内曰：

余过汉阳，薄暮，登琴台，蔓草未除，丰碑若揭……道光六年，宋湘《狂草诗》云："万古高山，千秋流水，壁上题诗吾去矣。"想见兴酣落笔，俨欲捶碎黄鹤楼而踢倒鹦鹉洲也。琴台者，向传钟期听伯牙鼓琴于是。

饶宗颐常弹《搔首问天》这首古曲，以发思古之幽情。他强调"琴是器，哲学是道"，"形而下者谓之器，形而上者谓之道"。即"琴学以载道"。饶宗颐的"琴道"，更多的是指古琴中蕴含的哲学。饶宗颐认为，琴之为道，与儒、释、道三教都有密切联系。在《礼记·曲礼》中有"士无故不

1960年，在香港友人家中弹奏古琴

1975年，饶宗颐在香港新亚研究所举办的国乐演奏会上弹奏一曲"搔首问天"

彻琴瑟"，他解释说："古琴这种乐器，在古代是士阶层经常拿来作修养用的。"

儒、释、道是中国传统文化三大支柱，宋、明理学把儒家的伦常、道家的超脱与佛家的超越有机结合在一起。三教合一建立了中国传统文化安身立命学论的三维坐标。儒家重视社会生活的完善，提倡的音乐讲究中正平和；道家以无为为最高境界，其追求的是精神不朽，操琴是为涤去心中的污浊，而获得正灵。佛教认为，宇宙万有无常无我，是虚幻不真的存在。操琴可以杜绝尘俗，修善止恶，最终觉悟成佛。佛家之正道中的正定，是最健康的心态。

时至今日，在现代化进程中古琴所以不被淘汰，是因为中

20世纪60年代，在郊外弹奏古琴

国尚无水平线以上音乐艺术，唯古琴可为代表。琴音可令紧张严肃的环境气氛变成和谐愉悦境地，古琴在这方面比别的乐器更能胜任，纵然对所闻琴音不了解，但仍是一种精神的享受。琴的教育意义在禁止邪欲，陶冶士操，具有"自制道德"与"自顾情操"的功效。

琴道

饶宗颐对研究琴谱、琴史一直抱有极大的兴趣，1974年，作《古琴的哲学》，发表于台北《华冈学报》（第八期）。文章指出超越弹琴技法的"琴道"：

> 古琴和中国哲学的关系，可说是"扣其两端"。中国人好言道器相融，琴是器，哲学是道。"形而下者谓之器，形而上者谓之道"。从"琴"到"道"，过去一般文人的老调儿是"文以载道"，其实琴亦是载道的东西，"琴道"是很广大的。

> "琴"既为治心之具，故有人把古琴从正面与儒家性命之理相联系。《琴余漫录》又论"学琴之益，善弹琴者借为炼性调气之用，非以悦他人之耳也，足证琴学为有益身心性命之学，琴音远而身长，与弹者呼吸息息相关，是为有益性命，则弹琴可以延年"。

琴被古人评为"众器之中，琴德最优"，被视为修身养性的象征。道家的无为、释家正定，体现在其健康的心态。禁息诸欲，淡泊情志，而把整个人溶化在声音的"和液"之中，经过音乐的洗礼，形成高尚的人格。"练心"相信对心理卫生有很大的贡献。

CHAPTER 17

第十七章

选堂养生　常乐高寿

2005年8月，饶宗颐于广州艺博院

一　一壶天地小于瓜

生活规律

饶宗颐的养生和长寿和他的学术、艺术成就有直接关系。因为知识的海洋中充满着无限乐趣，在不断的学习进取中，人的身心健康同时也会为不断长进的学识所滋养，身体健康的碎步小阳必有长寿的大阳。日常生活中，他吃穿十分简单、随意，起居作息十分有规律。不吃太好，不吃太饱，心态平衡，坚持运动。百岁高龄的饶宗颐能轻松地将腿双盘打坐，用入静入定这种独特养生功夫，促使他在读书、写作、绘画时能够很快集中精神，进入佳境。

1978年9月，饶宗颐从香港中文大学中文系退休，虽被聘为法国高等研究院教学部客座教授，但拥有大量空闲的时间可供他创作书画，先后出版书画集50多册。100岁高龄的他创作力依然十分惊人，这与他学无止境、虚怀若谷的精神境界有很大关系。日常生活中的他银眉鹤发、清瘦矍铄，思维敏捷，手腕特别刚劲有力，与人握手，最喜欢有节奏地用力。

饶宗颐居住的位于香港跑马地云地利道的高层寓所，阳光充足，空气清新。从自家阳台望去，香港岛的赛马场尽收眼底。可容纳数万人的赛马场，宽阔气派，气势恢宏。面向跑马会马场的阳台上，

2005年，饶宗颐修炼打坐

397

他摆放一张线条明快的折叠休闲椅，每天早上当太阳升起的时候，他靠着这张舒适的椅子开始读书、看报，每逢周五晚上，饶宗颐常在阳台上观看跑马场内骏马竞逐的英姿和人山人海的热闹场面，他对友人说："我把赛马当休闲节目来欣赏，过着海德格尔所说"人，当诗意地栖居"的那种生活。这也是人生一乐。"

百岁饶宗颐的健康长寿秘诀是注意生活的规律性，他拨准生物钟。早上7点起床，用半小时打坐安静冥想，心平气和之后开始早餐，先喝武夷山105号肉桂茶，吃两块地瓜或一片面包，午餐、晚餐有蒸鱼、肉饼、红烧豆腐、生菜和清汤，外加米饭一碗。他的饮食清淡，没有忌口，不吃参茸、虫草、燕窝等滋补品，却又十分喜欢吃蛋糕等甜点。午休一个多小时后，他用一个多小时来写字、看书。总之，用元代诗人的一句话"一壶天地小于瓜"来形容他的立身处世是最恰当不过，日日安坐在葫芦里，葫芦的护禄、福禄寓意着他的福气，清净达观，身心愉悦，自然是寿而康。

饶宗颐在日常生活中注重简单、自然，在娱乐活动上，如对待两个人博弈的中国象棋，他认为"下棋有输赢，做人当平和"，既然下棋有输赢，为免使心理在得失中起伏波动，保持心理平和，他从不与人对弈，也不参与打牌、打麻将等娱乐。

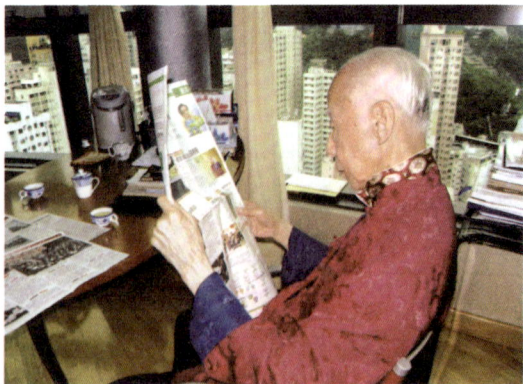

2006年11月，饶宗颐在家中阅读报纸

他更不上网、不用电脑，但天天看报纸、看电视，看为他专门打印的文件资料。

对老年人来说，运动可以改善心肺功能，保持足够时间的运动可有效提高心肌收缩功能和加强肺部功能，他坚持以安全、简便、有氧的适度运动，采用卧、坐、走三者结合的"饶功"法锻炼肌肉，这对身体健康起到非常重要的作用。

卧在床上，他将身体摊平，双手、双脚相互摩擦，然后双盘大腿，头部作支撑点抬腰，让腰身置空，抬身为动，停留为静，一动一静锻炼腰椎及腰肌，这项锻炼使他不会出现老年人的弯腰驼背。

饶宗颐自小就懂两种呼吸锻炼方法。第一种是胸式呼吸法，第二种是腹式呼吸法。胸式呼吸是要把自己扩张出去、很用力地撑开胸肌，胸肌会压迫心脏，易使心脏受损，这种练习法使胸跟肺之间有矛盾。采用腹式呼吸法就没有这个问题，因

2004年，打太极拳

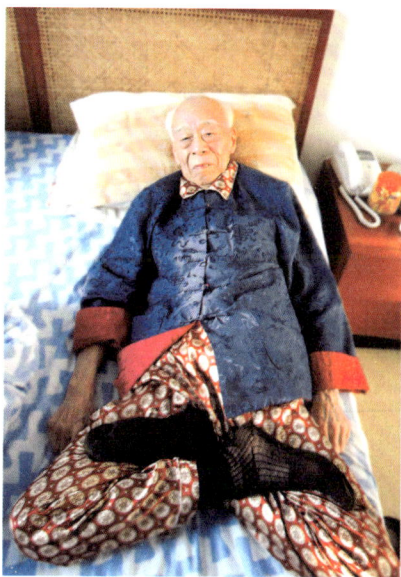

2005年，盘腿卧功卧床

腹部可以自由伸张，练习起来较为安全。这个方法有个好处，就是人平时用脑，血聚在脑上，用腹呼吸，就可以调节心跟脑之间的血液循环。他认为第二种方法较科学，因而选用腹式呼吸法并终身运用。

双盘大腿打坐时，他惯用"五心向上"法。做法是：两掌心和两脚心向上，自己的心也向上。"五心向上"法的静坐冥想，使他练出一种气贯神通的心态，用于除去各种烦恼，培养定力，颐神养性。

走路时，他养成脚跟先着地的习惯，好处是稳健、不易前倾；另一个好处是脚跟先着地，可以通过脊椎将动力传到头顶，从而锻炼大脑。真正做到"真人之气以踵"。良好的生活习惯，加之持之以恒的锻炼，造就健康的身体。

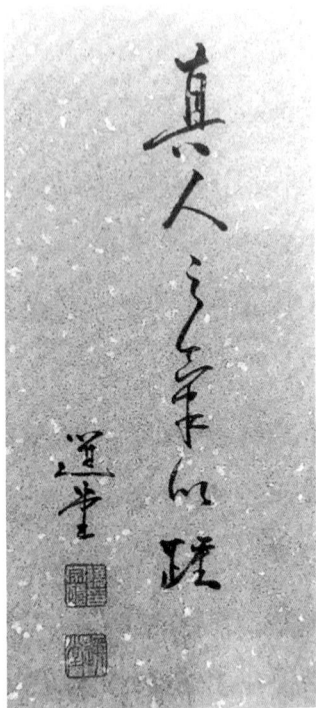

2011年，饶宗颐题赠作者
"真人之气以踵"

养生之道"撄宁"

中国几千年的文化中，养生的文化资源十分丰富。因早年研究《老子想尔注》，饶宗颐很早就关心道家养生思想和方法，并发表不少文章。1979年，在《关于〈青天歌〉作者》一文中，他指出："苏州博物馆藏有1966年在曹澄墓中出土的题徐渭书《青天歌》长卷，共74行，'其实这首歌是元代长春真人丘处机所作'。"丘处机（1148—1227），字通密，道号长春子，著名养生家。70多岁时曾应元太祖成吉思汗之诏前往西域雪山，问其"有长生之药否"，答曰"有卫生之道，无长生之药"。以"清心寡欲"等劝太祖。太祖深深折服，并以虎符及玺书赠之。今本《道藏》中有《青天歌注释》，下署"混然子注释"。歌词云：

青天莫起浮云障，云起青天遮万象。
万象森罗镇百邪，光明不显邪魔旺。

我初开廓天地清，万户千门歌太平。
有时一片黑云起，九窍百骸俱不宁。

是以长教慧风烈，三界十方飘荡澈。
云散虚空体自真，自然出现家家月。

月下方堪把笛吹，一声响亮振华夷。
惊起东方玉童子，倒骑白鹿如星驰。

逡巡别转一般乐，也非笙兮也非角。
三尺云璈十二徽，历劫年中沤元断。

玉韵琅琅绝郑音，轻清偏贯达人心。
我从一得鬼神辅，入地上天超古今。

纵横自在无拘束，心不贪荣身不辱。
闲唱壶中白雪歌，静调世外阳春曲。

　　我家此曲皆自然，管无孔兮琴无弦。

　　得来惊觉浮生梦，书夜清音满洞天。

　　青天者，指人性而言也；浮云者，指人杂念而言也。此二句是修行人一个提纲。此歌所咏为道中人的修行，但行文中颇有以乐曲用语为隐喻，如"逡巡别转一般乐，也非笙兮也非角"，又如"我家此曲皆自然，管无孔兮琴无弦"，均与乐理、琴道相涉。而"云起青天遮万象"句又引起关于书道的联想。丘处机擅长用诗词方式传教，这篇《青天歌》乃道教徒视为修身养性的不二法门。前十二句乃明修性之本体，中十二句复命之工夫，后八句形容性命混融，乃脱胎神化之妙也。

　　1978年，在法国高等研究院主讲"中国古代宗教"时，讲到《青天歌》这首诗，他认为该诗对于内丹修炼体验有极为深刻的描述，体会其中的深意，就会有不凡的收获。1987年《书谱》（第6期）杂志《饶宗颐专辑》中，他发表《论书次青天歌韵》并《序》，对于《青天歌》"欲广其意以论书"。《序》中讲："《青天歌》者，长春真人丘处机之所作也……1979年春在法南，久疏笔砚，惟暇复抚琴……重温长春此作，弥有所悟，用广其意以论书……操缦之余，复理旧稿，赓和成章。"

论书次青天歌韵

　　墨多墨少均成障，墨饱笔驰参万象。

　　书家定后思无邪，表假表空神同旺。

　　此心得一天与清，笔阵崎岖平不平。

　　会叩诚悬得悬解，此中安处即撄宁。

神充力沛锋峻烈，势共郁峰飞澜激。
凛凛如鼓风与霆，稜稜潜见水中月。

月下何须将笛吹，风吹睿想入希夷。
乍连若断都贯串，生气尽逐三光驰。

一波一擎含至乐，鼓宫得宫角得角。
肥瘦干湿浑相宜，分间毋劳大匠斫。

云窗雾阁窈窕音，忽来妩媚挑琴心。
风骨翰飞振采处，秾纤眼可无古今。

双翮翻飞去羁束，三等何当泯荣辱。
自有高秀干青云，待咏舞雩送远曲。

离边证妙理当然，管岂有孔琴有弦。
以书通律如梦觉，梦醒春晓满洞天。

　　《青天歌》是宋末元初全真教真人丘处机阐明性命双修途径的歌诀，用其来阐明书道和琴道通会之理，广其意是修身养性。诗中前十二句，明修性追求之本体，以本体即"此心得一天与情"，即"清心"或"天心"。采用"撄宁"的妙法可使自己保持身体健康。如果用"逆"的方法，就好像用瑜伽的逆行式或倒裁式去作深层的精神锻炼，若行之不当，将会适得其反伤害自己。少年时修炼挫折的教训，使他宁愿采用道家"顺"的做法来安顿精神的宁静，他用庄子"顺"的做法与瑜伽相结合，创出一套养生模式。修炼"撄宁"使他身正、心正，呈现善气、正气，最后收到"精神独与天地相往来"的效果。《庄子》一书谈到的精神修养理论，和印度瑜伽思想非常吻合。根据瑜伽理论，人身体的微细气脉系统有7.2万条遍布全身。最

隶书"吉祥"

主要三条：为中经、左经和右经。从丹田沿中间的"督"上通泥丸（头顶）。印度古代哲学典籍《奥义书》中提到：中经是解脱的道路。中经相当于庄子所说的"督"，十分重要。一般人都患"得"患"失"，造成自身神志不清宁。而庄子很懂得精神上的自我控制，他以"外物"摆脱外界事物的约束，认为"得"是机缘所造成；"失"亦是理所当然，应当泰然处之。这样，在情绪上没有哀与乐情绪的刺激，就好像倒悬的人，获得解救；安于时而居其顺，自能得到精神上的宁静。饶宗颐认为"撄"是系缚，进而能够使人宁静，在束缚中自我获得解放。"撄宁"的修养境界能够"外物（质）""外生（命）"之后，得到的精神上的愉快感受，即是"朝彻"，它实现人的"见独"之后，入于不死、不生的阶段；这时候，虽然受到外界事物的纠缠、牵扰，心中仍然得到安宁。修炼"撄宁"的效果正如庄子所言"虚室生白，吉祥止止；夫且不止，是之谓坐驰"。饶宗颐静坐于一室之内，寂光所照，辉耀四极，光之所至，故有"生白"的感觉。心中一片光明海，周身充满吉祥之气，谁想阻止也阻止不了，他神与气同流，周行六合，自然长命百岁。

剑珌行气铭

随着对修身养性的深入体察，古代的气功文物"剑珌行气铭"，一种被称为最古老的养生专著《引书》，也进入饶宗颐的视线。《饶宗颐二十世纪学术文集》（卷五）有《剑珌行气铭与汉简〈引书〉——附瑜伽安心法》。文章说："气功之说，披靡一时，重要之实物文献涉及气功者有二：一为战国时刻于剑珌上之行气铭，一为1984年在湖北江陵出土的汉简《引书》。前者已有人加以英译，后者资料公布未久，尚待深入研究。"

珌者，是佩刀下饰。王季星认为此行气铭盖为形而上之剑气论，并引《庄子·说剑篇》及《吴越春秋》南林处女之论剑道为佐证。印度瑜伽术亦讲调气之方，奥义书100多种，有一种意义是剑，盖取斩除烦恼为喻，而凝神蓄气，宛如刀刃之出于新硎。即行气铭谓"固则明"之境地，能"定则固"已是能掌握神与气的瑜伽术。

气功通过调整呼吸、身体、意识来实现养生，行气是以顺还是以逆来引导？他认为："中国养生术气功以顺为主，可以说是'顺'的瑜伽。依天理，顺自然，理得心安；行气之时，缘其督脉，上下同流，亦以顺为贵。"

古人对养生有很多方法和讲究，汉简《引书》可视为先秦人追述殷代彭祖养生之书。该书在古墓中沉睡了2000年，是中国乃至世界范围内最古老的系统养生专著。饶宗颐系统地研究《引书》养生理论，得出的结论就是身体要顺应自然，春生夏长秋收冬藏，不违四时，按自然规律立身安命；大地一年之间，有寒暑、燥温之异，故养生调息之法，应随气候之转变，与气候相呼应。嵇康《养生论》结语云："外物以累心不存，神气以醇白独著。旷然无忧患，寂然无思虑。又守之以一，养之以和，和理日济，同乎大顺。"庄子曰："古之治道者，以恬养知，知生而无以知为也，谓之以知养恬，知与恬交相养，而和理出其性。"以恬养知，"恬"与"淡"联言，即为"淡"与"漠"。此得恬而安适之知，乃得道之知，游心于德之和之"知"；再以此得道之知与恬相养，则和与理皆出其性。《庄子·缮性》之性乃一恬淡合于天德之性，庄子不主张道引，由此可见。养生之最高理想在一"和"字，道引只是手段，非其目的。

食养

常言道："药补不如食补。"已届百岁的饶宗颐常采用饮食养生来保养身体，他从不吃虫草、鹿茸等补品，几乎不喝中药，只在每日三餐中合理地调配鱼、肉、菜，用食物滋补养生。1997年11月，在香港第五届中国饮食文化研讨会上，饶宗颐发表题为《从出土资料谈古代养生与服食之道》的演讲，他根据《列仙传》中的记载，列出众仙食品：

赤松子服水玉

赤松子又名赤诵子，秦汉传说中的上古仙人。曾服用水玉这种药物祛病延年，并把这种方法教给神农氏。

马师饮甘草汤

马师皇为中国神话中的神医，为马治病用药针刺马的口腔，又让它服用甘草汤。

彭祖食桂芝

彭祖，又名彭铿，为尧舜时人，厨行祖师。其寿数为159岁。因善于调制野鸡汤献帝尧食用，主要在鸡汤中加入员木果籽（茶籽），使汤具有养生功效，帝尧原常年生病，服此汤后百病除祛，享有118岁仙寿。彭祖自己精通补导之术，常常服用水桂、云母粉、麋角散。

范蠡服桂饮水

范蠡，字少伯，春秋末著名的政治家、大商人。世称其为"陶朱公"。享年高龄，几近百岁。他服用桂水，其实"桂"应是千年或几千年的樟树。

407

从《列仙传》所记诸仙人服食之物中，可知早期道家追求"长生"的服食很重视草本。远古人认为灵芝（菌芝）是仙草，主要是其具备某种神秘的长寿、不朽的特质。服用它可以长生、成仙，故菌芝为汉人常服之品。《汉书·艺文志》有《黄帝杂子芝菌》（十八卷），注：服饵芝菌之法也。李时珍认为，真的灵芝应长在千年栎树的朽木之上，是寄生于"不老神木"身上吸取其"精华"的寄生物。而灵芝后来演变越发神奇，均为养生文化演绎导演之结果。

古人服食"长生"植物之外，还有别的药物。马王堆《养生方》记载90多个养生方，其中有食疗、食养方，其入药缘起是食物。如《老不起》云："以颠棘为浆方。"颠棘，即天门冬，赤须子所服者。颠棘，或名管松，根长而味多苦。服之百日，皆丁壮倍驶于术及黄精也。《方》四《加》（补益方）云："又治白松脂。"松脂即仇生所服。松脂除热，久服轻身延年。《方》十一《益甘》云："益甘，茯苓去滓，以汁肥豨……干姜、菌桂。"犊子所服。茯苓主胸胁逆气，利小便，菌桂，味辛温，养神。葛洪《抱朴子内篇·仙药》："桂可以葱涕合蒸作水，可以竹沥合饵之。"关令尹服苣胜，师门食桃。葛氏云："巨胜，一名胡麻，服之耐风湿，补衰老。"其佚文云："胡麻好者，一夕蒸之如炊，细筛白蜜和丸，日二枚……五年，入火不烧；六年，走及奔马。"又言："桃胶以桑灰汁渍，服之百病愈，久服之，身轻有光明。"道家长生服食的食品，演变到今天为药物。从药物学角度看，中国古典医学的起源与食是分不开的。

运用古人养生保健的理论并结合当今实际，饶宗颐总结延年益寿的方法：

首先，日常的起居饮食是前提条件，而保持心情开朗、快乐是基础。其次，到了一定年纪的人，一定要好好爱护心脏，坚持自我按摩，促进循环。最后，养生最重要的是要有一个宁静的心态，自我排解烦恼，才能得到充实、快乐。

如何排除烦恼，他给出的四字真言就是"享受烦恼"。烦恼来自过度的欲望、缺憾而造成无尽的烦扰。他强调要转烦为松，变恼为坚，一松一紧，张弛有度。要把烦恼转化为生命动力，就须拿得起，放得下，想得开，看得透，敢于担当。用平常心对待社会的一切人与事，身体自然健康，心情自然快乐。另外，坚持写书法和绘画，能使人心情安定，心态平和宁静。他说："一个人的头脑分成两部分，一边是逻辑思维，一边是艺术思维，'软硬兼施'，松紧有度，两方相互指导，交界并行，学艺贯通纵横，以学养艺，以艺促学，就能使自己内心世界充满圆融，自然寿而康。"

弹古琴

饶宗颐早年跟随容心言学习弹奏古琴，对古琴文化情有独钟。古琴是中国古典音乐艺术的至高表现，在弹奏古琴过程中，随之对琴谱、琴史产生研究的兴趣，后来，音乐文学以及中国音乐史成为饶宗颐的重要研究领域。他在香港家中收藏有5张古琴，其中以北宋郭祐之所藏的"万壑松"琴最为出名，该琴后赠送香港大学饶宗颐学术馆收藏。

饶宗颐认为古琴演奏赋予了修身养性、陶冶情操的功能，徜徉在动听的琴乐之中是延年益寿之心理疏通。

他在论古琴与鸣廉的关系时讲到："琴瑟都是弦乐器，它所代表的德性是廉，故曰鸣廉。廉以立志，所以闻琴瑟之声，便会想到志义之臣。"

琴荡涤心理中种种坏因素，培育集中注意力，养成志气如神。琴以炼心禁邪，荡涤秽浊，培养正灵，亦即追求"大清明"的超越境界。饶宗颐在《琴与性命之学》一文曰：

2006年12月，饶宗颐在潮州迎宾馆与饶氏家族成员合影

2006年，饶氏四兄弟在潮州团聚合影

　　杨时百云："学仙者多能琴，习琴者亦好说仙。如调弦以仙翁二字宣音，琴曲中《洞天春晓》《羽化登仙》《九还操》《挟仙游》，皆道家言也。"是以窦公寿一百八十岁，谓弹琴外，别无导引之法。足证琴学为有益身心性命之学；道也，而非艺也。

　　古琴历史源远流长，相传创始于史前传说时代的伏羲氏和神农氏时期，是继昆曲之后被列入"人类口头与非物质遗产"的第二个中国文化门类，它承载博大精深的中国传统文化。其清幽脱俗的声音已和悠久的中国文化，尤其是和独具特色的中国哲学、美学、伦理学及其他人文思想融合在一起。古琴有别于其他乐器，古琴艺术与养生有着密切的关系。操古琴弹奏时，手指不断接受按摩和运动经络的末梢，促进血液循环，调合血脉。古琴有三种音色：泛音、散音、按音。泛音代表天上的声音；散音代表大地的声音；按音代表人吟唱的声音。弹奏泛音可以感受天籁之音，产生对自然界的声响想象，正如诗文浑然天成得自然之趣；弹奏散音可以感受大地的声音，人与大地的互益，人必须尊重自然，立足大地；弹奏按音可以感受到人的情感，人与人之间一种无形的没有语言的沟通。弹奏古琴使人心平气和，心理对生理有很强的调节作用，安闲宁静，取得身心健康。

二　长寿因缘

"和"致"乐"

在2006年12月，饶宗颐针砭时弊，指出香港未来寻求"和谐"的重要性。在香港中文大学庆祝饶宗颐90华诞晚宴上，他作题为《天人互益》的演讲，他说：

> 在《易经》的排列中，最后一卦就是顺那个系统的。马王堆出土的最新《易经》，它的排列同过去不一样。通行的《易经》，最后是"既济"同"未济"，表示这世界"做完了"和"还没做完"，以后还有未来。但是马王堆的排列很有意思，最后的卦是三位卦，收益的二位。这个排列，过去不是这样子的，因为没有出土的东西，我们不可能想到。为什么"益卦"在最后这么重要呢？我当时在北大也有一个讲法，这就是"天人合一"是精神境界，不是行动境界。我们闭上眼睛，自己就成一个"天地"，入定时候可以有"天人合一"，因为在行动

上，天是天，您是您，依我说，倒不如讲"天人互益"，天同人互相补足。这个观点是我利用《易经》这个排列，以"益卦"作为理论根据的。这个"互益"的意思就是说，大家都互惠，不管阶层，你有什么好处，他有什么好处，一起"互益"，各有各的成效，就构成融和，达到我们国家提倡的和谐境界。用"音乐的道理"来治国，是争取人的合契。我每天都在做"天人合一"的事情，因为我每天要打坐，我闭了眼，就能到另一个世界，自己就可以达到冯友兰所谓的"天地境界"，实现庄子所谓精神与"天地相往来"。

人与人"互益"才能实现社会的"和谐"，而怡情养性是长乐高寿的重要途径。在梨俱室纵情丹青笔墨，学问与艺术互益；出外饱览山水，人与自然互益。他认为，养生的正道需要营造"天人互益"的环境，朝"天人互惠"方向去努力。要实现这一目标，必须以儒家所提出的"礼乐"来维系。因为"乐者，天地之和；礼者，天地之序"。人与人间的相安，有待于礼来维持；人与人间的"和谐"，有待于乐来调节。"礼乐"二者，是求安的最好工具。《汉书·艺文志》把《乐》列在前面，乐以致和，"致中和，天地位，万物育"，"和"表现了中华文化的最高理想。

在科技领先的时代，"和"更应发扬光大，以免使人沦为物质的俘虏。"和"使人心情愉悦，襟怀坦荡，此为养生要诀，致寿之道。曾有人将饶宗颐的学术成就与王国维相比，饶宗颐自己讲其最大的优势是活得长命，龚自珍只活了49岁，王国维只活了50岁，和他100岁的成绩比较，是不够公平的；但龚自珍也的确"火气"大了一点，要不，可以更长命，成就更大。饶宗颐一生经验总结："人的生命如同蜡烛，燃烧得红红旺旺，却很快熄灭，倒不如用青青的火苗更长久地燃烧来得经济。"

"四无量心"养寿

长寿之道在于以爱养心，以德养寿，饶宗颐永远拥有一颗"仁慈"之心。他一生充满爱心，懂得关爱他人，乐于助人而不计较报酬。他指出"成人之美"不但是一种修养，更是一种美德。人应该"成人之美"。因为人在困难中，常常只差一步半步，只要你帮他扶一把托一下，困难就克服了，他或者因此而成功。在社会生活中，大家应常怀关爱之心，这样，社会将变得更加和谐。人家给你恩惠，你是怎样被培养起来，你应该感恩人家，报答人家；今后人家又会报答你。饶宗颐感恩国家培养护佑，他以实际行动回报社会，先后将大量书画作品捐赠给故宫博物院、国家博物馆、上海美术馆、敦煌博物院、香港中文大学、香港美术馆、香港浸会大学饶宗颐国学院、香港大学饶宗颐学术馆、香港饶宗颐文化馆、澳门饶宗颐艺术馆、潮州饶宗颐学术馆、东莞饶宗颐美术馆等，另外，他将书画作品通过慈善拍卖筹得资金以支持公益事业。

2002年7月，香港国际创价学会举办"饶宗颐书画展"，其捐赠的字画作品得到香港各界人士踊跃

2010年8月8日，敦煌博物院院长樊锦诗（左）向饶宗颐（中）颁发证书

认购，共筹得人民币70万元，全数捐赠潮安县归湖镇，这是抗战时期他曾经工作过的地方，他一直想为这里创办一座小学。2003年7月5日，在归湖镇仙洋村边上，"选堂创价小学"这所可供500位小学生就读的学校落成，有效地解决贫困山区儿童读书的困难，而此时的饶宗颐在香港居住的是租来的房子。

2008年5月12日，饶宗颐从电视新闻中得知汶川大地震，立即嘱咐二女儿饶清芬致电中联办要求捐款港币20万元。当天捐款人数太多，捐款安排在5月15日，三天后，女儿代表他到中联办办理捐款，帮助灾区人民灾后重建。

6月2日，"大爱无疆——汶川大地震抗震救灾图片展"在香港举行，饶宗颐题写的"大爱无疆"匾额拍得港币500万元，该款全数捐给灾区。2010年4月，当得知青海玉树县发生7.1级地震，心急如焚的他对震区灾民表示极大关切，立即捐助港币10万元。并且附信说："惊闻青海玉树县发生7.1级地震，对震区藏族及各族同胞深表关切，现捐款港币10万元以表微衷。"

8月9日至10月31日，由中央文史研究馆、敦煌博物院和香港大学饶宗颐学术馆合办的"莫高余馥——饶宗颐敦煌书画艺术特展"在敦煌博物院展览厅举行，"庆贺饶宗颐教授九五华诞敦煌学国际学术研讨会""庆贺饶宗颐教授九五寿诞晚宴"同时隆重举行。在寿诞晚宴上，闻知甘肃舟曲正遭遇泥石流灾害，当即将收到的祝寿贺金人民币160万元悉数捐给灾区。

2013年10月7日，香港浸会大学在香港会议展览中心举行饶宗颐国学院筹款晚会，在拍卖师的介绍下，饶宗颐捐赠的12组书画精品，近百万元起拍的画作，藏家们踊跃举牌，价格一下子飙升到几百万元，最后，晚会共筹得港币4600万元，其中拍卖作品所得港币2826万元，书画作品《亭亭出水来连行书五言联》拍出港币530万元。该作品融合梁楷"泼墨"及恽寿平"没骨"两种画法，创作此幅荷花，表达出荷花秀雅及浑厚的神态。香港浸会大学校长陈新滋指出："千金虽难得，国宝更难求，拥有饶公的墨宝除表示拥有国宝级的作品外，更显出个人的好品位。同时又可支持国学院的发展，对中华文化发展作出贡献。"

晚会上，饶宗颐以6个"心"字讲出自己感受，感谢香港浸会大学的用心、专心，认为香港浸会大学有恒心、有信心去办好国学院。他希望加多一个心，就是爱心，这样，大家都关心，他就放心。

2013年11月18日，上午，饶宗颐出席"香港敦煌之友"成立仪式，同时参加"莫高余馥——饶宗颐敦煌书画艺术特展"揭幕。晚上，他亲临现场，在"聚焦敦煌"拍卖筹款晚会上，他说："敦煌是古代中外交通门户，东西方文化的结晶，现代人一定要想办法保护。"

为促进敦煌艺术研究事业发展，他希望通过这次活动唤起大家对敦煌的重视，晚会上，他带头捐赠10幅字画作品，接着，热心藏家也捐出5幅作品。通过连番竞拍，筹款港币1316万元，全数捐献给敦煌博物院用于敦煌石窟维修经费。

慈悲喜舍是《阿含经》到大乘诸经中反复倡导的精神，其

2015年，饶宗颐题"慈悲""喜舍"户外木刻巨匾竖于香港大学饶宗颐学术馆大门

无限扩大，无限深化，称为大慈、大悲、大喜、大舍，名"四无量心"。饶宗颐常乐高寿是运用佛法"四无量心"修炼而得到的。他最以公益事业为乐事，先后为世界各地公益机构捐献大量书画作品，是为大慈、大悲。汶川、玉树大地震，他立即伸出援手，慷慨解囊，是为喜舍。总之，他认为修行是用"四无量心"去温暖众生之心，而最后他得到的福报是长乐延年。

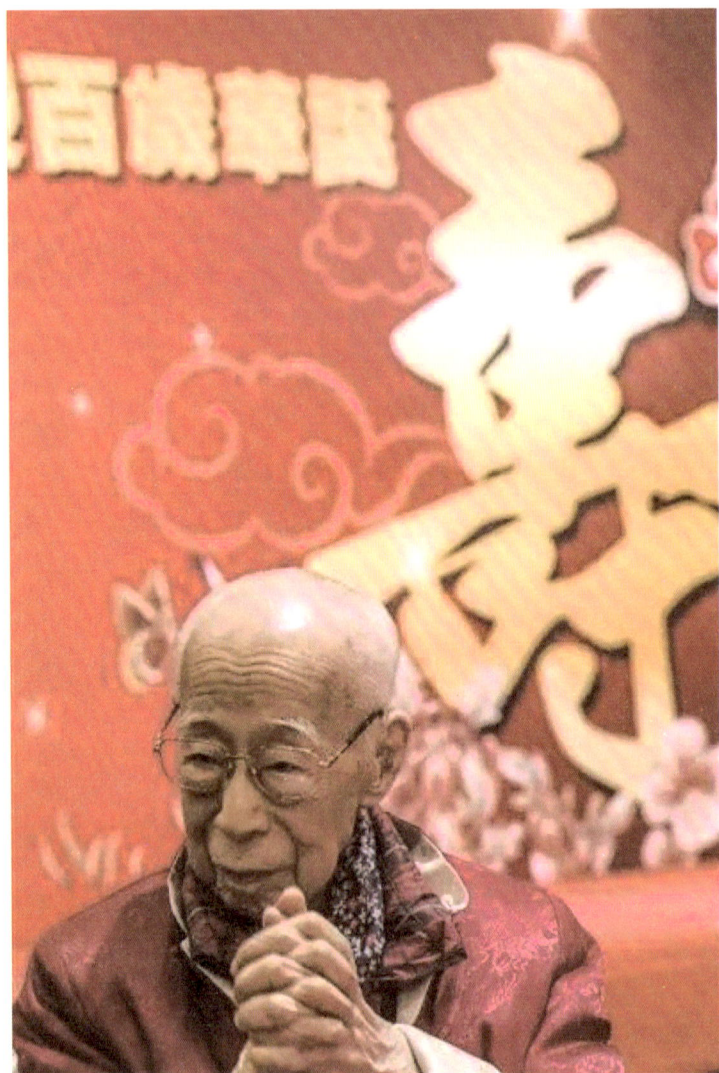

2015年，饶宗颐喜迎百岁华诞

一 泰山北斗

学者、诗人、艺术家

泰山为五岳中最高，北斗为众星中最明。《新唐书·韩愈传赞》："自愈没，其言大行，学者仰之如泰山北斗云。"伟大的学者正如泰山般屹立于人世间，似北斗般指明我们前进的方向。他们是人类智慧的象征，怀有神灵般的无限理想，力图重新创造世界之美，量度世界的广大无垠，解释世界的奥秘。虽然他们与常人一样，生命也只有一次，但他们的抱负却是伟大的。

2011年10月19日晚，为了庆祝国际编号10017号小行星以饶宗颐名字命名，各界人士在香港举行"饶宗颐星"命名仪式暨庆贺酒会。饶宗颐亲临现场，接受了中国科学院紫金山天文台赠予的《国际命名公报》和"饶宗颐星"照片。海内外嘉宾共同见证"饶宗颐星"载入天文史册的重要时刻，共同分享喜悦与荣光。他稳镇南国，蜚声海外，演绎出一个近百年的文化传奇。季羡林认为当今之世，饶宗颐堪称"大师中的大师"，其一手创立的"饶学"震古铄今。从学术上看，他是人所共钦的汉学大师，在敦煌学、甲骨学、简帛学、考古学（含金石学）、词学、史学、目录学、楚辞学以及宗教史等广阔的学术领域都卓有建树，先后发表论文1000篇；另外，他在诗、词、赋、散文方面的创作横空出世，尤其是诗词创作更是成就斐然，《选堂诗词集》中有诗1134首、词290首，诗词共有1424首；而从艺术上看，其琴艺、其书法、绘画作品独树一帜，取得了极高的成就。真可谓学者、诗人、艺术家三位一体，他创造了20世纪中国学术史上的文化奇迹。

作为一位名扬四海的学者，一位著名的历史学家、考古学家、文学家、经学家、书画家，一位"国际瞩目的汉学泰斗"，饶宗颐实践着一条辉煌的人生之路。人格独立，是他生命精神的主旋律，贯穿着他一生的各个阶段。他这种独立人格，既体现在对政治功利的自觉超越，又体现在对流俗的自觉超拔，并借此践履了其为学术而学术的纯正学术理想。

饶宗颐孩提时喜欢清净、心无旁骛、思维活跃、专志于学，耐得住寂寞的个性是在少年时期养成。他曾自述道："我六七岁时，想象非常多，非常活跃……我的这种气质小时候就很明显。就是不管外面的世界、人家的事情，只做自己的事，而且全神贯注地做好。"

饶宗颐清高、虚静、独立、专注的精神气质，从少年到青年、中年、晚年，在其人生的各个阶段，一以贯之，且越来越充盈和高迈。他年轻时喜欢念《后汉书》，对《独行传》中的那部分人物十分仰慕，希望自己能有独立的人格。

争学术"不朽"

在处理政治与学术的关系上，饶宗颐有自己独特的做法。他说：

近代中国学人中，有一个很大的问题，就是如何在学术与政治之间自处。我跟真正的政治人物之间基本上都没有什么因缘纠葛。我修地方志，本来借助官方力量，但后来官员变动，我也就不依靠官方力量，完全是靠方继仁等朋友支持搞学术。不依靠官方力量支持学术研究，也做成了许多大事情。我不走那样一条路，始终不沾政治的边。中国人争取"不朽"的观念是源远流长的，在《左传》里就讲了。尊王有尊政治上的王和尊学术上的王两方面。尊政治上的王，就有一个成败的问题，很容易一下子就牺牲掉，不只生命，也包括学问。尊学术上的王，不一定要有什么"名"，有什么地位不可。我写我自己的观点，写一部书，人家接受我，我也就可以"不朽"了。

饶宗颐不会因学术需求而刻意夸大政治和学术之间的关系，但他的学术"本位"的思想绝非漠视道德、政治。其实，他是对学术之为学术本身怀有虔诚和敬意。他认为，学问要立得住脚跟，并不在于当时能得多大名气，重要的是文化价值之超越。他的学术思想使他的学问好像与世事没有关联，著作里面也找不到什么社会背景或政治意图。他的诗词更是古风尚在，俨然魏晋之人。这些都缘于其独立高迈的人格，为志趣而做学问。

求真、求是、求正

饶宗颐治学的三个特点：渊博、精巧、新奇。2013年，96岁的饶宗颐对自己的学术及艺术历程做了回顾。对于学术研究中如何确立科学的指导思想，他认为："当前是科技带头的时代，人文科学更负重任，到底操纵物质还是人，我们应该有'求真、求是、求正'三大广阔目标的追求，去完成我们的任务。"

针对当前社会存在一些不良的学术风气，2011年4月22日，他于香港爱宾室撰写《说真》一文，其中曰：

阮公《咏怀诗》四十二首原句云：保身念道真，宠耀焉足崇。直称"真"为道。《文选》陶公《杂诗》第一首：

"结庐在人境……此中有真意，欲辩已忘言。"《饮酒诗》第二十首："羲农去我久，举世少复真。汲汲鲁中叟，弥缝使其淳。"《庄子·秋水》篇："是谓返其'真'。"郭象注："真在性分之内。"

颜延年《陶徵士诔》："初辞州府三命，后为彭泽令。道不偶物，弃官从好。"有诏徵为著作郎，称疾不到。故有"靖节"之谥。盖真有所不为，乘化归尽，乐乎天命。《庄子·天下》篇："不离于'真'谓之至人。"《文选》卢子谅《时兴》结句云："澹乎至人心，恬然，有玄漠。"此亦至人之追求者，此求真之真义。

《说真》引经据典，用七处古语论述真的真义，以及古人所提倡的"求真务实"做法，揭示有所不为亦是真的道理。他认为，自古到今的学人只有自身做到真，修成大德，其学术才能不朽。"求是"为追求真理的科学态度、科学精神，遵循客观规矩。千教万教教人求真，千学万学学做真人。只有在求是、求真的基础上，才能使学问做到俯览古今，骋游中华。求真的方法是：

（1）用哲人的心态深入考察学术问题。从上下左右来找连带关系，凭借丰富的想象力，在别人看着没有关系的地方探究出其中的关系。

（2）对学术研究有着十分广泛的兴趣。而广泛兴趣能使学术研究联系的层面多且广，各个领域互相联系、互相启发、相得益彰。在饶宗颐的学问世界里，东方西方没有鸿沟，古代现代没有裂罅，学术、艺术、生活之间"道通为一"。

（3）常年保持"童心"。饶宗颐拥有像孩子般的强烈求知欲和永不知足的求新精神。在学术的海洋里，他的确像个贪玩的小孩，心无旁骛、不知疲倦。"我就是喜欢刨根问底，抓住一个问题穷追不舍。这些问题不能升官，不能发财，别人看来觉得无聊。我却乐此不疲。"这种纯粹出于志趣而无任何功利目的的心态，才能做成真正的大学问。

（4）在学术、艺术上追求立足本土心智，放眼世界。饶宗颐最能发现问题并最能提出问题，对学术研究创新、创新、再创新。

（5）超强的自省精神，敢于否定自己，不断修正、自我改进。饶宗颐认为，怀疑精神是做学问的基本条件之一，学术上就是要敢于怀疑。基于此，或许可以找到他何以能跨越文、史、哲、艺的多个学科领域而取得惊人成就的答案。

423

二 东方文化坐标

桂冠佳绩

多年来，饶宗颐屡获得海内外学术和艺术殊荣，香港大学、香港浸会大学、日本创价大学、澳大利亚塔斯马尼亚大学、香港科技大学、香港公开大学、香港岭南大学、香港树仁大学、澳

2014年，饶宗颐在家中审阅"选堂诗词评注"系列书稿

2013年9月，荣任法兰西学院铭文与美文学院外籍院士

法兰西学院铭文与美文学院外籍院士勋章

门大学、山东大学等先后授予的荣誉博士学位，香港大学、北京大学、人民大学、南京大学、复旦大学、山东大学等著名学府聘为名誉教授，获中国艺术研究院"中华艺文奖终身成就奖"、法国远东学院院士、法国"儒莲奖"、法国文化部颁授的"艺术及文学军官勋章"、获得法国索邦高等研究院首个人文科学荣誉国家博士学位、获选为法兰西学院美文与铭文学院外籍院士（亚洲首位）、国际欧亚科学院院士、西泠印社第七任社长、天一阁博物馆名誉馆长，2014年获首届全球华人国学大典终身成就奖、2015年获中央电视台"中华之

光"年度人物和获凤凰卫视影响世界华人终身成就奖等。他是迄今唯一任中央文史研究馆馆员的香港人。

2014年1月10日，在香港会议展览中心四楼君爵厅，97岁高龄的饶宗颐从香港大学校长徐立之手中接过首届"桂冠学人"证书。这是创校百年的香港大学于2013年设立的最高学术荣衔，饶宗颐以唯一提名当选首届"桂冠学人"。在典礼上，许嘉璐

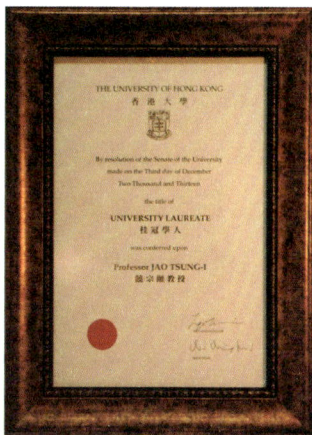

香港大学桂冠学人证书

致辞表示："我们这个时代，似乎是一个不出大师，出不了大师的时代。饶先生道、德、仁、艺四者俱备，非桂冠之荣无以表之。"他更以"功德"来赞颂香港大学授予饶宗颐荣誉。他说，此举"既说明大学高超眼光，也是为国家、为学界修了一件巨大的功德"。

学、艺成就

饶宗颐自在、独立、充盈、坚毅的生命精神，使他成为20世纪杰出的汉学家。自17岁走上学术道路，1978年从香港中文大学荣休，1979—1986年在香港中文大学中国文化研究所任高级研究员，退而不休，继续开展学术、艺术研究工作。他从事教学与学术、艺术研究已超八十载，虽到达百岁之年仍笔耕不辍。他以特有的学术的自尊心，扎根中华文化的深厚土壤中，为汉学研究作出了巨大贡献。

敦煌学

1956年，首次在香港出版《敦煌六朝写本张天师道陵著·老子想尔注校笺》，成为研究敦煌本《老子想尔注》之第一人。同年，他成为讲敦煌本《文学》五臣注之第一人。

1959年，从敦煌文献微缩胶卷中检出所有书法资料，成为研究敦煌书法写卷书法的第一人。

1963年，首次将敦煌写本《文心雕龙》公布于世。

1964年，首次据英伦敦煌卷子讲禅宗史上的摩诃衍入藏问题。

1971年1月，与戴密微合著《敦煌曲》由法国国立科学中心出版，该书是一部对国际敦煌文学研究有重要影响的著作。

1978年4月，首次研究敦煌白画，在巴黎出版《敦煌白画》（法国远东学院考古学专刊）。首创性地公布唐代白画，赢得张大千的评价："饶氏白描，当世可称独步。"

1979年1月，发表《论七曜与十一曜——记敦煌开宝七年（974）康遵批命课》，成为讲敦煌批流年书之第一人。

1983年5月，在日本二玄社出版《敦煌书法丛刊》共29册，从书法角度，率先从敦煌卷子中选出一批精品而编成的一部选集，各卷均有解说，该丛刊为书法史研究提供大批文献材料。

1990—1991年，在台湾出版《敦煌琵琶谱》《敦煌琵琶谱论文集》，均为学科前沿水准的著作。

甲骨学

1954年5月，在日本东京大学讲授甲骨文，出版《日本所见甲骨录》。

1956年12月，对分散在欧、美、亚的甲骨资料深入搜索，出版《巴黎所见甲骨录》。

1959年11月，出版《殷代贞卜人物通考》这部80万字巨著，还原殷商社会全貌。系将殷礼与甲骨资料联系起来系统研究殷代贞卜人物的第一人。

1970年9月，于新加坡出版《欧美亚所见甲骨录存》。

1989年12月，《甲骨文通检》于香港出版，此书亦按地名、天文等分类编辑，此为一浩繁巨大之工程。

简帛学

1965年秋，在戴润斋处获睹帛书原物，撰成《楚缯书十二月名核论》，证实帛书图像首字即《尔雅·释天》十二月名，遂成定论；又据楚帛书红外线照片作《楚缯书之摹本及图像——三首神、肥遗及印度古神话之比较》及《楚缯书疏证》（均发表于1968年），把楚帛书研究推向新阶段。

1985年7月，《秦简中之五行说及纳音说》发表于香港中文大学中国文化研究所吴多泰中国语文研究中心出版的《中国语文研究》（第七期），首次利用秦简证明"纳音"与"五行"之关系。《楚帛书》由香港中华书局出版，第一个指出帛书即楚国"天官书"的佚篇。

词学

1963年2月，溥儒题签《词籍考》由香港大学出版社出版，系学术史上第一部以目录学和版本学研究词学的著作。

1969年12月，撰《清辞年表（稿）》，排比词人生卒及词集刊行年月。其间词人之交往及词籍之发现与刊布，按年条列。

427

2004年1月，初纂的《全明词》由北京中华书局出版，为辑《全明词》的第一人。

史学（包括潮学）

1949年5月，《潮州志》出版，该志的题材及体例皆精研创新，为中国地方志的一个开创性典范。

1955年，《潮瓷说略》发表于日本陶瓷协会出版的《陶说》杂志（第24期），成为介绍研究潮瓷的第一人。

1959年11月，《九龙与宋季史料》（"选堂丛书"之六）出版，对"宋元间人所记海上行朝史料"进行研究，为研究宋季香港地区历史最重要的著作。

1962年，在《释主客——论文学与兵家言》一文中，首次在古文论研究中揭出"势"的范畴。

1963年12月，撰写《谈印度河谷图形文字》一文，率先把印度河谷图形文字介绍到中国。

1966年8月，为戴密微70贺寿用法文发表《说郛新考》。首次考证《说郛》是很早的一个明代本子。

1969年6月，为李济（1896—1979）主编的《上古》史稿撰写《荆楚文化》，发表于台湾《"中央研究院"历史语言研究所集刊》（第四十一本第二分册），首次提出"楚文化"作为学科名；《吴越文化》，发表于《"中央研究院"历史语言研究所集刊》（第四十一本第四分册），首次提出"吴越文化"为学科名；《安南古史上安阳王与雄王问题》，发表于新加坡《南洋学报》（第二十四卷），原文第二节《早期汉籍中之安阳王史料》由陈荆和日译成《安阳王与〈日南传〉》，发表于日本庆应大学《史学》（Shigaku第四十二卷第三号）；

在对安阳王事迹的问题上认为《交阯域记》和《交阯外域记》为同一本书,《日南传》为新发现材料,是前人所未发现的论断,为讲述有关越南历史《日南传》的第一人。

1977年9月,《中国史学上之正统论》由香港龙门书店出版。此书应用高超的研究方法,全面系统探索中国传统史学中困扰着中国统治者和同时代学者的核心观念——正统论,填补这一领域的理论空白。书中论述正统观念的产生、汉人的正统说、明清学人统纪之著作及正统观点,其间还论述了邹衍的"五德转运说"、刘向父子的正闰说和释氏史书的正统争论。

1982年1月,《选堂集林·史林》分上、中、下三册,于香港中华书局出版,是史学作品的结集。

1986年1月,撰写《〈盘古图〉考》,发表于《中国社会科学院研究生院学报》(1986年第一期),首次将《盘古图》的年代推前到东汉。同年,在法国索邦高等研究院宗教部成立百年纪念的"世界礼学研讨会"上宣读《〈春秋左传〉中之"礼经"及重要礼论》,是第一个提出"礼经"问题的人。

1990年11月,《羊的联想——青海彩陶、阴山岩画的⊕号与西亚原始计数工具》发表于香港《明报月刊》(第二十五卷第十一期),运用楔形文字专家Schmandt Besserat女士的突破性发现,广泛研究从苏美尔人的线形文(Linear writing),到中国古代彩陶、岩画,论证文字起源于刻画标记(incisedsigns),并考证了⊕号即"羊"——财富的象征,是将陶文⊕证明为"羊"的象征的第一人。

1994年2月,《由牙璋略论汉土传入越南的遗物》发表于香港中文大学中国考古艺术研究中心邓聪编《庆祝郑德坤教授从事学术活动六十周年论文集——南中国及邻近地区古文化研究》，首次从牙璋揭示古代中国通往东南亚之路。

1998年7月，《符号·初文与字母——汉字树》由香港商务印书馆出版后，引起国际汉学界的高度重视。2000年，上海书店出版社重印，2003年，小早川三郎翻译成日文版《汉字树：古代文明と汉字の起源》在东京株式会社アルヒーフ出版，这是一部用30年工夫写成的跨世纪著作。

目录学

1935年9月，续成《潮州艺文志》（见《岭南学报专号》1935年第4卷4期，1937年第6卷2、3期），系研究乡邦文献的成名之作。

1956年1月，《楚辞书录》由香港东南书局发行，这是第一本关于《楚辞》的目录书。

1963年10月，《词籍考》在香港大学出版社出版，此书为词籍目录版本的记录，录入词人的生平、词派、词话、评论等内容，是学术史上第一部以目录学和版本学研究词学的著作。

1970年12月，《香港大学冯平山图书馆藏善本书录》在香港龙门书店出版，为冯平山图书馆第一次整理藏书之结果。

楚辞学

1946年12月，《楚辞地理考》于上海商务印书馆出版。

1958年5月，《楚辞与词曲音乐》由香港大学中文系（"选堂丛书"之五）出版后，不断扩展楚辞与相关学科的研究。

1978年9月，在题为《楚辞学及其相关问题》的退休演讲中，进一步阐发了"楚辞学"建立的意义。认为今日治学方法的进步，如果配合新材料和新观念，比较《诗经》更有它的重要性。力主"楚辞应该成为一专门之学"。

考古学、金石学

1950年5月，《韩江流域史前遗址及其文化》在香港出版单行本。

1954年10月，在日本京都发表《战国楚简笺证（油印本）》，系学术界第一篇研究长沙仰天湖楚简的论文。

1957年起，在香港出版大量研究战国楚简及长沙出土战国缯书的专著。如《楚简续记》（1957年）与曾宪通合著《云梦秦简日书研究》（1982年）、《随县曾侯乙墓钟磬铭辞研究》（1985年）、《楚帛书》（1985年）。

1969年12月，在新加坡出版《星马华文碑刻系年》，首次编录星马华人碑刻，开辟了金石学在国外的研究先河。利用丰富的碑刻文献，撰写了《新加坡古事记》，成为研究新加坡、马来西亚华侨史的第一人。

1981年1月，主持出版法国远东学院藏拓本《唐宋墓志：远东学院藏拓片图录》。

文学

1961年4月，撰写《陆机〈文赋〉理论与音乐之关系》，发表于京都大学《中国文学报》（第十四册），采用音乐的观点来讨论文赋，首次研究陆机《文赋》与音乐的关系的重要性。

1963年12月，撰写《韩愈〈南山诗〉与昙无谶译马鸣〈佛所行赞〉》，发表于京都大学《中国文学报》（第十九册），首次从文献根据上揭示韩愈诗歌受佛文体影响。

1980年6月，撰写《唐勒及其佚文——楚辞新资料》，发表于日本九州大学《中国文学论集》（第九号），成为首位研究楚辞新资料唐勒赋的学者。

2001年11月，出席北京大学百年纪念论坛，作题为《新经学的提出——预期的文艺复兴工作》的专题演讲。预期21世纪是中国踏上"文艺复兴"的新时代。他讲到："许多出土的简帛记录，把经典在秦汉以前的本来面目，活现在我们的眼前，过去自宋迄清的学人千方百计去求索梦想不到的东西，现在正如苏轼诗句：大千在掌握，我们应该珍惜，再作一番整理功夫，重新制定我们新时代的经典。"

2013年7月5日，在人民日报发表《中国梦当有文化作为》。指出21世纪是我们国家踏上"文艺复兴"的新时代，认为应当重新塑造我们的"新经学"，既要放开心胸，也要反求诸己，才能在文化上有一番"作为"，不断靠近苏轼所说的"天人争挽留"的理想境界。

琴学

1960年5月，撰写琴史重要论文《宋季金元琴史考述》，发表于《清华学报》（台北）（新二卷第一期），是撰写宋元琴史的第一人。

1971年3月，在美国耶鲁大学研究院为唐健垣作《琴府·序》。

1974年7月，作《古琴的哲学》，发表于《华冈学报》（第八期）。

2000年10月，武汉大学在珞珈山举办郭店楚简国际学术研讨会，提交论文《涓子〈琴心〉考——由郭店雅琴谈老子门人的琴学》。

宗教史

1972年12月，撰写《太平经与说文解字》，发表于台湾《大陆杂志》（四十五卷六期），成为讲《太平经》与《说文解字》关系的第一人。

1974年5月，撰写《金〈赵城藏〉本〈法显传〉题记》（附《达亲国考》），发表于《台湾"中央研究院所集刊"历史语言研究》（第四十五期第三分册），成为讲述《法显传》的第一人。同年，《吴县玄妙观石础画迹》载于《"中央研究院"历史语言研究所集刊》（第四十五本第三分册），成为为讲道教变文之第一人。

1978年9月，撰写《〈穆护歌〉考——兼论火袄教入华之早期史料及其对文学、音乐、绘画之影响》，发表于香港《大公报在港复刊卅年纪念文集》（下卷），成为利用词牌《穆护歌》考见火袄教史实的第一人。

1989年12月，撰写《谈六祖出生地（新州）及其传法偈》，发表于北京大学出版社《纪念陈寅恪先生诞辰百年学术论文集》，首次提出六祖出生地（新州）问题。

梵学

1962年8月，在香港大学中文学会出版的《印度波尔尼仙之围陀三声论略——四声外来说平议》，对陈寅恪的《四声三问》关于四声来自印度吠陀三声的看法提出异议，特别指出吠陀的抑音、扬音、混合音三种诵法在公元前2世纪已经失传，不可能在南齐时影响中国的声调。

1966年5月，在伦敦大学东方与亚洲研究所发表英文演讲稿《梵文四流母音ṚṜḶḸ与其对中国文学之影响》，指出自鸠摩罗什时代起，印度悉昙章影响中国文学长达8个世纪之久。

1987年4月，发表于《中华文史论丛》的《唐以前十四音遗说考》，从悉昙章与中国音韵学的关系，纠正了前人以十四音始于唐代的错误说法。

中外关系史

1970年1月，撰写《太清金液神丹经（卷下）与南海地理》，发表于香港中文大学《中国文化研究所学报》（第三卷第一期），是利用《太清金液神丹经》讲南海地理的第一人；同年，《新加坡古地名辨正》发表于《南洋文摘》（第十一卷第四期），成为辨明新加坡古地名以及翻译名的第一人。

1974年12月，撰写《蜀布与Cinapatta——论早期中、印、缅之交通》（附论：《海道之丝路与昆仑舶》），发表于台湾《"中央研究院"历史语言研究所集刊》（第四十五本第四分册），首次提出"海上丝绸之路"这一概念。

1973年12月，在东京东南亚史学会议上宣读论文《蒲甘国史事拾零》，首次利用中国文献补缅甸史，并在文章中首论南诏禅灯系统。

艺术史

1973年3月，撰写《墨竹刻石——兼论墨竹源流》，发表于台北《故宫季刊》（第八卷第一期），系讲中国艺术史上墨竹刻石之第一人。

1980年6月，《早期中日书法之交流》发表于东京《书の日本》（第二册）卷首，首次利用日本石刻证明中日书法交流源自唐代。

1983年8月，出席在日本东京举行的第三十一届国际亚洲北美人文科学会议，作了《清初广东指画家吴韦与铁岭高氏》的英文提要演讲，首次证明中国绘画史上吴韦发明指画在高氏之前。

翻译

1991年1月，《近东开辟史诗》作为"东方学丛刊"之一，由台北新文丰出版公司出版，这是一部原用楔形文字记述苏美尔人开天辟地的神话集，它是西亚神典，是世界最早的史诗之一，希伯来圣经中的《创世纪》从此衍生而来。用10年时间将其译成中文，系巴比伦史诗第一部中译本。

三 另往彼岸

2018年2月6日，农历十二月廿一日零时四十五分，饶宗颐在香港家中安然仙逝，享年101岁，积润105岁。当天，饶学联汇、饶学研究基金、香港大学饶宗颐学术馆、饶宗颐学术馆之友发布《饶宗颐教授仙逝公告》，全文如下：

饶学联汇永远荣誉会长、香港大紫荆勋贤饶宗颐教授于二〇一八年二月六日零时四十五分安然仙去，积润一百零五岁。

饶宗颐教授为中国近代极具影响力学人，他在中国传统学术多个领域，如：甲骨学、敦煌学、古文字学、简帛学、宗教学、学术学，等等，具有筚路蓝缕之开创成就。在艺术上，亦为绘画及书法大师，绘画方面开创西北宗山水画法及荷花新技法；在书法上则自甲骨，以至篆、隶、楷、草等各体，其写出自己面目，世称"饶体"。

饶宗颐教授百岁高龄，仍属神清气朗。他远游法国巴黎。又在月前参加北京中国美术馆举办之"莲莲吉庆"展览。本月六日凌晨，在家人围绕之下，无疾西去，可谓福寿全归。

四　各界悼念

2月7日，中共中央总书记、国家主席、中央军委主席习近平对饶宗颐的逝世表示悼念，对其家属表示慰问。饶宗颐逝世后，习近平、李克强、张德江、汪洋、刘延东，李源潮、杨洁篪、陈希、胡锦涛、刘云山、王岐山、俞正声、张高丽、马凯、孙春兰、黄坤明、朱镕基、温家宝、李岚清、尤权，王兆国、董建华、何厚铧、梁振英，许嘉璐、孙家正等中央领导同志以不同方式表示悼念，并向其家属表示慰问。国务院总理李克强发来唁电，全文如下：

饶宗颐先生亲属：

闻悉饶宗颐先生仙逝，谨致哀悼。

饶先生从事学术研究、艺术创作和教学工作80余年，著作等身，多才多艺，蜚声中外。先生精研国学，堪称泰斗。致力传承和弘扬中华传统文化，贡献卓著。今先生驾鹤西去，而德业长昭，风范永存。

望节哀珍重。

2月11日，《光明日报》发表荣新江的文章《承继先哲之业，开拓学术新涯——追念"通儒"饶宗颐先生的教诲》。下午，香港佛教界举办"一代国学泰斗饶公宗颐教授生西祈愿回向法会"。2月12日，陈韩曦发表文章：《心自在　意不磨——以饶宗颐生命精神悼念饶公》。又挽饶教授诗一首（用杜公追酬高蜀州诗韵）：

> 优昙花咏无人作，南饶北季伤殂落。
> 证据三重只清谈，清晖余韵忽成昨。
> 呜呼梦醒多感慨，夜花晨荽何寥廓。
> 老子想尔劳寻遍，殷墟甲骨费搜略。
> 异域风光空烂熳，遽尔离尘已冥寞。
> 丹青白描步云林，白山黑湖失雕鹗。
> 儒莲至今谁堪论，回首沧桑歌尚存。
> 万壑冰弦声声似，琴禅合一洗乾坤。
> 死生非远理难睹，凡夫妄执生迷奔。
> 往事如烟悲幻化，挥涕何处觅吾门。
> 石窟经卷久散乱，蒙公续论定为尊。
> 邻笛万古不磨意，中流自在与招魂。

《文汇读书周报》发表胡晓明的文章《饶宗颐教授的新经学构想》；《解放军报》发表杨子才所作的诗《悼饶宗颐》：

> 无缘得识大师身，仰止高山早诵文。
> 忽报乘鹤归去也，神州学子哭斯人。

《大公报网》发表莘鸣的文章《悼念选堂大先生》。香港大学校务委员会主席李国章向饶宗颐家属发唁文，全文如下：

饶清芬女士礼鉴：

噩耗传来，恸悉尊翁饶公宗颐教授往生净土，本人谨代表香港大学校务委员会深表哀悼。

饶宗颐教授乃一代国学大师，自少秉承家学，饱览群书，研究领域奇广，著作甚多。于文、史、哲、宗、艺兼中外文化史皆有卓越成就，当中尤以敦煌学获举世称誉。饶公对教育贡献良多，曾任香港大学、香港中文大学、新加坡大学，和中山大学等学府，桃李满门。饶公与港大情谊深厚，2003年捐赠珍贵书画与港大，成立饶宗颐学术馆，其后并接受邀请为港大首位桂冠学人，让师生亲炙以领教益。

饶公一生获得殊荣无数，地位超然，成就辉煌，但永不言休，实令人敬佩。港大校务委员会成员及港大师生深切怀念饶公毕生之伟大贡献，并向府上各人致以最诚挚慰问。

2月13日，《文汇报》发表黄仲鸣的文章《字里行间·苦行僧饶宗颐》。《羊城晚报》发表陈韩曦的文章《中流自在心》。《人民日报·海外版》发表叶小文的文章《又一盏心灯依旧》。

2月28日上午十时，饶宗颐教授葬礼在香港殡仪馆举行，来自香港、内地及海外的政商界、教育界、文化界及宗教界数百人士参加。饶宗颐灵堂内及门外摆满了致祭的花牌花圈，国家主席习近平、国务院总理李克强、全国政协主席俞正声、国务院副总理张高丽等党和国家领导人致送了花圈。灵堂中央挂着横匾"往生净土"，两边挽联"宗风不磨意，颐德自在心"，灵堂中央放着饶宗颐女儿、女婿及外孙致送的心形粉色花牌，以及香港特区行政长官林郑月娥致送写有"斗山共仰"的花牌，灵堂内摆放治丧委员会印制的《永远怀念敬爱的饶宗颐教授》纪念册。

为饶宗颐教授扶灵的人员有全国政协副主席董建华、香港特区行政长官林郑月娥、中联办副主任黄兰发、中国文联书记处书记陈建文、香港大学署理校长谭广亨、香港中文大学校长段崇智、法国著名汉学家汪德迈及香港大学饶宗颐学术馆馆长李焯芬。

追思法会由辽宁省佛教协会会长圆山长老、上海市佛教协会副会长、龙华古寺方丈照诚法师，香港佛教联合会宏明和尚共同主法。完成追悼仪式后，饶宗颐教授的灵柩移至香港大屿山宝莲寺进行火化，骨灰摆放于天坛大佛下，并设有莲位予公众人士作吊念，将来与饶宗颐太太陈若侬一同安放。

香港特区行政长官林郑月娥在葬礼上致辞时表示，饶宗颐与香港渊源深厚，自1949年移居香港，数十年间不断从事学术研究和艺术创作，积极促进香港文化教育事业发展和中外文化交流。饶宗颐是香港和世界的学术和艺术瑰宝，是我们引以为傲的香港之光，我们会永远怀念他。

中央人民政府驻香港特别行政区联络办公室副主任黄兰发在葬礼上表示，饶宗颐先生的逝世，是中华文化界的重大损失，也是香港、国家的重大损失。他的逝世牵动了党和国家领导人的心，中央领导以不同方式对他的逝世表示沉痛悼念，这充分体现中央对饶宗颐先生的高度肯定和最高评价。饶宗颐先生一生致力于学术研究和教书育人，成就非凡；致力于弘扬中华文化，推动中外文化交流，贡献卓著；致力于国家和民族的伟大文化复兴，不忘初心品行高洁。饶宗颐先生的一生是爱国爱港的一生，我们对他的辞世深表哀悼。

饶宗颐是一位"天人争挽留"的泰山北斗，人们将会永远缅怀他为社会、为人类所作出的巨大贡献，饶宗颐大师风范永垂万世！

参考文献

1. 饶宗颐著：《清晖集》，海天出版社2006年版。

2. 饶宗颐著：《饶宗颐二十世纪学术文集》，（台北）新文丰出版公司2003年版。

3. 陈韩曦著：《饶宗颐学艺记》，花城出版社2011年版。

4. 饶宗颐著，陈韩曦、赵松元、陈伟评注：《长洲集》，花城出版社2011年版。

5. 姜伯勤著：《饶学十论》，齐鲁书社2012年版。

6. 曾宪通著，陈韩曦特约编辑：《选堂访古留影与饶学管窥》，花城出版社2013年版。

7. 王振泽著：《饶宗颐先生学术年历简编》，香港艺苑出版社2001年版。

8. 胡晓明著：《饶宗颐学记》，香港教育图书公司1996年版。

9. 饶宗颐著：《画预——国画史论集》，（台北）新文丰出版公司1993年版。

10. 林在勇主编，饶宗颐述，胡晓明、李瑞明整理：《饶宗颐学述》，浙江人民出版社2000年版。

11. 郑炜明、林恺欣编：《饶宗颐教授著作目录新编》，齐鲁书社2010年版。

12. 潮州地方志办公室编：《走近饶宗颐》，广东潮州市地方志办公室，2005年。

13. 郭伟川编：《饶宗颐的文学与艺术》，（香港）天地图书有限公司2002年版。

14. 饶宗颐著：《文化之旅》，辽宁教育出版社1998年版。

15. 饶宗颐著：《澄心论萃》，上海文艺出版社1996年版。

16. 池田大作、饶宗颐、孙立川著：《文化艺术之旅》，（香港）天地图书有限公司2009年版。

17. 施议对编：《文学与神明——饶宗颐访谈录》，三联书店（香港）有限公司2010年版。

18. 饶宗颐、陈韩曦著：《选堂清谈录》，紫禁城出版社2009年版。

19. 陈韩曦主编：《梨俱预流果——解读饶宗颐》，广东高等教育出版社2006年版。

20. 陈韩曦主编：《东洲鸿儒——饶宗颐九十寿庆集锦》，广东高等教育出版社2007年版。

21. 顾颉刚著：《顾颉刚年谱》（增订本），中华书局2011年版。

22. 饶宗颐、郑会欣著：《选堂序跋集》，中华书局2006年版。

23. 故宫博物院编：《陶铸古今——饶宗颐书画集》，紫禁城出版社2008年版。

24. 饶宗颐著，陈韩曦编注：《饶宗颐集》，花城出版社2011年版。

25. 饶宗颐著，陈韩曦、翁艾注：《黑湖集》，花城出版社2013年版。

26. 曾宪通主编：《饶宗颐学术研讨会论文集》，（香港）翰墨轩山版有限公司1997年版。

27. 郑炜明主编：《论饶宗颐》，三联书店（香港）有限公司1995年版。

28. 邓伟雄主编：《饶宗颐艺术创作汇集》，香港大学饶宗颐学术馆，2006年。

29. 饶宗颐主编：《华学》，紫禁城出版社1995—2008年版。

30. 杨群熙编：《陈伟南的文化情结·言论集》，（香港）公元出版有限公司2006年版。

31. 邓伟雄编：《选堂书法丛刊》，香港港澳发展有限公司2005年版。

32. 饶宗颐主编：《潮学研究》，汕头大学出版社1995年版。

33. 饶宗颐总纂：《潮州志》，潮州修志馆，1949年。

34. 郑炜明等主编：《戴密微教授与饶宗颐教授往来书信集》，香港大学饶宗颐学术馆，2012年。

35. ［法］汪德迈撰，李晓红等译：《饶公选堂之故事》，2015年。

后记

不久前，有人问我：写传记一定很耗神、耗时吧？其实，对于我来说，自始至终倒也不觉得有什么劳神费力。其中原因在于饶公的一句话："书在人在，人在书在。"写书时，我与书中的饶公对话，仿佛就像平时在喝茶聊天似的，饶公那笑意盈盈的身姿犹在眼前，似传道解惑，更似促膝谈心。甫一落笔，点点滴滴的往事就顺着笔尖云淡风轻地流淌于洁白的纸张——我和饶公的相识，是从他的背影开始的。

2003年7月5日，饶公在汕头大学图书馆题完匾额后出来，赶着要去礼堂演讲。86岁的他在前面健步如飞，看着他笔直的背影，我怎么追都追不上他。这时刚好下课，他几乎淹没在人流之中，情急之下，我大声地用潮州话喊："饶教授！饶教授！"他回过头来，莞尔一笑说："你也是潮州人啊！"见到国学大师，我心里原有些发怵，但看到饶教授慈祥的笑容，我的心放松了许多。突然听到久未萦耳的乡音，饶公也显得特别开心，我们一见如故，他问我，潮州最近发展得怎样？

我作了简单的介绍后，恳切地请他有空回家乡来看看，他频频点头应允，就这样走着说着我们一起步入礼堂，饶公随即登台开讲，那激越的声音我至今记忆犹新："如何建立和发展'潮州学'，它是以全球潮人为研究对象，是国学的一个部分。"在场的听众被他旁征博引极富魅力的"潮州学"吸引住了。饶公说，他之所以讲这题目，一是希望和大家一起为"潮州学"发展而奋斗，二是提醒身为潮州人的自己必须在有生之年为家乡多做点事。铿锵有力的言辞体现出饶公的自信与坚定。受他的人格魅力影响，我渐渐地对国学产生兴趣，并最终成为"饶学"的追随者。

国内早期对饶公缺乏了解，大家不知这位旷世奇才早在1962年已在法国拿到儒莲奖，在西方人眼中这可是与诺贝尔文学奖相当的奖项。饶公学艺双馨，著作等身，我下决心要将他在国外发行出版的著作引进到国内，让更多人能读到它。我的想法很快得到饶公的认可，他随即授权我在中国内地开展此项工作。饶公著作的出版得到了中国人民大学出版社、紫禁城出版社、花城出版社、广东高等教育出版社的大力支持。2006年7月，由我主编的《梨俱预流果——解读饶宗颐》在广东高等教育出版社出版，该书是内地首本全面系统地介绍饶公学术、艺术风貌的专题性书籍，是我献给饶公90岁生日的礼物。回想编辑这部较为完整且具有较高学术价值的书，当时我还是"饶学"的门外汉，我虽鼓足很大勇气，但对自己的编撰能力没有足够的信心，一直不知该从何处入手，就在我彷徨无助的时候，饶公出现了，他用家乡话说："勿惊（潮州话），我来教你。"他好像专为我开办"速成班"似的，一对一的悉心指导我，一起用餐时仍边吃边谈，兴起时他随手就在餐巾纸上面为我解答问题。一起出差时日历纸、信封、小纸片都会变成我的小黑板，他在上面写着、画着、涂抹着，想尽办法将他的学问传授给我，总是希望我能尽快掌握和运用。

2011年4月，针对当时存在的时弊，为了"潮州学"的健康发

445

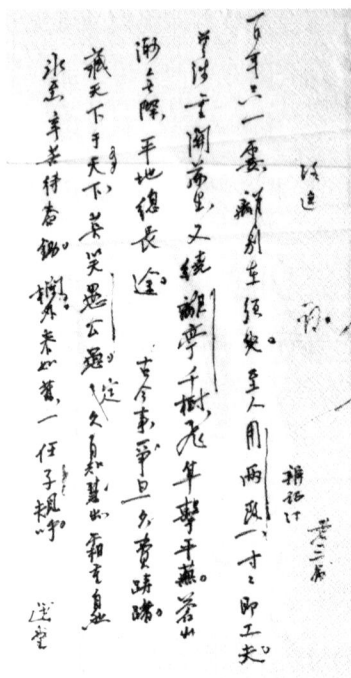

《留别星洲诸子》

446

展，他写了一篇文章《说真》直接用传真发到我家，这篇既简短又珍贵的文章，我将它编入"选堂诗词评注"系列中的《长洲集》（花城出版社2011年版）内文首页。阮籍诗词第四十二首原句云："保身念道真，宠耀焉足崇。"庄子更认为："不离于真，谓之至人。"饶公的一生如同至人。他提倡的"求真务实"，认为自古到今的学人只有自身做到"真"，并修成大德，其学术才能"不朽"。做人、做学术必须"求真、求是、求正"，"求真"在于遵循客观规律，是追求真理的科学态度、科学精神；"求是"指探求事物的内部联系及其发展的规律性；"求正"就是不拐弯抹角，要弘扬正气、秉持正直、坚持正义。

2011年清明节前后，在跑马地英皇骏景酒店，我向饶公请教出版《饶宗颐集》的有关事情。交谈中他随手又拿了餐巾纸题了一首词，一首20世纪70年代初他于新加坡创作的词，词牌是《水调歌头》，题目是《留别星洲诸子》，词中反映了饶公的人生观的特征与取向：

百年只一霎，离别在须臾。

至人用两致一，寸寸即工夫。

尝踏重关万里，又绕离亭千树，飞隼击平芜。

苍山渺无际，平地总长途。

古今事，争旦夕，费踌躇。

藏天下于天下，莫笑愚公愚。

定久自知慧出，霜重自然冰至，辛苦待春锄。

栏外春如旧，一任子规呼。

录写好词作后，饶公手指"离别在须臾"句子说："我把'珍重'改成'离别'，是讲人生短暂，随时可能离别。"我理解，饶公特赠此词，是在透露他的心声。他两岁失去母亲，十六岁失去父亲，日寇侵占潮州，生活硬把他与最疼爱他的祖母拆散，从此浪迹天涯海角，和家人聚少离多。他一生经历太多的生离死别，故他太懂相聚的重要。须珍重须臾！此刻，我终于明白，为何坐在一起时，饶公总要紧握着我的手不放，他为何一直用慈祥的眼光看着我……

2020年清明前夕，在饶公的铜像前，我含泪念着《留别星洲诸子》这首词，告慰饶公在天之灵。2018年1月31日最后一次见面的情景陡然间又浮现在我的眼前：同样是在香港英皇骏景酒店，用完餐即将离开时饶公居然破天荒地朝着我恋恋不舍地挥挥手。跟他相处这十几年，每次吃完饭送他上车，给他系好安全带后，他都会开心地像敲鼓一样敲着玻璃窗跟大家告别，就好像在说"下次再见"。而这一次，他的眼睛竟然定定地看着我们，手也不敲车窗玻璃了，只是朝着我们挥手，一直到车子远去。也许那时，冥冥之中，他似是在跟我们作最后的告别了。

2018年2月6日清晨，当打开手机时，收到饶公二女儿饶清芬小姐发来一则信息："韩曦：教授昨晚十二时许睡觉离开我们了。"仿如晴天霹雳，接此噩耗后我的泪水不由自主地涌了出来。怀着无比沉痛的心情，我立即赶赴香港，悼念最敬爱的恩师。在灵堂里，望着遗像中饶公慈祥的笑容，我泪眼蒙眬，往事历历在目，回忆触手可及。为寄托哀思，我在吊唁留言簿上含泪写下"饶公风范，永垂万世"。

饶公从17岁踏上学术之路至今已历时八十余载。他以文化超越政治、世俗的观念而得大自在。饶公自小与佛结缘，独好释氏书，对佛家所说的过去、现在、未来三世理解透彻，认为世事消长十分平常，知道人之渺小和脆弱，即便"千载"之事也不过瞬息之间。因深悟得失之道，直接指出"得"是机缘偶合所造成，"失"则理所当然。这种超凡脱俗的"单纯"和"自在"，使他在情绪上没有哀与乐的各种干扰，而可以集中精力治大学问。他从不作自夸之言，不做日记，也"不敢写自传"，谦称自己没有可传之处，他还在追求、还在探索，因为知识没有完满。就是他这种以"有涯"追求"无涯"的精神境界，成就了博大精深的"饶学"。

饶学的研究范围之广、成果之多，实难为一传所能囊括。多年来，我编撰多部有关饶公学术、艺术的著作。早在2009年10月，我和饶公合著的《选堂清谈录》在紫禁城出版社发行后，便有为饶公撰写传记的想法，没想到传记一写便是十一年。此前，我先后发表了

2013年8月，饶宗颐与陈韩曦一起审阅《震古铄今》（后改名为《饶宗颐——东方文化坐标》

《饶宗颐学艺记》《饶宗颐——东方文化坐标》两部著作，《饶宗颐传》是在上述二书基础上的新创作，如今，总算完成多年心愿，传记能顺利出版并同读者见面，全靠早年饶公悉心指导，还有饶学基金创会主席饶清芬女士提供大量资料，李焯芬院士为书作《序》，好友杨壮宇、曾雅丽、余克光等一路支持帮助，最后，饶宗颐基金荣誉副理事、我的内人陈瑞君女士在我写作这么多年里给予持之以恒的支持，这部传记能顺利出版，离不开他们的支持与帮助，感谢有他们，一切尽在不言中。限于本人的写作水平和资料搜集的局限等原因，书中肯定有或多或少的欠缺和错漏，敬请广大读者给予批评、指正。

陈韩曦

二〇二〇年八月